国家社会科学基金项目（12BJL067）研究成果

中国区际产业转移绩效实证研究

——产业结构优化视角

李春梅◇著

中国社会科学出版社

图书在版编目（CIP）数据

中国区际产业转移绩效实证研究：产业结构优化视角/李春梅著.
—北京：中国社会科学出版社，2015.4
ISBN 978 - 7 - 5161 - 5834 - 0

Ⅰ.①中…　Ⅱ.①李…　Ⅲ.①区域经济—产业转移—研究—中国
Ⅳ.①F127

中国版本图书馆 CIP 数据核字（2015）第 062336 号

出 版 人	赵剑英	
责任编辑	卢小生	
责任校对	周晓东	
责任印制	王　超	

出　　版	中国社会科学出版社	
社　　址	北京鼓楼西大街甲 158 号	
邮　　编	100720	
网　　址	http：//www.csspw.cn	
发 行 部	010 - 84083685	
门 市 部	010 - 84029450	
经　　销	新华书店及其他书店	
印　　刷	北京明恒达印务有限公司	
装　　订	廊坊市广阳区广增装订厂	
版　　次	2015 年 4 月第 1 版	
印　　次	2015 年 4 月第 1 次印刷	
开　　本	710×1000　1/16	
印　　张	15.25	
插　　页	2	
字　　数	258 千字	
定　　价	48.00 元	

前　言

　　改革开放 30 多年来，中国经济实现了持续快速增长，然而随着改革的深入和经济发展层级的提升，区域差距扩大、产业结构和区域经济结构失衡等一系列不容回避的严峻问题在拷问中国经济发展的前途；2008 年全球金融危机使中国出口尤其是劳动密集型产品出口受到重创，之后的经济复苏阶段一些国家反复出现"无就业经济复苏"现象，受全球经济高度关联的影响，中国经济中也潜藏着一些导致"无就业复苏"的因素。而在危机前若干年，中国沿海地区外向型制造业就遭遇了劳动力短缺和工资快速增长的冲击。如果我们把这一现象看作中国劳动力比较优势处于逐渐减弱和丧失的变化中，那么，根据雁行模式理论和新经济地理（NEG）的相关文献，沿海劳动密集型出口产业是否将向劳动力成本更低的南亚国家转移？抑或依据蔡昉的观点，中国地区之间发展差距和资源禀赋差异较大，各地区之间的产业转移和承接将通过产业结构变化的雁阵模式使比较优势得以延续。

　　关于区际产业转移的讨论，国内学术界也存在一些争议。

　　争议之一是：国内区际产业转移是否能缩小我国区域间的经济发展差距。许多学者认为，产业转移是破解当前中国经济区域差距扩大和区域经济结构失衡问题的有效途径。也有学者认为，将中国东部地区承接国际产业转移的成功经验用于东部地区边际产业向中部、西部地区转移未必成立，其主要依据是：中部、西部地区相对于东部地区具有劳动力成本优势可能是伪命题；而通过地区间产业转移缩小地区间经济发展水平的差异也可能是伪命题；不能机械地照搬国际产业转移理论来分析中国东部、中部、西部区际产业转移，通过区际产业转移实现区域协调发展和解决产业结构调整与扩大就业之间的矛盾是困难重重的。据此，我们关注这样的问题：区际产业转移的绩效究竟怎样？对产业结构优化起到了什么作用？

　　争议之二是：梯度推移与反梯度推移之争。梯度推移论认为，生产力的空间推移应从东部、中部、西部地区经济发展梯度差异的基本背景出发，让处于高梯度的东部沿海地区先引进先进技术和发展资金，然后依次逐步向处于第二、第三梯度的中部、西部地区转移，通过区域经济联动，逐步缩小地区差距，使区域经济均衡发展。反梯度推移论认为，在经济发展呈东部、中部、西部三级梯度态势的客观背景下，处于低梯度的落后地区也可以通过制定得当的政策措施，直接引进和采用世界先进技术，并充分消化吸收，实行跨越式发展，甚至在实现经济腾飞后向原先的高梯度地区进行反推移。还有学者认为，由于集群的根植性及自我强化机制等原因，区际产业转移不一定会发生。优惠政策的重要性在我国经济发展中的作用明显下降，而产业集聚起着更为重要的作用。东南沿海地区已经通过产业集聚形成了基于高度专业化分工的产业配套条件，这一优势已经形成并趋于成熟，再转向其他地区的成本将会大大提高。这一见解对产业梯度转移理论提出了挑战。据此，我们关注另一个问题：在中国，区际产业转移进程究竟怎样？哪些行业在转移？哪些区位在变化？是梯度转移？抑或反梯度转移？进而中部、西部地区有没有可能实现追赶战略发展更高层次的产业？

在中国仍处于经济转型期的时代背景下，缩小地区差距、推动产业结构升级实现优势产业体系重塑，关系到经济增长方式的转变能否顺利实现，进而关系到中国经济能否保持可持续发展活力。对产业结构调整升级及相关问题的研究，是各层级政府和学术界共同关注的焦点，而区际产业转移作为生产要素受配置效率影响在区域间转移和聚集的动态过程，是对破解当前中国区域经济结构和产业结构失衡问题的一个探索。我们正是基于这一重要现实背景，在理论上梳理和分析区际产业转移与产业结构优化的互动关系，进而对1992年党的十四大明确提出发展社会主义市场经济以来20年间区际产业转移和总量经济产业结构优化的动态变化及两者之间的互动关系分别进行实证分析，从产业结构优化的视角评价区际产业转移的绩效，得出相应的结论，期望能为政府有关区域经济政策的制定和调整提供可靠实证基础。

近年来，有关区际产业转移，国内较多文献对其动力机制、影响因素、效应、欠发达地区承接区域产业转移的对策等进行了研究，还有学者对我国制造业在区域上的重新定位和集中程度进行了实证分析。有关产业结构优化，也已形成大量文献。前人的已有研究成果在思路、方法、切入点等方面为本书的研究提供了坚实的基础和良好的借鉴。同时，我们也发现，国内对我国区域产业转移绩效的研究多为定性分析，使用实证方法进行具体衡量和评价的研究较少，从产业结构优化视角，通过对产业结构优化的定量测度来评价产业转移绩效的成果更少。我们试图在研究方法和理论研究的视角上填补这方面的不足。

本书基于区域经济理论、经济增长理论、产业经济理论和新经济地理理论，首先，从理论上梳理归纳产业转移与产业结构优化的互动作用机理；其次，从我国经济发展现实入手构建要素流动传导下区际产业转移与总量经济产业结构优化理论模型；再次，基于构建的理论模型，采用数量分析法和比较分析方法对1992—2011年20年间我国区际产业转移的发展变化、总量经济产业结构优化的动态演进分别进行了实证分析；最后，使用上述实证分析获得的数据，建立区际产业转移与总量经济产业结构优化互动关系的时间序列模型，从产业结构优化的视角评价区际产业转移的绩效。通过分析论证，本书得出如下主要结论：

（1）1992—2011年20年间，中国工业空间分布的地理集中度呈倒U形动态变化，以关键时点截面考察的产业空间分布结构具有显著的NEG"中心—外围"特征。

八大区域中，东部沿海地区作为中国工业中心的地位仍未撼动，然而中部地区呈现发展成为工业"中心—外围"空间结构第二中心的趋势；西南、西北、东北地区在区际产业转移中受惠微小，并且区域内部工业差距扩大。

（2）技术密集型工业和劳动密集型工业开始分散转移的时间早于资本密集型工业，而后者分散转移的速度和程度较前者更为迅速和显著。从区际产业分散转移的趋势看，基本符合NEG的观点。

（3）区际产业转移的区位选择体现了"地理毗邻效应"和梯度转移原则。西部地区在地理位置、市场潜力上均不占优势，在承接区际产业转移的区域博弈中处于劣势。

（4）1992—2011年20年间，总量经济产业结构合理化水平呈偏右U形动态变化，与区际产业转移的互动关系具有阶段性特征。1992—2004年，以中西部地区向东部地区产业集中为特征的区际产业转移与总量经济产业结构合理化演进没有显著线性关系；2005—2011年，以东部地区向中、西部地区产业分散为特征的区际产业转移对促进产业结构合理化的绩效非常明显；总量经济产业结构高度化水平 20 年总体呈现持续上升趋势，与区际产业转移互动关系较稳定和显著；20 年间，总量经济产业结构合理化和高度化发展演进的趋势并不完全同步，产业结构高度化演进存在阶段性的虚高现象。

（5）与区际产业转移密切相关的产业空间结构是影响我国总量经济产业结构合理化的重要因素，其作用仅次于第二产业就业—产值结构不协调因素。

（6）1992—2011 年 20 年间，三大区域中西部地区在不同阶段的产业转出和承接对总量经济产业结构优化的促进作用最为显著。而就产业转移的规模来讲，西部地区无论是在第一阶段的产业转出还是在第二阶段的产业承接中，都不是贡献最大的区域。因而西部地区产业份额变化对总量经济产业结构优化的弹性最大。

基于以上主要结论，本书提出调整产业空间结构，进一步促进产业向西部地区转移的政策建议，并从五个方面进行了具体分析。

在本书的写作过程中，我们参阅了大量国内外经典文献，力求尽可能把握相关领域研究的理论前沿，以使本书研究的逻辑严谨、内容丰富。但是，由于时间和能力有限，本书难免存在疏漏甚至失误之处，恳请读者谅解，并欢迎批评指正。

李春梅

2015 年 3 月

目　　录

第一章　导言

第一节　问题的提出和研究意义

经济增长包含总量增长和结构升级两个方面。改革开放以来，我国经济总量增长举世瞩目，持续30多年的高增长率使中国在2010年超越日本成为世界第二大经济体。这与东部沿海地区凭借区位优势，率先承接国外产业转移，发展以劳动密集型比较优势产业为主的外向型经济密不可分。劳动密集型产业比较优势的维持，在一定程度上要归功于中国劳动力无限供给的二元经济特征。大量劳动力从中西部地区迁移到东部沿海地区，充足的劳动力为高速经济增长贡献了"人口红利"，资本报酬递减现象迟迟未到，因此有人乐观地断言中国持续的高速经济增长打破了"杨—克鲁格曼"诅咒。[①] 然而，这样的乐观似乎有一些盲目，问题首先发生在作为经济增长引擎的东部沿海地区。2004年春季以来，珠三角、长三角、闽东南、浙东南地区企业普遍遭遇"用工荒"，在从事加工贸易的代工工厂尤为严重，在既定的工资水平下，很难招到足量的熟练劳动力。一波未平一波又起，2008年以来，金融危机席卷全球，金融市场的"多米诺骨牌效应"使得国际市场需求骤然间大幅萎缩，对国际市场依赖很大的东部沿海地区外向型企业又一次遭受重创，尤其是我们具有比较优势的劳动密集型产品的生产企业。主要出口行业利润明显下降，企业亏损面加大，中小出口企业生存空间尤为逼仄。而地价上涨、污染加剧、环境恶化等存在已久的问题在外部需求萎缩的背景下更显突兀。在多重不利条件的重压

---

① 杨（1992）和克鲁格曼（1994）曾经对东亚高速经济增长的可持续性表示怀疑，他们研究发现，东亚经济当时对要素投入的依赖过大，而全要素生产率的贡献非常微弱。

下，过分依赖要素投入提高产出，以出口增长拉动经济增长的发展道路已经走到了尽头。经济增长在数量上的可持续性有赖于合理结构的支撑，在要素禀赋已经发生动态变化的情况下，再在东部沿海地区大力发展劳动密集型工业将使其比较优势与资源禀赋越走越远，同时长期以来依靠要素积累增长拉动产出增长，全要素生产率贡献微不足道[1]的发展路径决定的产业结构将会导致产出效率越来越低，东部地区产业结构亟待调整升级。

以东部沿海地区为主导的经济高速增长，也带来了另一个无法掩盖和不容回避的问题，那就是区域经济差距扩大，经济结构与产业结构失衡。有大量的文献研究了改革开放以来中国区域间的经济差距问题，其中不乏对区域经济差距测度的实证研究，发现改革开放以来至 2005 年以区域基尼系数、泰尔指数等衡量的人均收入、人均消费等呈绝对扩大趋势。[2]地区经济的不平衡发展损害了社会公平，成为经济可持续发展的"瓶颈"。

因此，在国家政策层面，从"十五"时期以来国家就将缩小地区差距，促进区域协调发展作为区域经济发展的新战略提出，并赋予一系列政策措施，"十一五"规划纲要将"促进区域协调发展"单独列为一篇，提出的区域发展总体目标为"逐步形成主体功能定位清晰，东中西良性互动，公共服务和人民生活水平差距趋向缩小的区域协调发展格局"。党的十七大明确提出：要采取有力措施促进区域经济协调发展，逐步缩小东中西地区间的经济发展和收入差距；2012 年 11 月党的十八大进一步提出加快转变经济发展方式的主攻方向是推进经济结构战略性调整，而优化产业结构和促进区域协调发展是结构战略性调整的重点之一。在国家财政投资政策的积极引导下，"十五"时期以来中西部地区和东北地区全社会固定资产投资增长速度明显加快，2001—2009 年，东北、中部和西部地区全社会固定资产投资平均年增长率分别为 27.4%、27.5% 和 26.1%，均高于同期全国平均水平和东部地区投资增长速度。2004 年以来，地区差距扩大的趋势发生了变化，尽管人均收入的绝对差距仍在扩大，相对差距已经开始缩小，如图 1-1 和图 1-2 所示。

在学界，有大量文献研究我国转变经济增长方式和产业结构优化升级的实现路径。[3-6]这与经济可持续增长的另一个重要方面：结构效率，非常相关。结构效率的一个重要衡量指标为全要素生产率（TFP），主要包含配置效率和技术效率等重要内容，被看作体现一个国家（地区或产业）经济增长质量的重要指标。有众多学者研究了我国各区域全要素生产率的

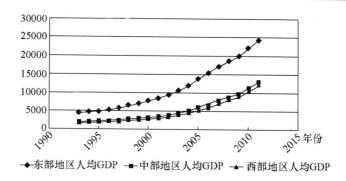

图 1 - 1 东中西部人均收入绝对差距

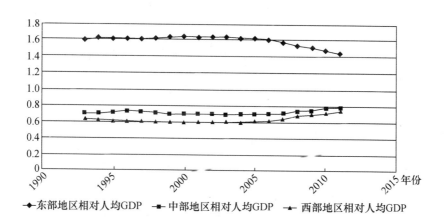

图 1 - 2 东中西部人均收入相对对差距

变化情况，蔡昉（2009）[5]采用 2000—2007 年中国制造业全部国有企业和全部规模以上非国有企业数据，计算了华南沿海、华东沿海、华北沿海、东北地区、中部地区和西部地区六大区域的全要素生产率（见表 1 - 1），发现中部地区 TFP 增长率最高（6.17%），其次是华北沿海地区，再次是东北地区，西部地区最低（4.13%），而华南沿海、华东沿海地区的TFP 增长率与西部地区接近。这反映出东部地区经济增长的结构效率较低，其通过创新和产业升级转变增长方式的努力效果是滞后于动态比较优势变化要求的。此外，蔡昉还计算了六大区域的单位劳动成本①，发现中部地区和华北沿海地区单位劳动成本是最低的，西部地区单位劳动成本由

---

① 单位劳动成本 = 劳动报酬/边际劳动生产率。

于边际劳动生产率较低而较高，但西部地区单位劳动成本的下降速度是最快的，而华南、华东沿海地区单位劳动成本较高，劳动力成本比较优势已经逐渐丧失。通过全要素生产率增长率及单位劳动成本变化的分析，蔡昉提出了适用于国际产业转移的雁阵模式在空间异质性较为显著的中国有可行性的观点，同时将熊彼特创造性毁灭理论和"雁阵"理论相结合，分析了中国产业升级的大国"雁阵模型"。提出中西部地区，通过承接产业转移可能以更快的生产率提高速度和经济增长速度，实现对东部地区的追赶和劳动密集型产业延续的观点。[5]孙久文（2011）[7]则从"雁阵模型"的理论基础、中西部的发展条件与中国区域间产业转移现状分析了"雁阵模型"在国内适用的可行性。

表 1-1　　　　2000—2007 年六大区域全要素生产率增长率　　　　单位:%

平均增长率	产出	资本	劳动	中间投入	TFP
华南沿海	22.51	14.07	12.87	18.81	4.60
华东沿海	23.84	18.17	11.59	20.17	4.38
华北沿海	24.28	14.77	5.26	20.95	5.60
东北地区	19.74	8.08	-0.05	15.82	5.46
中部地区	22.98	12.32	2.00	19.86	6.17
西部地区	21.38	10.34	1.05	18.76	4.13

资料来源：根据蔡昉、王德文、曲玥《中国产业升级的大国雁阵模型分析》相关数据整理。[5]

产业转移是近现代以来世界经济发展进程中的一个重要经济现象。自发达国家向发展中国家呈梯度、依次序开展的国际产业转移已经历了数次大的浪潮，我国是第四次国际产业转移浪潮中最大的 FDI 东道国。国内区域间的产业转移，在改革开放以来，甚至自新中国成立以来，一直在中国经济发展实践中进行着。新中国成立后的"一五"计划时期，国家大型项目投放（工业、交通运输业）明显向中西部内地倾斜①，以西安、成都、重庆、兰州等为代表的一批西部新兴工业城市开始崭露头角；1964

---

① 1953—1955 年国民经济各部门在沿海和内地的投资比重，工业分别为 44.7% 和 55.3%，交通运输业分别为 29.3% 和 52.1%，当时由苏联援建的 156 项重点工程，有 1/3 投向了西部，其中陕西省以 24 项，居于全国首位。

年以来十多年的"三线建设"，为内地特别是西部工业经济奠定了更加强大的基础，更为明显地改变了整个中国工业版图的区域布局。① 这是自新中国成立以来的特殊时期以政府行政力量为主导的两次产业在区域间的转移。

改革开放 30 多年来，中国经济实现了持续快速增长，然而随着改革的深入和经济发展层级的提升，区域差距扩大、产业结构和区域经济结构的失衡等一系列不容回避的严峻问题在考问中国经济发展的前途；2008 年全球金融危机使中国出口尤其是劳动密集型产品出口受到重创，之后的经济复苏阶段一些国家反复出现"无就业经济复苏"现象，受全球经济高度关联的影响，中国经济中也潜藏了一些导致"无就业复苏"的因素[5]，而在危机前若干年，中国沿海地区外向型制造业就已经遭遇了劳动力短缺和工资快速增长的冲击。如果我们把这一现象看作中国劳动力比较优势处于逐渐减弱和丧失的变化中，那么根据"雁行模式"理论和新经济地理（NEG）的相关文献，劳动密集型的沿海出口产业是否将向劳动力成本更低的南亚国家转移？抑或依据蔡昉（2009）的观点，大国雁阵模型不同于小国，资源禀赋结构和产业结构具有同质性是小国经济的特点，在小国比较优势发生变化的时候，经济整体进入新的发展阶段。大国经济具有显著的空间异质性，不同地区同一时期经济所处的发展阶段有很大不同。作为独立经济体的小国之间产业转移和承接是小国"雁行模式"的特点，一个独立经济体内部区域之间的产业转移和承接则是大国"雁行模式"的具体表现。[5] 中国地区之间发展差距和资源禀赋差异较大，各地区之间的产业转移和承接将通过产业结构变化的"雁行模式"使比较优势得以延续。

而关于区际产业转移，国内学界也存在一定的争议。

争议之一是国内区际产业转移是否能缩小我国区域间的经济发展差距。许多学者认为，产业转移是破解当前中国经济区域差距扩大和区域经济结构失衡问题的有效途径[8]。而近年来也有学者[8]认为，将中国东部地区承接国际产业转移的成功经验用于东部地区边际产业向中西部地区转移未必成立，其主要依据是中西部地区相对于东部地区具有劳动力成本优势可能是伪命题；而通过地区间产业转移缩小地区间经济发展水平的差异也

---

① 国家对"三线"地区建设投资高达 2000 多亿元，通过新建企业与沿海企业内迁等形式，在西部地区形成了 45 个大型生产科研基地和 30 多个新兴工业城市。西部地区农业、轻工业、重工业比例也得到了根本性改变，由 1965 年的 69∶16∶15 调整为"四五"计划末的 40∶23∶37。

可能是伪命题[9]；不能机械地照搬国际产业转移理论来分析中国东中西部区际产业转移，通过区际产业转移实现区域协调发展和解决产业结构调整与扩大就业之间的矛盾是困难重重的。据此，本书关注这样的问题：区际产业转移的绩效究竟怎样？对产业结构优化起到了什么作用？

争议之二是梯度推移与反梯度推移之争。梯度推移论认为，生产力的空间推移应从东中西部地区梯度差异的基本背景出发，让处于高梯度的东部沿海地区先引进先进技术和发展资金，然后依次逐步向处于第二、三梯度的中、西部地区转移，通过区域经济联动，逐步缩小地区差距，使区域经济均衡发展。反梯度推移论的观点是，在经济发展呈东部、中部、西部三级梯度态势的客观背景下，处于低梯度的落后地区也可以通过制定得当的政策措施，直接引进和采用世界先进技术，并充分消化吸收，实行超越式发展，甚至在实现经济腾飞后向原先的高梯度地区进行反推移。还有学者[10]认为，由于集群的根植性及自我强化机制等原因，区际产业转移不一定会发生。优惠政策的重要性在我国经济发展中的作用明显下降，而产业集聚起着更为重要的作用。东南沿海地区已经通过产业集聚形成了基于高度专业化分工的产业配套条件，这一优势已经形成并趋于成熟，再转向其他地区的成本将会大大提高。这一见解对产业梯度转移理论提出了挑战。据此，本书关注另一个问题：在中国，区际产业转移进程究竟怎样？哪些行业在转移？哪些区位在变化？是梯度转移？抑或反梯度转移？进而中西部地区有没有可能实现追赶战略发展更高层次的产业？

在中国仍处于经济转型期的时代背景下，缩小地区差距、推动产业结构升级实现优势产业体系重塑，关系到经济增长方式的转变能否顺利实现，进而关系到中国经济能否保持可持续发展活力。产业结构调整升级及相关问题的研究，是各层级政府和学界共同关注的焦点问题，而区际产业转移作为生产要素受配置效率影响在区域间转移和聚集的动态过程，是对破解当前中国区域经济结构和产业结构失衡问题的一个探索。本书正是基于这一重要现实背景，在理论上梳理和分析区际产业转移与产业结构优化的互动关系，进而对1992年党的十四大明确提出发展社会主义市场经济①以来区际产业转移和总量经济产业结构优化的动态变化和两者之间

---

① 1992年党的十四届代表大会召开，明确提出建立社会主义市场经济体制。在这一指导思想指引下，我国社会主义市场经济体制开始逐步建立。

的互动关系分别进行实证分析，从产业结构优化的视角评价区际产业转移的绩效，得出相应的结论，期望能为政府有关区域经济政策的制定和调整提供可靠实证基础。因此，本书的研究具有重要的现实意义。

近年来，有关区际产业转移，国内较多文献对其动力机制、影响因素、效应、欠发达地区承接区域产业转移的对策等进行了研究，例如：聂华林（2000）[11]、魏后凯（2003）[12]、陈建军（2002）[13]、刘世锦（2002）[10]、冯根福等（2010）[8]；还有学者对我国制造业在区域上的重新定位和集中程度进行了实证分析，例如文枚（2004）[14]、梁琦（2004）[15]、徐康宁等（2003）[16]。有关产业结构优化，也已形成大量文献，大致集中在与此相关的四个领域：一是对产业结构演进一般规律的研究；二是对产业结构调整影响因素的研究；三是对产业结构优化综合评价的研究；四是对产业结构调整政策思路的研究。

前人的已有研究成果在思路、方法、切入点等方面为本书的研究提供了坚实的基础和良好的借鉴。同时，通过文献梳理也发现国内对我国区域产业转移绩效的研究多为定性分析，缺乏用实证方法进行具体的衡量和评价，从产业结构优化视角，通过对产业结构优化的定量测度来评价产业转移绩效的成果更少。本书在研究方法和理论研究的视角上试图弥补这方面的不足。因此，本书的研究具有一定的理论意义。

第二节　研究目的和研究内容

一　研究目的

产业转移是产业结构调整国际化的载体，这是一个被学界广为认可的命题，那么在我国区域经济结构、产业结构失衡的背景下，区际产业转移的绩效如何？这是一个相对宏观的问题，本书将关注的焦点集中于区际产业转移对我国产业结构优化的绩效。通过实证研究，试图回答以下三个问题：

问题一：社会主义市场经济体制逐步确立以来，我国区际产业转移的状况如何？对这一问题的客观回答，有赖于对以下几个方面的考量：

第一，区际产业转移发生了吗？

第二，区际产业转移的行业特征如何？符合产业转移的一般规律吗？

第三，区际产业转移选择了哪些区位？为什么？

第四，区际产业转移的规模、程度如何？新的中心形成了吗？

第五，西部、东北地区产业空心化问题是否产生？

问题二：社会主义市场经济体制逐步确立以来，我国总量经济产业结构的演进状况如何？对这个问题的回答，同样有赖于对以下问题的解决：

第一，我国产业结构优化评价的标准是什么？

第二，哪些指标可以量化我们的评价标准？

第三，如何测度产业结构优化水平？

问题三：我国区际产业转移与总量经济产业结构优化的关系如何？对这个问题的回答，也有赖于对以下问题的考量：

第一，区际产业转移是否优化了总量经济产业结构？

第二，就总量经济产业结构优化来讲，哪些区域对区际产业转移绩效的贡献更大？为什么？有什么启示？

通过对以上问题的回答，本书期望能正确地认识当前中国区际产业转移的客观状况、内在规律、影响因素和存在的问题，能够客观地评价产业结构演进的状况，发现各区域产业转移或承接对总量经济产业结构调整的作用，以期能为有关方面谋划设计关于推动我国区域经济协调发展的政策措施提供有益参考。

二　研究内容与研究框架

第一章是导言，分析选题背景和意义、研究现状，提出问题；介绍研究的目的、主要研究内容和方法。

第二章是理论回顾和文献综述，是本书得以展开撰写的理论基础。主要从经典理论和国内外研究现状两方面梳理、归纳、分析经济增长理论、产业结构理论和产业转移理论。

第三章是产业结构优化与区际产业转移关系理论分析。主要基于第二章的理论回顾和文献综述，从国际产业转移的经典理论入手，梳理、归纳产业结构优化与产业转移关系的国内外研究现状和存在的问题，以此为基础提出本书的观点，从提高经济增长质量视角建立要素流动传导下的产业结构优化和区际产业转移互动关系理论模型，并结合经济发展现状进行具体的理论分析，为本书第四章、第五章、第六章的实证分析构建理论框架。

　　第四章是中国区际产业转移实证分析。采用统计分析方法和比较分析法，首先对关键指标进行数值计算，从我国工业总体空间布局变化、区际产业转移的行业特征、区位选择以及产业转移的空间路径四个方面对1992—2011 年 20 年间中国区际产业转移动态变化进行实证分析。

　　第五章是中国产业结构优化实证分析。根据第三章理论分析并结合对产业结构优化经济学内涵的理解构建总量经济产业结构优化评价模型，据以建立产业结构合理化和高度化评价指标体系，采用主成分分析法提取关键因子，计算 1992—2011 年中国产业结构合理化和高度化的综合评价得分，并对实证分析结果做分析。

　　第六章是区际产业转移绩效比较分析：产业结构优化视角。根据第四章、第五章的实证数据和结果，同时考虑现实经济发展的特点，构建产业结构优化与区际产业转移的时间序列模型，从产业结构优化的视角分两阶段分别对东、中、西部地区产业转出和承接的绩效进行计量分析和比较分析，得出相应的结论。

　　第七章是结论与政策建议。归纳分析本书研究得出的主要结论，并结合经济实际提出相应的对策建议。本书的技术路线如图 1 - 3 所示。

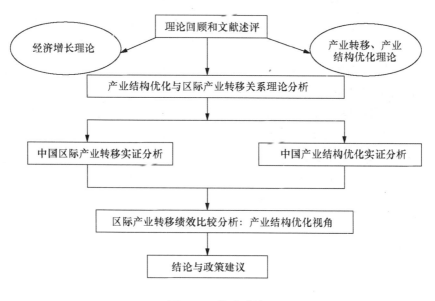

图 1 - 3　技术路线

第三节　研究方法

　　本书以区域经济理论、经济增长理论、产业经济理论及新经济地理理论为理论基础，在梳理和借鉴国内外相关研究成果的基础上，采用实证分析和规范分析相结合、定性分析和定量分析相结合的方法。具体方法如下：

一　理论分析方法

　　本书第三章首先在理论上进行梳理、分析，厘清了区际产业转移和产业结构优化的概念；进而在对理论认识的基础上，建立要素流动传导下的区际产业转移—总量经济产业结构优化—经济增长质量理论模型，作为本书实证分析得以展开的理论基础。本书第五章，在理论分析的基础上，构建总量经济产业结构优化评价模型，作为评价指标体系建立及评价方法选择的理论基础。

二　统计分析、多元统计分析和比较分析方法

　　本书第四章具体应用数值计算、统计分析、比较分析方法，分别以东、中、西部三大区域和八大区域地理单元为研究对象，对区际产业转移进行实证分析和结论解释；第五章，采用多元统计分析方法建立总量经济产业结构优化评价指标体系，使用主成分分析法对总量经济产业结构优化进行动态评价和比较分析。

三　计量经济分析方法

　　本书第六章采用计量经济分析方法构建时间序列计量模型，分东中西部三大区域，对区际产业转移与总量经济产业结构优化关系进行实证分析；并在实证分析的基础上，采用统计分析、比较分析等方法从产业结构优化视角对我国区际产业转移的绩效进行比较，得出结论和相关政策建议。

第四节　可能的创新和不足

一　可能的创新

　　在研究视角和方法上，本书可能的创新有以下几点：

第一，本书对我国区际产业转移的绩效进行实证分析和比较分析。而这一领域相关研究成果多为定性分析。

第二，本书用27个2位数工业行业数据对全国31个省市自治区20年间产业转移状况进行实证分析，而这一领域相关研究多为选择个别代表性行业对几个时间截面数据的分析；同时，本书用1992—2001年20年时间长度样本数据对我国产业结构优化动态变化进行评价和比较分析，而这一领域相关研究多为几个时间截面的分析。本书的研究在数据的连续性和分析的全面性上有所创新。

在得出的结论方面，本书可能的创新有以下几点：

第一，本书第四章的实证分析得出的结论之一是：中部地区呈现出中国工业"中心—外围"空间结构第二中心的发展趋势，在学术观点上有一定的创新。

第二，本书第四章、第五章、第六章实证分析得出结论：1992—2011年20年间方向相反的两阶段区际产业转移，对总量经济产业结构高度化演进有促进作用；而对总量经济产业结构合理化演进的作用呈现阶段性特征，1992—2004年中西部地区向东部地区的产业集中转移对总量经济产业结构合理化的作用不明确，2005年以来东部地区向中西部地区的产业分散转移显著促进了总量经济产业结构合理化。现有研究多为定性分析下的推理和判断，本书在观点上更明确和具体。

第三，本书实证分析得出结论：1992—2001年20年三大区域中，西部地区在不同阶段的产业转出和承接对总量经济产业结构优化的绩效最为显著。而就产业转移的规模，西部地区无论是在第一阶段的产业转出还是在第二阶段的产业承接中，都不是贡献最大的区域。因此得出结论认为，西部地区是对区际产业转移的结构优化绩效提升潜力最大的地区，在观点上有一定的创新。

二 不足和研究展望

本书的研究囿于数据获取困难、研究能力等的限制，还存在以下不足之处，有待于今后进一步学习、提高和跟踪研究。

第一，产业转移是区域间产业分工形成的重要因素，也是转出地和转入地产业结构调整和产业升级的重要途径。而具体到特定的区域，在产业转移的动态过程中，产业转移对区域产业结构优化升级的效应有可能是不同的。本书没有对区际产业转移对不同区域产业结构优化的绩效进行进一步的细分研究，而对此的研究是有必要的，将在今后进一步的研究中给予关注。

第二，区域产业结构优化是产业发展的高度化和合理化，但是在我国，不同区域要素禀赋、经济发展水平、产业基础、生态环境、区域定位等方面差距很大，因而对不同区域，产业结构优化的评价标准应不同。本书对产业结构优化的评价基于国家层面的总量经济，没有进一步细分到区域层面，而总量经济产业结构优化与各个区域产业结构优化不是完全同步的。因此，基于不同评价标准对不同区域产业结构优化的具体衡量将是今后研究的关注点。

第三，区际产业转移对产业结构优化的绩效为什么在不同时期和对不同区域存在差异？对于其中的深层次原因，涉及对区域经济增长因素的深入研究。本书对这些问题的研究较为肤浅，这将是今后进一步学习和研究的方向。

第二章　理论回顾和文献述评

经济增长包含总量增长和结构升级，总量增长主要体现为由于要素投入增加而导致的产出在数量上的增加，结构升级则体现为由于全要素生产率增长导致的产出在不变投入约束下的数量增加和对这种数量上的持续增加产生的支撑作用。本书的研究在理论基础上首先依赖经济增长理论。

第一节　经济增长理论

一　古典经济增长理论

亚当·斯密对经济增长的观点主要体现在其著作《国民财富的性质和原因的研究》中。他认为，经济增长就是国民财富的增长，或是劳动产品的增加。劳动分工、市场规模扩大和资本积累三个因素决定着经济增长。大卫·李嘉图的经济发展理论①承袭了斯密理论的基本思想，认为资本的利润率，即资本的要素报酬决定了资本积累的速度和规模，进而决定了国民财富增加的速度和规模。生产要素的边际报酬递减规律决定了资本积累最终会减少，因而经济增长在长期中不可能始终持续。[17]

以边际分析为特征的新古典经济学侧重于分析资源配置的微观经济，并以数学和数理逻辑方法为工具在理论上分析经济增长。其代表人物阿尔弗雷德·马歇尔从规模收益递增的视角来解释经济增长，认为经济增长是一个具有渐进性的动态过程。[18]阿林·扬从对劳动分工的研究入手发展了马歇尔的观点，认为劳动分工会提高效率必然带来收益递增，而市场容量越大劳动分工越充分，这个自我反馈的循环过程使收益递增能够维持，从

---

① 李嘉图在1817年问世的《政治经济学与赋税原理》中从收入分配视角阐释了其经济发展理论。

而经济增长得以实现。

二　现代经济增长理论

（一）哈罗德—多马增长模型

哈罗德—多马经济增长模型第一次用数量方法阐释经济增长，是主流经济学领域现代经济增长理论兴起的重要标志和里程碑。哈—多模型的分析基于较严格的假设条件：

第一，资本和劳动不具有相互替代性；

第二，人口增长率长期固定不变；

第三，技术水平固定不变，没有技术进步；

第四，忽略资本折旧。

认为经济中的储蓄率和资本产出率是决定和影响经济增长的两个关键因素。

一国经济要实现充分就业的均衡增长其必要条件是：实际经济增长率＝有保证的经济增长率＝人口增长率。[19]显然，哈罗德提出的这一理想的充分就业均衡增长路径在现实中存在的可能性是极小的，因此哈—多模型认为，在一般情况下，经济很难按照均衡增长途径增长，从而经济增长的路径是不稳定的。从本质上看，该模型是一种分析经济增长的"短期"模型，用短期方法研究经济增长的长期问题。

（二）索洛—斯旺模型

索洛—斯旺模型放宽了哈罗德—多马模型中有关资本和劳动不可替代的假设条件，假定资本与劳动在生产上可以相互替代，生产的规模报酬不变，生产中存在要素边际报酬递减规律，技术进步是经济增长的外生因素。认为经济可以在充分就业的情况下，保持长期稳定增长。高储蓄率虽然引起了稳定状态的高产出水平，但储蓄本身不能引起长期经济增长，只有技术进步能解释经济的长期增长。

索洛—斯旺模型在对经济增长的分析中引入劳动和技术进步变量，认为经济增长主要来自生产中投入要素的增加和技术的改进，而更加强调技术进步对经济增长的决定作用，认为长期的经济增长率等于技术进步率，但是，该模型仍然把技术进步作为外生因素，没有很好地解释技术进步，使该理论对经济现实的解释力大打折扣。

（三）新经济增长理论

20世纪80年代中期，以罗默、卢卡斯等为代表的一批经济学家，以

"内生技术变化"为核心的一组系列论文①，掀起了一股"新经济增长理论"的研究热潮。

新经济增长理论否定了索洛模型技术外生的假设，将技术进步因素内生化；同时把知识作为一种资本，引入经济增长分析模型，十分关注对人力资本、知识溢出、研究开发、分工和专业化等新问题的研究；此外，新经济增长理论的突出贡献还在于其对开放经济的研究，提出了对外开放和国际贸易具有"外溢效应"的观点。[19]

该理论对长期经济增长的可能性尤其对发展中国家经济发展产生了重要的影响。新经济增长理论的不足之处主要在于：在研究中将资源配置及制度对经济增长的重要作用作为一个假定，没有进行深入研究，同时，大量复杂艰深的数学工具在新增长模型构建和证明中的使用，在一定程度上影响了理论的传播和推广。

（四）新制度经济学

新制度经济学派以科斯和诺斯的一系列研究为代表，突出贡献是把制度因素作为重要内生变量引入经济增长的研究，弥补了已有理论的不足。新制度经济学主要包括交易费用理论、产权理论、企业理论和制度变迁理论四个基本理论。认为，交易有成本，因此存在资源配置问题；产权安排通过影响和激励行为，作用于资源配置效率，最终决定一个社会的经济绩效；企业和市场机制一样都是配置资源的手段，二者在一定的条件下可以互相替代；技术创新在经济增长中固然非常重要，但是，技术创新成果的巩固离不开一系列制度的保障，因此如果没有制度创新和制度变迁的动力，长期经济增长和社会发展是无法实现的。

三　经济增长因素分析与软投入理论

现代经济增长理论还包括另一种研究思路，即运用数量分析方法，对一些国家经济发展的历史进行研究，寻找经济增长的主要影响因素和测定各因素发挥作用的贡献大小，以探索经济增长的最优路径，为政府相关政策的制定和对宏观经济的管理提供理论依据。

在这方面作出杰出贡献的国外学者当推索洛和丹尼森。索洛的突出贡献在于提出了测量技术进步对经济增长贡献的"余值"法。他的经济增

---

① 新经济增长理论产生的标志是两篇著名论文的发表，是保罗·罗默（P. Romer, 1986）的论文《收益递增与长期经济增长》和卢卡斯（Lucas, 1988）的论文《论经济发展机制》。

长因素分析模型将产出增长来源具体分解为由资本、劳动力增加的要素禀赋积累的增长和全要素生产率的增长，即著名的"索洛剩余"。

丹尼森的贡献主要是研究了全要素生产率变化的影响因素。认为影响经济增长的因素有投入要素的增加和全要素生产率增长率的提高两大类。而知识进步、资源配置效率的提高和规模经济效应又分别从三个方面提高了全要素生产率的增长率。丹尼森的成果对后来经济增长的研究尤其对TFP 增长的影响因素的研究具有重要意义，为不发达国家提供了提高生产率的方向和路径。

在国内，兰州大学的李国璋教授立足于中国经济增长实际，提出的"软投入理论"为学界有关经济结构、经济增长质量的研究提供了理论依据和模型方法。[20]

1986 年，李国璋教授在《努力提高软投入在我国国民经济发展中的作用》一文中首次提出"软投入"概念，后通过一系列论文和著作完善了理论框架。① 该理论认为，软投入要素包括政策、管理、积极性和科技四个方面，软投入作用于硬投入，形成投入组合，产出是由投入组合决定的。政策投入对硬投入的方向和数量、对各个软投入要素的质量具有决定性的作用，认为索洛余值是软投入组合的总贡献；投入组合可分为科技型与非科技型两类，我国初级阶段宏观和微观投入组合属于非科技型，经济增长质量是由非科技型软投入的质量决定，主要是由政策和体制决定的；[21]首次在学界提出增量投入产出表的概念，并建立了衡量软投入贡献的模型方法；提出对"索洛余值"进行修正和测算产出增长中"具体的"科技进步贡献的方法。

近年来，软投入理论的重点在于研究社会主义经济发展的初级阶段软投入对经济增长的制约作用。认为中国自改革开放以来，我国软投入组合质量总体不高对经济增长具有制约作用，导致经济增长方式粗放，资源利用效率较低，硬投入和产出的损失较明显，综合表现是很多年份软投入组合对经济增长的贡献取负值。

---

① 系列研究包括：1989—1992 年国家社会科学基金项目"软投入与经济增长"的研究，主要提出软投入与投入组合理论构想；1990—1993 年国家自然科学基金"反映软投入作用的广义投入产出模型和应用研究"，主要研究定量描述经济增长中软投入作用的模型方法：增量投入产出表；著作《软投入及产出数量分析》，甘肃科学技术出版社 1995 年版；论文：王卉（2007）、杨尚波（2007）、周琦（2008）、武玉洁（2008）、黄新（2009）、孙忠娟等（2009）。

四　经济增长与地理

以克鲁格曼为代表的新经济地理学，以规模报酬递增及不完全竞争市场结构为理论起点，研究了经济的地理特征。认为经济增长中有地理因素，地理影响经济增长，而经济增长反过来也影响地理。[22]

地理影响经济增长体现在两个方面：一是自然地理带来的天然禀赋和环境、历史的偶然因素对经济增长的影响；二是由于受循环累积因果关系的影响，厂商的空间分布产生变化，长期则导致地理集中。地理集中又通过改变成本①影响到经济增长速度。

经济增长影响地理，也主要体现在两个方面：第一，经济增长的创新效应促进经济活动在空间上集聚；第二，经济增长率较高的地区是可流动要素大量聚集的地区，因此改变了市场规模。而经济增长与地理的互相促进关系往往通过集聚产生的各种效应实现。集聚也受到不可流动要素稀缺性的约束。随着不可流动要素价格的上升，集聚中心必须转变增长方式和产业结构升级，否则两者都将停滞。当集聚遇到一个阈值，集聚向外围扩散是必需的。[23]

五　区域经济增长理论

（一）区域经济增长的累积循环因果理论

缪尔达尔（1944）认为，区域经济增长具有累积循环的因果关系。如果一个经济欠发达地区提高贫困人群收入并降低其在人口中比重，就会改善其营养和健康状况，而营养和健康状况的改善又进一步提高了贫困人群的生产效率，并进一步提高其收入水平。这种累积循环因素造成经济发展的不均衡，是落后国家和发达国家经济发展差距的重要原因。

（二）区域经济增长的增长极理论

佩鲁（1961）在《20世纪的经济》提出了区域经济的"增长极"概念和理论。佩鲁认为，基于市场供给和需求的紧密连接性，经济高速增长是先出现在某一国家、地区或者行业，不可能同时出现在所有的国家、地区或者行业。先发展起来的国家、地区或者行业通过扩散效应，逐步向周围国家和地区延伸。一个主导行业则通过产业链向上下游行业延伸。

（三）区域经济增长的非均衡理论

赫希曼（1958）在《经济发展战略》中提出了区域经济增长的极化

---

①　知识溢出改变了企业的创新成本，产业之间的上下游关联改变了企业的交易成本，地理上的接近改变了企业的运输成本。

和"涓流效应"。认为"极化效应"导致经济聚集，而"涓流效应"导致经济发展的非聚集性和分散性。因此，"极化效应"造成区域经济发展的不平衡，而"涓流效应"是区域经济平衡发展的稳定器。其理论特别强调资源的利用效率以及产业间和区域间经济的联系性。根据其理论，一个国家应首先把资源配置到产业和地区关联性最强的行业和地区，通过地区间以及产业间上下游联系，带动各个地区和行业的发展。经济发展是有先后顺序的。

第二节　产业结构理论

结构变动是影响经济增长的重要因素，而产业结构是经济结构中最基础和核心的组成部分，关系到经济增长的效率和可持续性。早期相关的研究主要针对产业结构演进的经验性规律展开。

一　产业结构演进的一般规律

（一）配第—克拉克定理

克拉克对一些国家经济发展的统计资料进行了时间序列分析，进而对不同国家的发展路径进行了比较分析，认为：随着一国经济的发展和人均收入水平的提高，劳动力在三次产业之间的转移有规律可循，通常表现为：劳动力从第一产业逐步向第二产业转移，随着人均收入的提高，又开始从第二产业向第三产业转移。总体上，随着人均收入的增加，第一产业劳动力比重相对减少，第二、第三产业比重相对增加。这就是著名的配第—克拉克定理。关于对这一规律的解释，克拉克从需求因素和效率因素两个方面做了分析。从需求方面讲，农产品需求收入弹性最低，随着人均收入的持续增加，市场对农产品的相对需求将呈下降趋势，而对制造业产品的需求先是开始上升，当收入达到一定水平致使需求结构发生变化对制造品的需求开始下降，而对服务业产品的需求持续上升。① 从效率方面讲，农业劳动生产率的提高，加上市场对农产品相对需求的下降，会使第一产业劳动力比重迅速下降；通常制造业的技术进步相对其他部门更为频

---

① 恩格尔消费模式决定了这种需求的变化，同时，服务业不仅包括消费型服务业，而且还包括生产型服务业。

繁和显著，因而生产率增长最快，长期中能够抵消制造品相对需求不断增加带来的劳动力比重上升，使制造业部门的劳动力比重也呈下降趋势；而社会经济生活对服务业需求的迅猛增长，却能够抵消服务业劳动生产率提高对劳动的节约，长期中服务业的劳动比重会不断上升。

（二）库兹涅茨法则

库兹涅茨从三次产业产值和劳动力角度研究了产业结构演进的规律，认为随着一国经济的增长，农业部门的产值份额显著下降，工业部门的产值份额显著上升，服务业部门的产值份额缓慢上升。劳动力结构演进方面，库兹涅茨以发达国家经济增长演进过程为例，认为农业劳动力在总劳动力中所占的份额急速地下降，工业的劳动力比重和产值比重变化趋势不完全一致，先上升后下降。服务业的劳动力比重则显著上升，吸收了农业劳动力下降中的大部分。他进一步指出，从产值角度讲，工业所占比重的大幅上升代表产值结构的工业化，而从劳动力角度讲，劳动力结构的演进趋势就是部分工业化和部分服务化。

（三）霍夫曼定理

霍夫曼定理由德国经济学家霍夫曼1931年在著作《工业化的阶段和类型》中提出。该定理对工业结构演进规律的主要观点基于对近20个国家相关经济数据的搜集、整理和研究得出。认为，随着一国经济的发展，消费资料工业的净产值相对于资本资料工业的净产值，即霍夫曼系数在不断下降。他根据霍夫曼系数的大小将工业化过程分为四个阶段，各阶段工业内部结构中的消费品工业和资本品工业的比例关系处于变化中，具有不同于其他阶段的鲜明特征，见表2-1。

表2-1　　　　　　　　　　　工业结构演化的四个阶段

工业化进程	霍夫曼系数	阶段特征
第一阶段	4—6	消费品工业主导，资本品工业不发达
第二阶段	1.5—3.5	消费品工业仍占主导，但资本品工业增速大于消费品工业
第三阶段	0.5—1.5	资本品工业规模迅速膨胀，与消费品工业比重大体相当
第四阶段	<1	资本品工业主导

资料来源：苏东水：《产业经济学》，上海人民出版社。

基于霍夫曼定理，从产业要素密集类型角度考察，一国产业结构演进的一般规律表现为：劳动密集型产业为主导—资本密集型产业为主导转变—知识密集型为主导的依次转换升级。

二 国内外研究现状

近年来，国外产业结构演进理论的研究中，有较多文献从需求和供给角度构建模型对影响产业结构转换的因素作具体分析。[24]基于需求角度的研究主要从收入增长和多样化需求两方面展开，认为产业的升级转换表现出鲜明的层次性，这一特点主要归因于收入水平提高作用于消费需求结构，使之逐步提升，进而影响到生产领域产业结构的转换升级。

供给角度的研究认为产业结构转型是由于生产率的提高和技术进步导致的。一种观点认为，农业部门在经济发展中非常重要，与其他部门没有可替代性。农业发展与结构转型息息相关，农业低效率必然将太多资源禁锢在农业，不能顺利转出，从而影响工业化进程和相对收入的提高，进而影响经济增长。因此必须重视农业发展。舒尔茨（Schultz，1964）是这一观点的代表人，近些年来，该观点得到了广泛认同。而更多的学者认为工业生产率的提高是产业结构转型的主要影响因素。近十几年来，全要素生产率增长率与产业结构转换关系的研究吸引了许多学者的高度关注，基于多种量化方法的实证研究文献开始大量呈现。[25-29]

在国内，有关产业结构研究的文献近年来多集中在对产业结构调整影响因素的研究、对产业结构调整综合评价和产业结构调整政策思路的研究。针对产业结构调整影响因素的研究主要从微观和宏观两个层面进行分析。贺菊煌（1991）[30]采用投入产出分析法，对影响产业结构调整的因素以及影响程度进行分析，发现技术进步在产业结构调整过程中发挥了最为重要的作用。姜彦福（1998）[31]认为，我国工业部门产业结构变动主要是受需求结构变动影响。潘文卿（2002）[32]从经济社会可持续发展视角出发，采用多目标规划和投入产出方法构建了一个经济增长与产业结构调整的优化模型，对中国经济增长、就业变化、污染控制以及产业结构转换与调整的"互动"关系进行了模拟与展望。周冯琦（2003）[33]认为，劳动力在产业间的配置、不同产业资本形成的差异、技术进步的变迁、体制创新是影响产业结构调整的重要因素；陈晓涛（2006）[34]则认为市场需求变化、技术进步、人力资本和对外开放对产业结构调整的作用非常关键；魏梅（2009）[28]研究了结构转变对生产率增长的影响以及生产率增长在结构转型过程中发挥的作用，并对两者的双向效应进行了定量评价。

产业结构评价是统计评价的一个重要领域，国内有较多学者就我国产业结构评价的指标体系做了研究，例如，齐建国（1987）[35]、李宝瑜和高艳云（2005）[36]、宋锦剑（2000）[37]、马涛（2004）[38]、邬义钧（2006）[39]、刘淑茹等（2011）[40]。认为应通过建立合理的指标体系对产业结构做综合全面的评价，并主张以需求结构变化的适应程度、产业发展推进程度、产业协调发展程度、资源利用适应程度、技术进步适应程度、国际市场适应程度、生态环境协调程度、产业空间区位合理程度等方面为评价基准设定具体指标群，构建产业结构优化评价指标体系。对产业结构调整政策的研究，多从战略产业的选择标准、产业结构调整的方向与原则等几个方面进行分析，提出中国产业结构调整的相关政策与建议。

第三节　产业转移理论

国外学者对产业转移理论的系统研究始于20世纪20年代，至今已形成丰硕成果。这些文献的研究视角多集中于宏观层面，但20世纪90年代以来，基于微观视角的研究倾向日趋明显，体现在区际产业转移理论与国际经济及经营理论的联系日益紧密；研究关注的领域侧重于解释国际产业转移的原因、产业转移的顺序和产业转移的区位选择。

一　传统的产业转移理论

有关产业转移理论的早期研究，在新古典经济学理论框架下，以规模报酬不变和完全竞争市场结构为假设前提，认为不同区域比较优势的静态和动态差异，或者不同产业在特定发展阶段对所在区域要素条件的不同要求，使得产业从一个国家或地区转移到另一个国家或地区。这方面的研究主要呈现在工业区位理论（Weber，1929）[43]、"雁行模式"理论（Aka-matsu，1962）[53]、产品生命周期理论（Vernon，1966）[41]、区域生命周期理论（Thompson，1966）[42]、国际生产折中理论（Denning，1977）[61]、劳动密集型产业转移理论（Lewis，1978）[55]等相关文献中，形成了传统的产业转移理论。

有关产业转移发生的原因，新古典分析框架的解释主要体现在弗农（Vernon，1966）的产品生命周期理论[41]、汤普森（Tompson，1966）的区域生命周期理论[42]、韦伯工业区位理论[43]的相关文献中。弗农以赫克歇尔—俄林模型[49]提出的各国要素禀赋存在差异为基础，对新产品生命周期四个阶段中不同技术水平国家的贸易、投资及技术转让特征进行研究，解释了产业国际转移的现象；汤普森从"人性化"角度，将区域的发展过程划分为年轻、成熟、老年等不同阶段，在区域发展的年轻期，极化效应明显，在成熟期，区域对其他区域的扩散效应则占主导地位。而对于进入老年期的区域只有通过不断的创新才能获得持续竞争优势，从而进入生命周期新一轮的循环。韦伯（1929）在《工业区位论》中从微观企业的角度提出，工业是否靠近取决于集聚的好处与成本的对比，即集聚力和分散力的博弈达到均衡的最终结果。

有关产业转移的特征、顺序，新古典分析框架的解释主要体现在赤松要"雁行模式"理论（1962）、小岛清边际产业扩张论、刘易斯"劳动密集型产业转移理论"和邓宁的国际生产折中理论中。刘易斯的研究认为，随着工业化进程的推进，发达国家国内劳动报酬呈现不断上升趋势，使得劳动密集的传统产业比较优势逐步丧失，因此这些国家会将劳动要素密集产业转移到发展中国家。[55]在刘易斯理论基础上，邓宁（Denning）进一步阐述了劳动密集型产业首先进行转移的必然性。日本经济学家赤松要的产业发展雁行模式理论在20世纪30年代正式提出，随后山泽逸平等日本学者将其引申，用来解释以东亚为中心的亚洲国家的分工结构、产业结构变化以及经济继起的过程。小岛清在"雁行模式"的基础上，进一步提出边际产业扩张论，认为发达国家或地区应首先转移已经出现比较劣势的边际产业。

有关产业转移区位选择的研究体现在赤松要、小岛清的理论、邓宁的国际生产折中理论[61-62]和以西蒙（Simon，1959）、普雷德（Pred，1967）、Schmenner 等（1982）[63]为代表的"企业迁移行为理论"中。赤松要的"雁行模式"产业转移理论指出，经济发达地区通过贸易、技术转让和直接投资等方式将成熟产业首先转移给经济较发达地区，较发达地区经济起飞实现后，再将对其来讲已经变为成熟产业的产业转移到经济欠发达地区。小岛清在边际产业扩张论中指出，一国应对技术差异最小的国家进行直接投资，以增加投资成功的概率。邓宁的国际生产折中理论认为，产业转移的区位选择通常是沿着转入地区经济发展水平由高到低的顺序依次进行，形成产业转移的梯度序列。"企业迁移行为理论"认为，企业迁移的动力是区位推力和吸力的合力。

综合以上观点，传统产业转移理论认为，产业转移通常按照资源密集产业—劳动密集型产业—资本密集型产业—技术密集型产业的顺序依次从高经济梯度的国家和地区向低梯度国家和地区转移，和产业演进的一般规律吻合，是一个平滑连续的过程。通常产业转移是发达国家和地区向发展相对后进国家和地区的"单向流动"，其实质是经营资源的流动和技术的转移，A 国向 B 国产业转移以 A 国该产业劳动生产率大于 B 国①为必要条件。[78]

二　新经济地理理论的贡献

20 世纪 90 年代以来，以克鲁格曼等（Krugman，1991）的经典文献为基础发展起来的新经济地理学（NEG），以更为贴近经济现实的规模报酬递增和不完全竞争市场结构为研究起点，探讨了产业空间布局变化的微观机制，认为产业转移的基础并不必然是"第一自然"的差异，即使在完全相同的均质空间下，运输成本②及其变化也能导致产业的集聚、分散和转移。[48,85-86]经济发展过程往往伴随着不同区位间运输成本的变化，引起企业利润结构及个人福利结构的变化，企业依据利润最大化原则，个人依据福利最大化原则进行区位选择，最终导致新的区位均衡形成[88]，这一过程往往也是产业空间布局变化的动态过程，即产业转移。因而，在检索到的 NEG 文献中，产业转移的英文表述常为：产业集聚（Industry Agglomeration）、产业分散（Industry Dispersion）、产业分散（Industry Decentralization）和产业迁移（Industry Relocation）。

总体而言，"新经济地理学"的研究认为，资本外部性的相对规模、劳动力转移的动力和交通成本将决定经济活动和财富在空间配置上的区域整合程度。决定产业空间集聚和转移的关键因素当属运输成本和劳动力的可移动特征。两个区位之间运输成本越低，产业向一个中心集聚的力量就越大；劳动力的可移动性越不显著，产业转移的力量就会越大。[50-52]NEG 有关产业转移的模型多为非线性模型，认为产业空间布局变化具有突发性和区位黏性特征。[89]在影响产业转移的因素出现时，由于区位黏性的作用，产业转移并不马上发生，而当这些因素不断积累达到一定临界值之后的哪怕是轻微变动，也会导致大规模的产业转移。

关于产业转移的行业顺序，NEG 认为，产业关联度较弱的产业（如

---

①　这是日本学者大山道广（1990）提出的观点，他构建的"大山模型"证明了比较优势是国际贸易产生的必要条件，而绝对优势则是国际产业转移和对外直接投资的必要条件的观点。

②　运输成本是指广义的运输成本，即"冰山成本"，包括狭义的运输成本和交易成本、制度成本等。

消费指向、中间投入较小的产业）一般先发生转移，且转移速度较慢，转移过程中有可能出现交叉反复现象，关联度强的产业虽然转移时间较晚，但由于很强的产业前后向联系，转移速度较快；由于转移产业前后向联系的互动效应，产业转移可能存在不连续性；在区位选择上，产业转移通常优先选择与转移区位的初始优势较接近的地区依次进行。[90-92]

三　国内研究现状

国内对产业转移的研究始于 20 世纪 90 年代中后期，已形成较多文献，归纳来看，主要集中在以下五个领域：一是国际产业转移的趋势与中国产业结构调整的关系；二是产业转移的梯度和"反梯度"之争；三是产业转移与国际直接投资的关系；四是区际产业转移中企业扩张的问题；五是国内区域产业转移与区域经济协调发展的问题。

有不少学者认为，改革开放以来，东部地区经济持续多年的飞速发展，也带来了劳动报酬、土地成本上升等问题，使得劳动密集型传统产业的比较优势逐步丧失，竞争力下降。此外，东部地区经济发展中资源密集型和资源依赖型的边际产业仍然占有较大比重，这些产业的发展耗费了大量的资源、能源，使得资源逐渐枯竭殆尽、原材料价格快速上涨，企业开始面临生存和发展压力，因而无论是出于调整产业结构的需要还是企业继续保持成本优势的需要，产业从东部转移已势在必行。[11,56-60]

近年来，较多文献对我国区域间产业转移的动力机制、影响因素、效应、欠发达地区承接区域产业转移的对策等进行了研究，例如，魏后凯（2003）、陈建军（2002）、刘世锦（2002）、冯根福等（2010）；还有学者对我国制造业在区域上的重新定位和集中程度进行了实证分析，例如，文玫（2004）、梁琦（2004）、徐康宁（2003）、范剑勇等（2007）研究发现，中国制造业集聚的拐点在 2004 年已经出现[64-65]；具体来说，2004年之前，浙江、江苏与山东等省份产业发展迅速、市场规模扩大很快，循环累积因果关系又强化了这些地区的产业集聚能力，进一步吸引了更多的要素和产业，致使中国制造业总体上呈现出由中西部地区向东部地区集中态势；在 2004—2007 年间，制造业总体上呈现分散趋势，这主要是由于广东、江苏与上海等省市的产业逐步向中部地区与北部沿海地区分散。同时，相对于国外发达国家发展经验来说，我国地级城市的制造业集聚水平仍然较低。[66-67]

第三章　产业结构优化与区际产业转移关系理论分析

第一节　经典理论

有关产业转移与产业结构调整优化的关系在产业转移理论研究的早期就被经济学家们所关注。其中，典型的研究首推日本经济学家赤松要的雁阵模式理论。

一　"雁行模式"理论

日本经济学家赤松要通过对本国产业发展历史的观察，将明治维新以来日本产业发展的路径总结为"进口—国内生产—出口"三个阶段。在这三个阶段，产业发展呈现周期性循环特征，用图形表示，酷似雁阵飞翔，因此冠名以"雁行模式"。[53] "雁行模式"首先在消费资料生产等低附加值产业中出现，之后在附加值较高的生产资料产业中出现，随着工业化的推进雁行变化格局在整个制造业的结构调整中都会出现，因此"雁行模式"又反映了一国工业化过程的四个阶段，如图 3 - 1 所示。图中 M、X、P 分别代表进口、出口和国内生产。

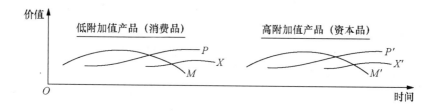

图 3 - 1　"雁行模式"

第一阶段，一国国内市场在需求滞后效应影响下，对相对发达国家的工业品有了需求，开始从这些国家进口工业消费品。

第二阶段，随着国内市场需求的扩大、技术的扩散及国内厂商的模仿和消化，消费品市场进入了国内生产阶段；随着国内生产的扩大，消费品进口开始减少。

第三阶段，国内消费品生产的扩大超过了需求的增长，该国开始向后进国出口消费品。同样由于消费品生产的扩大，资本品的进口需求产生。

第四阶段，随着资本品需求的扩大和技术的扩散，资本品开始进入国内生产阶段；同时，由于后进国进入消费品进口替代生产阶段，该国对后进国的出口开始减少，向先进国的出口开始增加。较稳定的国际分工开始形成。

赤松要在1935年提出"雁行模式"时，主要针对日本国内产业。20世纪60年代日本经济发展到一个新的阶段，开始寻求海外投资，"雁行模式"又用来解释不同发展水平国家之间通过贸易、投资等渠道进行产业转移，各自实现产业结构升级调整，从而形成产业发展顺向继起的国际分工格局。

赤松要从后发国家的视角研究了欠发达工业国和地区产业发展的一般路径，而弗农的产品生产周期理论则从工业发达国家的角度提出了产业发展路径。

二 产品生产周期理论

1966年美国经济学家雷蒙德·弗农①基于波斯纳的"模仿滞后假说"提出了产品生命周期理论。[41]认为，工业发达国家作为技术的创新国，其产业成长的生命周期从新产品的研发和生产开始，经历了生产—出口—进口三个阶段，对应着产品生命周期的导入期、成长期、成熟期和衰退期，如图3-2所示。

设有三个国家，其经济发展和技术水平由高到低分别为创新国、模仿国和技术停滞国。

在导入期，产品首先由经济发展水平最高的创新国研发成功、生产并在国内销售；该产品属于知识密集型产品。

---

① Raymond Vernon, International Investment and International Trade in Product Cycle, *Quarterly Journal of Economics*, 5, 1966.

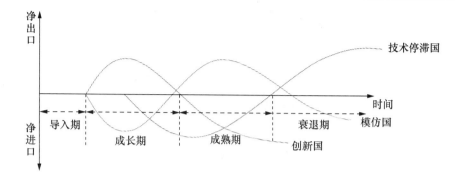

图 3 - 2　产品生命周期理论

在成长期，随着技术的成熟、生产规模的扩大，产品开始向与创新国经济发展水平较接近的模仿国出口；随着模仿国进口的增加，模仿国国内开始生产该产品，进入进口替代生产阶段，从创新国的进口开始减少；在成长期后期经济发展水平最低的技术停滞国开始对该产品有了需求，进口逐渐扩大。该产品属于资本密集型产品。

在成熟期，该产品成为劳动密集型产品，随着模仿国的仿制和该产品要素密集度的转移创新国失去比较优势，转而开始从比较成本较低的模仿国进口该产品；同时，技术停滞国开始进入进口替代生产阶段，进口逐渐减少。

在衰退期，技术停滞国的生产逐步扩大，该产品的生产完全转移到技术停滞国，开始向其他国家出口该产品，并逐步扩大。

将"雁行模式"和产品生命周期理论综合起来考察，我们得到了一个较为完整的国际产业转移路径模式。如图 3 - 3 所示，其中，A 为创新国、B 为模仿国、C 为技术停滞国。这个国际产业转移路径模式与各国产业发展随经济和技术水平由高到低的顺向继起过程是基本吻合的，而这个继起的过程就是各国产业结构不断调整升级和比较优势动态变化的过程。

三　边际产业扩张论

赤松要和弗农的研究用分析产业长期发展的历史分析手段和实证分析方法揭示了产业转移及其与产业结构优化关系的一般规律，并不是在严格的古典经济理论的框架中进行。小岛清在新古典国际贸易理论基础上，将"雁行模式"和产品生命周期理论综合起来，提出了边际产业扩张论，重点描绘了以海外直接投资为主要表现形式的国际产业转移的发展轨迹，

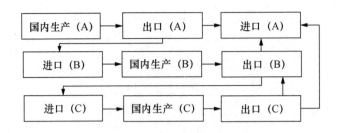

图 3 - 3   国际产业转移路径模式①

以及由此在产业转移和承接国之间形成的先后继起的国际产业分工发展形态。[54] 小岛清认为，按照李嘉图的比较优势理论[18,49]，一国应专业化生产并出口其具有比较优势的产品，而对于对外直接投资则应从比较劣势的产业开始，以达到扩张本国边际产业的目的；而外商直接投资的东道国则通过引进先进生产要素获得和巩固了比较优势，实现产业结构升级。从而带来投资国和东道国的"双赢"。小岛清提出了一个重要概念即"产业移植的比较优势"，这实际上就是后来被广泛研究的国际产业转移。关于移植产业的选择，他认为，应从与东道国技术差距最小的产业开始依次进行，关于投资国产业移植的担当者，小岛清认为，首先应是与东道国技术差距较小的投资国中小企业。小岛清的这些观点实际上体现了国际产业转移依经济发展梯度顺次展开的特点。

第二次世界大战以来，世界经济史上发生的几次大规模的国际产业转移既是以上理论产生的实践基础又是对理论本身最好的经验证明。20 世纪 50 年代，美国为了集中力量发展汽车、化工等重化工工业，通过直接投资把纺织业等劳动密集型传统产业转移到正值战后经济恢复期的日本，日本成为当时世界劳动密集型产品的主要生产地；20 世纪六七十年代，科技革命推动了世界电子、航空航天和生物制药等技术密集型产业的发展，美国、德国、日本等发达国家劳动密集型的轻纺工业纷纷大量外移，亚洲新兴工业化国家抓住这一历史机遇，大力发展轻纺工业，并实施出口导向经济发展战略，使得亚洲"四小龙"在东亚地区迅速崛起；20 世纪 70 年代后期以来，两次石油危机相继爆发，世界经济发展进入滞涨状态，

---

①   该图是参考陈建军在其著作《要素流动、产业转移和区域经济一体化》中提出的国际产业转移综合模式，图中增加了第三梯队国家，对陈建军的模型做了补充和发展。

迫使发达国家集中精力发展附加值较高而能耗较低的技术和知识密集型产业，如微电子、新能源、新材料等，同时逐渐把钢铁、造船、化工等重化工工业以及汽车、家电等部分资本密集型产业向其他国家转移，亚洲"四小龙"凭借对这些产业的承接和劳动密集型轻纺工业的转出，顺利实现了产业结构优化升级，而东盟国家成为亚洲"四小龙"轻纺工业的最大承接方，并实现轻纺工业进口替代向出口导向发展的华丽转身。借助三次大规模的国际产业转移，世界经济中发展水平呈梯次结构的三类经济体相继完成了产业结构的转换升级，而这无疑加快了世界产业结构调整和产业发展格局变化的速度和效率。[68]

第二节　研究现状

以上理论有关国际产业转移对各国产业结构优化作用的分析，论证了经典产业转移理论关于国际产业转移是产业结构调整国际化载体的观点。[25-27,63,69]基于此，国内有许多学者研究了国际产业转移趋势与中国产业结构调整的关系。[60,70-74]认为，作为发展中国家，国际产业转移对我国产业结构调整的绩效体现在积极和消极两个方面。一方面带来了要素转移效应、结构成长效应等；另一方面也存在要素转移中的固有极差和产业结构成长中产业固有极差带来的负面效应。[75]同时，承接国际产业转移还在一些行业①带来了产业技术"空心化"的消极效应，由于外商直接投资的技术溢出效应有限，没有转化为我国产业发展的内生技术能力，反而造成原有研发平台逐渐萎缩、自主创新能力下降、自主品牌逐渐退市，最终导致产业发展缺乏技术支持和可持续性。

对于发达国家通过国际产业转移来调整国内产业结构的目标能否实现，学界看法也不尽相同。一种观点认为，跨国公司的国际直接投资和在全球范围内配置资源能使生产成本降低、推动母国经济结构优化，不会对转移母国原有生产造成冲击，反而会大大促进母国经济发展，并且从中获得的利益要远远高于东道国。[76]另一种观点认为，跨国公司国际分工方式及其经营战略决定了跨国公司海外投资对母国制造业发展的影响。近二三

---

① 比较典型的行业如家电、汽车、风能行业。

十年来，国际产业分工方式由垂直型逐步向混合型和水平型的发展，其发展的"无国境战略"立足于服务全球，追求公司利润最大化，致使母国制造业大规模外移，有可能造成母国"产业空心化"现象。[77]这一观点在当前国际经济中最有力的验证莫过于 2008 年金融危机的爆发。与 20 世纪六七十年代以来盛行 30 多年的"去工业化"形成鲜明对比，2009 年以来，美国和欧盟等西方国家开始意识到在当前国际经济形势下发展实体经济的必要性，纷纷向实体经济回归，提出通过"再工业化"战略调整产业结构。①

对于国内区际产业转移与产业结构优化关系的研究，近年来，也有大量文献呈现。蔡昉[5]认为，大国"雁阵模型"不同于小国，资源禀赋结构和产业结构具有同质性是小国经济的特点，在小国比较优势发生变化的时候，经济整体进入新的发展阶段。大国经济具有显著的空间异质性，不同地区同一时期经济所处的发展阶段有很大不同。国与国之间产业转移和承接是小国"雁阵模型"的特点，一国内部区域之间的产业转移和承接则是大国"雁阵模型"的具体表现。中国地区之间发展差距和资源禀赋差异较大，各地区之间的产业转移和承接将通过产业结构变化的"雁阵模型"使比较优势得以延续。对于先行发展的东部地区，转移传统产业，是适应劳动力和土地成本动态比较优势变化，主动调整产业结构向技术密集型升级的符合增长方式转变的理性选择；而对于中西部地区，积极承接东部地区部分劳动密集型产业的转移，有利于资源配置效率的提高，实现产业结构升级，也是符合转变经济增长方式要求的理性选择。

陈建军[78-79]认为，有关国际产业转移的理论可以在很大程度上帮助我们解释中国国内区域间的产业转移，但是需要深化和发展，要充分考虑发展中大国的国情特征和体制转型时期的时代特征。企业市场扩张诉求和谋求资源利用的低成本是现阶段中国企业跨区域发展和产业转移的基本因素，这和国际产业转移的动因有相同之处。除此之外，我国产业结构调整尤其是东部地区产业结构调整的压力、优化生产要素边际收益、企业家资源溢出、企业成长的需要也是现阶段国内企业进行跨区域发展的主要影响因素。他认为，产业结构调整和区际产业转移在许多场合实际上是一个问

---

① 2009 年 11 月美国总统奥巴马提出，美国经济要转向出口推动型增长和制造业增长的可持续增长模式；欧盟也提出了提升"再工业化"进程的方向和目标，对促进创新给予极大关注。

题的两个方面，在国内外市场分割的经济背景下，产业结构调整的代价往往是大量企业的破产倒闭。随着国际经济一体化进程的加快，产业结构调整可以借助于外部市场，产业转移是其中重要的方式。对于中国这样一个幅员辽阔、人口众多、各地经济发展水平和资源分布差异性显著的国家，随着区域经济一体化建设的深入，通过区域间的产业轮动来调整产业结构，不失为一种理性的选择。

还有不少文献在研究我国区际产业转移的效应问题时就区际产业转移和产业结构优化的关系，提出了类似国际产业转移的观点：区际产业转移对转入地产业结构优化也有积极和消极两方面的影响，积极影响主要体现在提高要素配置效率[80]、推动产业结构升级方面，消极作用主要体现在区域"锁定"效应，从而否定了转入地区实施追赶战略的可行性。对于转出地区，也有两种观点：一种观点认为，在以区际产业转移为主要路径的经济一体化过程中，发达地区获益会比落后地区大得多，现阶段的区际产业转移是中西部为东部地区产业结构升级调整提供了外部市场[11]；另一种观点认为，产业结构升级和要素重新配置过程中可能会出现"区域产业空洞化"现象。[81]主要表现在东北和西部地区老工业基地及移民地区，传统产业发展由于没有很好地适应技术进步和外部需求变化，造成了传统产业的衰退。又由于这些地区地处内陆，在享受对外开放政策红利上不占优势，加上其体制机制改进速度较慢，在总量经济供给和需求发生进一步变化东部地区产业需要转移时，对资本、劳动及企业的吸引力又较弱，民间投资主体缺位，产业发育迟缓，总体产业规模逐渐萎缩。①

第三节　产业结构优化与区际产业转移
互动关系理论模型

在梳理和分析以上理论和研究的基础上，本书认为，要厘清产业结构优化和区际产业转移的关系，就要厘清生产要素流动在其中的作用机理。

---

① 本书第四章实证分析发现：东北地区 1992—2011 年间工业产业份额总体呈较大比例净转出状态，是这一观点的现实依据。此外，西部地区部分省份，例如甘肃省，20 年间工业产业份额整体也呈现净转出，且近年来以工业产业份额指标考察发现甘肃省一直处于工业转出状态，也是这一现象的体现。

一　要素流动与区际产业转移

区际产业转移就其实质是生产要素在空间上移动和聚集的动态过程。根据新经济地理理论，由于要素禀赋的不同或者历史和偶然因素的作用一个产业在某地区形成，之后累积循环的因果关系开始发挥作用，不断强化的集聚效应，使得生产要素不断向该地区集中，集中进一步扩大了集聚效应，在这种"正反馈"机制下，产业的集聚中心形成并不断强化[44,47,82-83]；随着时间的变迁，各区域经济的发展，产业本身的发展以及政府政策的作用等因素影响下，集聚带来的规模经济效应开始逐步被弱化而成本节约效应不断凸显，集聚中心要素边际报酬下降，企业的预期开始转变，某些生产活动逐步从集聚中心迁往要素边际报酬较高的地区，产业出现空间上的分散趋势，新的动态累积循环过程开始发挥作用，预期不断被强化，在自我实现机制作用下产业转移规模不断扩大，仍然在集聚经济的影响下，新的产业集聚中心形成。[84-86]

二　产业结构优化与要素配置效率

产业结构是指一个国家或地区各个产业部门、行业之间质的内在关系和量的比例关系，就其实质，是一个国家或地区的各种生产要素在该国和地区各产业部门之间的比例构成及相互之间的依存和制约关系。产业结构优化就其经济学根本是生产要素在市场机制作用下由低边际报酬的产业、部门以及区位向高边际报酬的产业、部门及区位流动的动态过程，要素流动的方向是追逐配置效率的提高。配置效率提高、能够满足不断增长的需求的产业结构在外在上往往体现为各产业产出效率较高、比例合理、经济技术联系密切、相互促进协调发展，对经济增长质量的提升具有良好的支撑作用。

三　要素流动传导下产业结构优化与区际产业转移关系模型

根据索洛经济增长因素分解方法，促进经济增长的来源可分解为要素禀赋积累增长和全要素生产率增长。在边际报酬递减规律作用下，推动现代经济增长的主导性因素并不是要素积累，而是扣除要素贡献之后的残余部分——索洛余值。索洛余值后来也被称为全要素生产率（TFP）增长率，在李国璋教授提出的软投入理论中，索洛余值也是经济增长的软投入组合。[20]TFP的增长状况体现了经济增长的要素配置效率①和技术效率。

---

① 要素配置效率可视为结构效率，结构效率中产业结构效率是最主要的内容。

要素配置扭曲在长期必然导致产业结构不合理。在市场分割的经济环境下，产业结构调整付出的代价往往是大量企业破产倒闭，从而资源和要素得以重新配置。在现代开放经济中，随着各种层次的经济一体化进程的加快，产业结构调整可以通过要素在不同区域市场的流动这一途径来实现，产业转移便是其中的表现形式。[78]

本书认为，现阶段区际产业转移发生的主要动因之一是我国尤其是东部地区产业结构调整的压力。现阶段的产业结构调整是需求结构、供给结构和国内外产业分工结构变化的镜像。首先，对于改革开放后经济率先腾飞的东部地区，近些年来，面临外部市场需求萎缩、劳动力低成本比较优势殆尽、要素配置效率低下，企业效益下滑等由于国际市场需求和供给结构变化带来的问题。其次，国内外产业分工结构的变化①也使得中国突破传统的产业升级模式，紧随国际产业结构变化，在国际分工格局中定位本国和地区的产业结构。区际产业转移作为国际产业分工变化的副产品，也逐渐扩大和深入，越来越多的国内企业开始在全国乃至全球范围内进行资源配置。产业结构调整升级根本上在于优化要素配置，将合适的要素配置到合适的产业和区位。东部地区已经逐渐丧失比较优势的劳动密集型产业应转移到具有比较优势的区域。

根据蔡昉的研究[5]，2000—2007 年，与东南沿海地区、华南沿海地区相比，我国中部地区、华北沿海地区单位劳动力成本②最低，在劳动力成本上具有很强的比较优势，西部地区劳动生产率水平偏低，但是从变化趋势上看西部地区劳动生产率提高速度最快，其单位劳动力成本的下降趋势也最快，因而具有在未来获得劳动力成本比较优势的潜力。因此，在东部地区产业转移的区位选择上，东部面临向劳动力成本更低的相邻亚洲国家的国际转移和向国内与其空间异质的中西部地区区际转移两种选择。区际转移相对于国际转移较低的转移成本和制度障碍以及国家政策的导向使大多数企业理性地选择了向中西部地区转移，而一些主要从事出口的企业也可能向更靠近市场的国家和地区转移生产力。

---

① 国际分工结构变化主要体现在两个方面：第一，一国产业结构优化已经跨越国内区域和国家的界限，成为国际分工的函数；第二，国际分工越来越表现为水平分工，即同一产品工序间的分工，由此导致发达国家、新兴工业化国家和某些发展中国家的"同构趋势"。
② 蔡昉认为，劳动力比较优势不仅取决于劳动报酬，还取决于劳动生产率，他构建了单位劳动力成本来衡量劳动力比较优势，计算公式为：单位劳动力成本＝劳动报酬/边际劳动生产率。

区际产业转移推动了产业结构的优化升级。这主要体现在直接和间接效应两方面。从直接效应看，区域经济可持续的协调发展对产业空间结构的合理性提出了要求。产业空间结构的不合理将导致区域间产出水平和收入差距的扩大。长此以往，必将使区域间的产业关联逐渐弱化，经济交往日益稀少，从而形成区域差距进一步扩大、经济增长质量不高、经济发展不可持续的恶性循环。因此，产业空间结构的合理化是产业结构优化的必要条件和衡量标准之一；从间接效应看，区际产业转移是要素追逐高效率配置过程在空间上的表现，通过市场机制作用下要素流动的传导，派生出有利于产业结构优化的各种条件，包括三次产业比例逐渐高级化、产值结构与就业结构更加协调、高技术高附加值产业长足发展、产业发展适应国内外需求结构变化的能力增强、产业空间结构逐步合理化、区域差距缩小、产业发展与环境、资源协调度提高等。具体到现阶段，在我国区际产业转移背景下，对于作为转出地的东部地区，要素和资源从传统的劳动密集型产业转出，有利于集中力量发展高附加值、高技术含量的高端产业，充分利用国际产业分工结构水平化趋势带来的机遇，推动产业结构高度化发展。

对于承接产业转移的中西部地区，区际产业转移对产业结构优化的作用来自以下几方面：第一，企业转移本身就是要素追逐高收益的过程，必然伴随着生产率的提高，在中观上则表现为产业产出效率的提高，带动区域产业结构的合理化。第二，由于较高效率企业进入带来的竞争效应提高了本地企业生产率，进而推动传统产业的改造、升级，新的产业有可能建立并逐步壮大成为新的主导产业，带动区域产业结构的高度化。第三，由于国家政策及承接地政府出于吸引产业转移考虑的财政支持及基础设施建设、软环境建设使得产业发展的外部环境改善，软投入组合中非科技型软投入的作用凸显，又将吸引更多的投资和产业。第四，随着产业转移的扩大，新的集聚可能形成，产业关联、知识溢出等集聚效应将显现，强化中西部地区已经形成或有很大潜力形成的比较优势。

因此，本书认为，我国区际产业转移和产业结构优化有着很强的互动关系，通过区际产业转移实现的资源和要素在空间上的重新配置，是各区域产业结构合理化、高度化发展①的重要推动力量，同时促进中西部地区

---

① 在理论上，产业转移会推动各区域产业结构优化升级，但是在经济实践中产业转移对各区域产业结构优化的绩效可能有不同，这个问题我们在本书中暂且忽略，对这一问题的关注将是我们今后研究的方向。

的经济增长，有利于缩小东中西部地区经济发展的差距①，使区域经济发展失衡逐步扭转。而这种互动关系产生的区域经济联动，将促进总量经济产业结构的优化升级，从整体上提高我国经济增长的质量和可持续性。在以上分析的基础上，本书建立了要素流动传导下的产业结构优化与区际产业转移关系模型如图3-4所示。

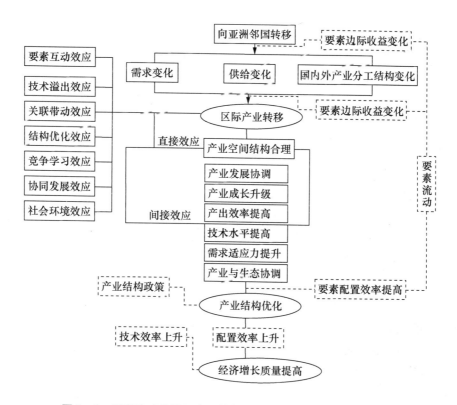

图3-4　要素流动传导下产业结构优化与区际产业转移关系模型

以上对要素流动传导下的产业结构优化与区际产业转移关系模型分析基于以下假设：

第一，东部地区在成熟产业转移过程中，技术创新跟进充分，高技术、高附加值的新兴产业形成并壮大，成功实现产业优化升级。

---

①　这是我们在一定假设条件下的理论推理，现实中产业转移缩小区域经济差距是有条件的。我们在此假定我国区域经济发展现实符合理论假设条件。

第二，中西部地区产业基础、市场条件及技术水平等综合因素决定的产业承接能力和新兴产业形成速度与东部地区成熟产业衰退和转移速度相当，排除产业转移衔接断层的可能。

在这两个假设前提下，本书有关区际产业转移推动产业结构优化的观点才能成立，否则，可能会出现由于生产要素不能在区域间顺利流动而导致的区域产业空洞化。

此外，无论是"雁行模式"、产品生命周期理论还是边际产业扩张论都以发达国家和地区利益为根本立足点对不同层次的产业转移进行理论上的解释，他们的理论以不同国家和地区产业的垂直分工为前提，认为产业转移的层次和顺序在一定程度上是被"锁定"的，这无疑会造成被许多欠发达国家和地区学者纷纷诟病的"区域锁定效应"。对于这一点，本书的观点是，在不同国家和地区经济和产业发展水平存在不同梯度的现实背景下，产业外移是次阶产业的一种有序退出方式，现阶段我国中西部地区为东部地区产业转移提供了外部基础，乃至在由产业转移引发的某种程度的经济一体化中，东部作为富裕地区仍是最大的获利方。这同国际产业转移中发达国家和落后国家的博弈有着同样的逻辑。[87]

尽管这样，看似不是很公平的产业转移仍是国际经济中非常活跃的经济现象，原因在于，抛却获益孰大孰小的较量，产业转移带来的至少短期的"双赢"是不争的事实。而在一国视域下，产业结构优化首先是国家层面的总量经济产业结构优化，区域之间有竞争，更多的却是合作和协调，这是区际产业转移不同于国际产业转移的特点之一。市场机制对资源空间配置的原则是效率充足，而市场机制往往不能保证空间公平，因此区际产业转移过程中为了效率与公平兼顾，就必须有政府政策的干预与调控。政府可以结合区域禀赋状况实施一些产业政策来协调区域分工，从财政税收政策上向欠发达地区倾斜，通过财政转移协调区域经济的发展步调，减小区域发展差距，从基础设施投资上，提高欠发达地区经济建设和技术知识交流的基础设施建设投资，在金融支持上，增加欠发达地区融资渠道、放宽贷款条件等。

那么，如何看待区际产业转移中中西部地区被"锁定"，从而在经济发展和产业结构调整中始终跟进东部，甚至在某些地区差距可能扩大的问题？这实际上涉及学界梯度与反梯度转移之争，反梯度推移论认为，我国生产力水平在空间分布上呈东、中、西三级梯度态势，但这并非一成不变，落后的低梯度地区只要政策得当、措施得力，也可以直接引进并采用世界先进技术，发展自己的高技术，实行超越式发展，然后向高梯度地区进行反推移。蔡昉也基于熊彼特创造性毁灭理论和"雁阵理论"的结合，通过计算六大地区制造业全要素生产率贡献率，提出了新兴地区（中、西部地区）作为今后中国经济增长引擎的可行性。而中国崛起打断了东亚地区"雁行模式"国际产业转移链条①的事实，似乎也在经验上为反梯度推移论和蔡昉的观点提供证据。然而，如果考虑到新经济地理学的观点，运输成本及地理因素将是中西部地区，尤其是西部地区追赶战略能否顺利实现的主要障碍。至少目前，还看不到在西部地区距离因素导致的运输成本和劳动力成本比较优势之间，后者更强势的趋势。不过，随着我国向西开放战略以及2013年以来建设"丝绸之路经济带"战略的提出及可能采取的一系列针对西部地区的政策措施的实施，再加上西向亚洲邻国经济发展带来的外部市场需求，或许会在未来成为西部地区地理劣势扭转的一个重要因素。

尽管区际产业转移对不同区域可能产生不同绩效，但有一点是无可置疑的，那就是区际产业转移，在可以预见的视野内，有利于国家层面总量经济产业结构优化升级，有利于整体经济结构失衡的纠正调整，有利于提高我国经济增长质量。本书对产业结构优化的考察以国家层面的总量经济产业结构为基准。

区际产业转移是区域产业分工形成和变化的基础，也是转移地和承接地从而全国层面总量经济产业结构调整和产业升级的重要途径。那么，具体到每个区域的产业转移和承接，其对总量经济产业结构优化升级的绩效究竟如何？对这个问题的回答，首先依赖对区际产业转移和产业结构优化状况及动态变化的客观把握。因此，本书将首先基于不同层级地理单位对我国区际产业转移进行实证分析，以客观地把握1992—2011年20年间中国区际转移的动态变化。

---

① 阿亨等（Ahearne et al.）在论文中指出，来自日本经济、贸易与产业部的报告数据显示，引进外商直接投资不仅使中国劳动密集型产业获得强大竞争优势，而且信息技术等技术密集型产业竞争力提升也很快。

第四章　中国区际产业转移实证分析

第一节　引　言

有关产业转移理论的系统研究始于 20 世纪 20 年代，早期的研究，在新古典经济学理论框架下，以规模报酬不变和完全竞争市场结构为假设前提，认为不同区域比较优势的静态和动态差异，或者不同产业在特定发展阶段对所在区域要素条件的不同要求，使得产业从一个国家或地区转移到另一个国家或地区。这方面的研究主要呈现在工业区位理论（Weber，1929）[43]、"雁行模式"理论（Akamatsu，1962）[53]、产品生命周期理论（Vernon，1966）[41]、区域生命周期理论（Thompson，1966）[42]、国际生产折中理论（Denning，1977）[61]、劳动密集型产业转移理论（Lewis，1978）[55]等相关文献中，形成了传统的产业转移理论；而以克鲁格曼（1991）经典文献为基础发展起来的新经济地理学（NEG），以更为贴近经济现实的规模报酬递增和不完全竞争市场结构为研究起点，探讨了产业空间布局变化的微观机制，认为产业转移的基础并不必然是"第一自然"的差异，即使在完全相同的均质空间下，运输成本及其变化也能导致产业的集聚、分散和转移。[48,85-86]经济发展过程往往伴随着不同区位间运输成本的变化，引起企业利润结构及个人福利结构的变化，企业依据利润最大化原则，个人依据福利最大化原则进行区位选择，最终导致新的区位均衡形成[88]，这一过程往往也是产业空间布局变化的动态过程，即产业转移。因而，在检索到的 NEG 文献中，产业转移的英文表述常为产业集聚（Industry Agglomeration）、产业分散（Industry Dispersion）、产业分散（Industry Decentralization）和产业迁移（Industry Relocation）。

有关产业转移的特征、顺序与区位选择，新古典分析框架的解释主要体现在赤松要"雁行模式"理论（1962）、小岛清边际产业扩张论、刘易斯劳动密集型产业转移理论和邓宁的国际生产折中理论中。认为产业转移通常按照资源密集产业—劳动密集型产业—资本密集型产业—技术密集型产业的顺序依次从高经济梯度的国家和地区向低梯度国家和地区转移，和产业演进的一般规律吻合，是一个平滑连续的过程。通常产业转移是发达国家和地区向发展相对后进国家和地区的"单向流动"，其实质是经营资源的流动和技术的转移，A 国向 B 国产业转移以 A 国该产业劳动生产率大于 B 国为必要条件。[78]

　　NEG 有关产业转移的模型多为非线性模型，认为产业空间布局变化具有突发性和区位黏性特征。[89]在影响产业转移的因素出现时，由于区位黏性的作用，产业转移并不马上发生，而当这些因素不断积累达到一定临界值之后的哪怕是轻微变动，也会导致大规模的产业转移；关于产业转移的行业顺序，NEG 认为，产业关联度较弱的产业（如消费指向、中间投入较小的产业）一般先发生转移，且转移速度较慢，转移过程中有可能出现交叉反复现象，关联度强的产业虽然转移时间较晚，但由于很强的产业前后向联系，转移速度较快；由于转移产业前后向联系的互动效应，产业转移可能存在不连续性；在区位选择上，产业转移通常优先选择与转移区位的初始优势较接近的地区依次进行。[90-92]

　　在世界经济发展进程的实践中，自发达国家向发展中国家呈梯度、依次序开展的国际产业转移已经历了数次大的浪潮。在国内，如果说"一五"计划时期、"三线"建设时期的产业转移是中央政府行政力量主导的以内地开发为主要目的的区际产业转移，那么改革开放尤其是 1992 年邓小平南方谈话及党的十四大明确提出建设社会主义市场经济体制以来，我国产业空间布局变化则主要是依靠市场力量的作用。① 那么，在这一时期，我国区域间产业转移的状况如何？哪些行业哪些区位在哪一阶段在转移？程度怎样？产业转移区位选择的顺序是什么？符合产业转移的一般规律吗？原因何在？

　　对这些问题的回答依赖于对区际产业转移的定量测度。近年来，国内有关区际产业转移的研究主要集中在区域间产业转移的动力机制、影响因

――――――――――

　　① 这与国家政策调控的重要作用并不矛盾。这一时期的政策调控主要是使用间接调控方式，制定相应的财政、信贷、产业、技术、知识产权等政策措施通过市场机制发挥作用。

素、效应、欠发达地区承接区域产业转移的对策等，对区际产业转移定量测度的文献并不多见，目前能检索到的相关文献主要从制造业集聚程度及变动趋势、在区域上的重新定位以及区域分布的集中与分散的视角展开实证分析，例如徐康宁（2003）[16]、文枚（2004）[14,16]、罗勇（2005）[67]、张同升等（2005）[93]、路江涌（2006）[94]、贺灿飞（2007）[95-96]、詹宇波（2010）[97]、范剑勇（2011）[65]，多采用数值测量法，通过计算统计指标如基尼（Gini）系数、集中度、赫芬达尔指数、胡佛（Hoover）系数、EG 指数（Ellison and Glaeser，1997）、DS 指数（Devereux and Simpson，2004）和 MS 指数（Maurel and Sdillot，1999）等测定产业集聚程度，来大致判断产业空间布局的总体趋势。从产业转移视角进行实证分析的文献非常少见，其中，陈建军（2002）[79]采用问卷调查方法对浙江省以制造业为主的 12 个行业的 105 家规模以上企业以对外投资为载体的产业转移模式、方式、区域选择做了实证分析；何奕、童牧（2008）[66]以长三角第二、第三类制造业①为对象，利用区域内 16 个城市 1984 年、1997 年、2003 年三个时间断面的数据分析了长三角区域内产业转移和产业集聚的动态演化和具体路径选择过程；刘红光、刘卫东、刘志高（2011）[98]利用区域间投入产出模型建立定量测算区域间产业转移的方法，使用 1997 年、2007 年两个时间断面中国区域间投入产出表数据，测算了 1997—2007 年中国区域间不同产业部门产业转移的比例，对比分析发现中国产业转移具有明显"北上"特征，产业向中西部地区转移的趋势尚不明显。区分研究了消费带动下的产业转移和出口带动下的产业转移趋势，发现中西部地区在向东部地区转移消费带动下的产业；而在出口带动下大量资源型产业从东部地区向中西部地区转移；技术密集型的机械电子产业等仍呈现向东部地区集中的趋势。从而得出加快东部地区向中西部地区产业转移仍是中国区域均衡发展的重要任务之一的结论。

基于以上理论和文献，本章的研究主要有以下几点不同和进一步发展：

第一，厘清产业转移与产业集聚、产业分散的关系。就产业的空间布局而言，产业转移实际上就是产业在中心地区和边缘地区之间的区位变动，包括产业从边缘地区向中心地区的集中转移及从中心地区向边缘地区

① 这里的第二、第三类产业是按照钱纳里标准划分的。

的分散转移并逐步形成新集聚中心两个动态过程，是一个具有空间和较长时间维度的概念。产业转移的直接经济后果就是某些地区产业份额的此消彼长，产品的供给能力从一些区位转向另一些区位。

第二，区别了产业地理集中和产业集聚概念。产业地理集中仅考察一定时期特定地理单元产业份额的变化，并不区分这种地理集中是由于少数大企业还是大量小企业的集群，从而忽略集聚产生的机制问题；而产业集聚更倾向于考察大量小企业集群所导致的产业地理集中，重视集群形成的机制。

第三，使用1992—2011年我国工业各行业产值及省区产值数据，对20年间我国工业各部门空间基尼系数、各省区产业集中度进行测算，以在整体上把握我国工业地理空间分布的变化。从目前本书掌握的文献看，国内定量测度产业地理集中程度的文献从2002年开始出现，使用的多为某年份的截面数据或者几个时间截面数据来进行比较分析，例如魏后凯（2002）[12]、徐康宁（2003）、文枚（2004）、梁琦（2004）、罗勇和曹丽莉（2005）、冯根福等（2010）[8]，使用较长时间序列数据对产业空间分布变动的定量研究较少，且已有文献研究数据最新至2006年，其中贺灿飞（2007）使用1980—2003年数据，王菲暗等（2010）使用1998—2004年数据，路江涌、陶志刚（2006）使用1998—2003年数据，臧新等（2011）[99]使用1993—2006年数据。本书用1992—2011年20年时间序列数据跟踪观测我国工业各产业空间分布的变动趋势，得出的结论在相关时间序列中与以上研究有吻合的地方，对2006年以后数据的观测和分析是本书的创新之处。

第四，借鉴范剑勇相对比较思想[100]，对31个省市自治区27个工业行业1992—2011年产业份额进行测算。而已有的相关研究在行业选取上往往只以某几个制造业行业为代表，通过对这些行业的分析，推测整体制造业的情况；在研究的时间区间选择上，往往选取几个时间截面，来推测较长时间区间的变化趋势。

本章的研究选取20年连续时间区间，通过考察不间断时间区间内各工业行业产业份额的动态变化，把握其变化趋势，这样的研究路径更为科学和可靠。

通过本章的研究，试图考察1992年党的十四大明确提出建立社会主义市场经济体制以来各工业产业部门在空间区位上的动态演化，为第六章产业转移绩效的实证分析和比较分析提供较为客观的现实背景和数据来源。

第二节　概念辨析

一　产业转移

大量文献中提到的产业转移，通常包括两种类型：第一种是不同生产率水平产业之间的转移，第二种是相同产业在空间上的转移。本书关注的是第二种类型的产业转移，即产业在空间区位上的变化。而这种类型的产业转移在实践中一般又分别发生在微观和宏观两个层面，首先是某产业的企业在地理位置上的部分或整体迁移，可以是生产要素、技术或者生产能力的迁移，企业迁移积累到一定规模后，在宏观经济上体现为产业的空间区位发生变迁。

根据新古典经济学框架下的传统产业转移理论，区际产业转移是各区域（国家或地区）由于要素供给和产品需求条件发生变化，企业按照区域比较优势原则，通过跨区域之间投资、区际贸易、技术转移等方式将产品的生产、销售、研发乃至企业总部转移到另一区域，从而导致产业在区域之间变动的动态过程。包括资本、技术和劳动力等生产要素的综合流动，不仅涵盖整个产业生产的转移，而且还包括同一产业内部各生产阶段的转移。

NEG 文献中的产业集聚（Industry Agglomeration）、产业分散（Industry Decentralization）、产业迁移（Industry Relocation）等概念与本书产业转移概念非常相关。NEG 对产业集聚与分散的研究侧重于其形成路径，将形成机制分为三种类型：一是区域要素迁移型，资本与劳动力的大规模迁移导致的产业空间布局变化；二是产业垂直关联型，在运输成本和工业品需求长期增长的背景下，产业之间的前后向联系使得聚集发生并强化，而随着中心—外围地区的工资差距持续扩大，最终导致中心—外围结构不能维持，进而发生产业分散；三是要素累积驱动型，资本收益高、知识溢出效应强的地区将通过更多的资本形成占有更大的生产份额。[58]

综合以上传统产业转移理论及新经济地理学对产业转移的解释，本书认为，考虑到本书的主要研究目的，将区际产业转移定义为：产业在区域间的空间布局变动，包括资本、技术和劳动力等生产要素的综合流动。在微观上表现为劳动力和企业对生产区位的再选择，在宏观上表现为整个产业生产的转移，或者同一产业内部各生产阶段的转移。产业转移的实现路径可以用产业区位生命周期轨迹①来描述，包括以下几个过程：产业形成—集中—分散—再集中。[84]

由于要素禀赋的不同或者历史和偶然因素的作用一个产业在某地区形成，之后累积循环的因果关系开始发挥作用，不断强化的集聚效应，使得生产要素不断向该地区集中，集中进一步扩大了集聚效应，在这种"正反馈"机制下，产业的集聚中心形成并不断强化；随着时间的变迁，在各区域经济的发展，产业本身的发展以及政府政策引导作用等因素影响下，集聚带来的规模经济效应开始逐步被弱化而成本节约效应不断凸显，企业的预期开始转变，某些生产活动逐步从集聚中心迁移，产业出现空间上的分散趋势，新的动态累积循环过程开始发挥作用，预期不断被强化，在自我实现机制作用下产业转移规模不断扩大，仍然在集聚经济的影响下，新的产业集聚中心形成。

因此，不考虑产业转移的不同形成机制和表现形式，就产业的空间布局而言，产业转移实际上就是产业在中心地区和边缘地区之间的区位变动，包括产业从边缘地区向中心地区集聚，以及产业从中心地区向边缘地区分散并逐步形成新集聚中心两个动态过程，是一个具有空间和较长时间维度的概念。产业转移的直接经济后果就是产业产品供给从一些区位转向另一些区位，体现为产业份额在不同地区的此消彼长。在产业转移的动态过程中，区域之间相对稳定的产业分工关系形成，在区域产业成长和产业分工过程中，区域产业结构实现转换升级。

二　产业地理集中、产业集聚与产业转移

还有两个概念需要进一步厘清，那就是产业地理集中和产业集聚。在本书已经检索并阅读的相关文献尤其是国内文献中，产业地理集中和产业集聚并未被当作两个概念，或者没有做深入的概念厘清。究其原因这大概与新经济地理学产生的渊源和其特点有关。新经济地理学（The New Economic Geography，NEG）最早产生于克鲁格曼对国际贸易问题的研究，随着研究的深入和理论的发展，NEG 与区位理论、经济地理学、区域经济

---

① 参见梁琦《产业集聚论》。

学有较深的渊源。而新经济地理学第一次将地理因素纳入主流经济学分析框架，相对于经济地理学，NEG 研究"经济的地理特征"，而非"地理的经济特征"①，较区位理论和区域经济学 NEG 对理论本身的演绎更加系统和完整，它根植于国际经济学、现代国际贸易理论和经济发展理论，基于经济学的一般均衡理论，采用迪克西特—斯蒂格利茨（Dixit - Stiglitz）垄断竞争分析工具建模，解释经济活动的地理选择。[23] 正是因为 NEG 与地理的渊源和其鲜明的研究特点，所以，大量相关的文献既出现在经济地理学的期刊也被一些专注于区域经济和空间经济研究的期刊所采纳，鲜有文献本身对以上两个概念进行区分。为了使研究更加严谨，本书认为，有必要厘清产业地理集中和产业集聚两个概念。产业集聚是在某一特定领域中，在地理位置上集中且互相联系的公司和机构的集合，并以彼此共通性和互补性相联结。产业集聚的研究主体多为集群即大量厂商的集合而非单个企业，尽管不少的集群中存在规模很大的单个厂商，其研究内容侧重于考察产业在地理空间的集聚与分散机制及形成路径，倾向于对集聚经济的研究。而产业地理集中侧重于从静态视角考察一定时期特定地理单元经济活动的地理集中状态和程度，很少区分这种地理集中是由于少数大企业还是大量小企业的集群，从而忽略了集聚产生的机制问题，因此，它更多的是一个经济地理学的概念。两者的联系主要在于，无论何种形式的产业集聚，在空间分布上都表现为不同程度的产业地理集中。而产业分散乃至产业转移的状况则可以通过对较长时间维度内产业地理集中程度的动态变化的考察得到。某地区产业地理集中度高并不必然存在产业集聚②；反之亦成立。两者有很强的相关性，但不是同一概念。

通过概念辨析，本书认为，无论何种形成机制的产业转移，最终都表现为产业在中心地区和边缘地区之间的空间布局变动，包括从边缘地区向中心地区的集聚及从中心地区向边缘地区的分散两个动态过程。无论哪种类型的产业转移，最终都将体现为某些产品的生产从此地区转向彼地区，从而产业份额在各区域间此消彼长。因此，本书通过考察各区域在一定时间维度上产业地理集中度的动态变化来度量区域间的产业转移。

---

① 梁琦、黄卓在《经济学》（季刊）发表的《空间经济学在中国》一文中提出的观点。
② 参见罗勇、曹丽莉 2005 年 8 月发表在《经济研究》上的《中国制造业集聚程度变动趋势实证研究》一文。

第三节　测度指标和数据说明

目前，国内外相关文献多使用数值测算法测度产业地理集中程度，使用的指标有产业地理集中度、赫芬达尔指数、空间基尼系数、E－G指数、K指数、D指数、M指数。根据各方法的原理特点，可分为传统的单一地理尺度方法（产业地理集中度、赫芬达尔指数、空间基尼系数、E－G指数）和基于距离的多空间尺度方法（K指数、D指数、M指数）。[101]

通过对产业地理集中度测度方法的梳理和分析，本书认为，基于距离的多空间尺度方法是将区域内的企业看作点，通过分析这些点的分布状态来了解区域产业的分布情况，其意义主要在于揭示某类经济活动在哪个范围内显著集中或分散，可以较精确地描述经济活动的空间结构，要求统计数据具体到每个企业及每个企业的空间分布，因而存在数据获得和处理难度较大等实际应用困难；基于单一地理尺度测量方法一般只能揭示某个地理尺度上（如行政区，E－G指数一般要求企业数据）经济活动是集中还是分散，测算获得的指标数值较依赖于分区的规模尺度，对数据的要求通常具体到所研究的地理单元（如省），较容易获得和处理。此外，我国学者刘红光等采用投入产出法建立定量测算产业转移的区域间投入产出模型，以1997年、2007年区域间投入产出表增加值数据测算分析了1997—2007年中国区域间产业转移状况和趋势。在具体应用中，各种方法的优劣及选择应因分析问题的内容和角度差异及数据可得性的局限而区别对待，具体问题具体分析，不能一概而论。

本书的主要研究目的是对我国工业行业地理集中状况及变化趋势进行实证分析，为我国区域产业政策的制定提供客观依据，分析中暂忽略产业组织差异、地理单元差异及不同形成机制对集聚的影响。空间基尼系数和产业地理集中度指标能够较好满足本书研究需要，同时又相对简单易用，因此本书首先通过测算1992—2011年产业加权空间基尼系数来考察我国不同层次地理单元工业产业地理集中程度的动态变化；其次通过测算各区域地区产业平均集中度来考察各区域（省份）产业转出或转入状态的动态变化；最后借鉴范剑勇区域产业转移评价方法的相对比较思想，采用地区产业份额指标，考察20年间该指标在不同区域不同行业的动态变化，对我国区域间产业转移进行定量测度。

需要说明的一点是，通过产业地理集中度的变化来评价产业转移需要做以下假设：

第一，假设国内产业发展的国际市场供给需求不变。开放经济下，国际市场供需的变化对国内产业发展会产生较大影响，可能导致某些产业从其他国家转入国内或者国内某些产业转移到其他国家（例如20世纪90年代以来东部地区承接国际产业转移及2008年以来沿海某些出口导向的劳动密集型企业转移到越南、缅甸等），为了排除外部市场需求对国内产业规模的影响，本书假设产业的国际市场供需不变。

第二，不区分国内产业规模扩大究竟是由内需引起还是外需引起，仅关注由于需求增加引起国内产业规模扩大的经济现象。

第三，假设国内市场各产业总体规模和国内经济增长同步，不考虑国家对某些产业的特别调整。在宏观经济普遍增长背景下，由于保护环境、保护国内资源、局部产业结构调整等为目标的产业政策可能在一定时期内对某些产业的发展形成较大的推动力或抑制力，为了排除这一政策因素对产业绝对规模的影响，本书在以下研究中忽略各级政府对某些产业调整的特殊性产业政策的存在。

第四，忽略不同层级地理单元（如三大区域、八大区域、31个省级行政区）在面积、人口、人均产值等方面的差异，把它们看作无差异的同质空间。

在以上假设条件下，本书将国内工业看作一个独立的系统，一个区域某产业份额的减少，必然伴随着其他区域相同产业份额的增加，是一个此消彼长的过程。如果在某一关键时间节点A地区某产业份额较前期增加，B地区同一产业份额较前期减少，C地区同一产业份额也较前期减少，就认为B地区、C地区该产业在这一时期向A地区转移。而产业转移方向关键时间节点的选取是在实证分析的基础上，观察1992—2011年各地区产业份额动态变化趋势得出。

此外，考虑到我国区域经济发展的特征，本书还区分了产业集中转移和产业分散转移两种情况。产业由某地区向其他地区集中转移是指转移初始，转出地区该产业份额小于转入地区；产业由某地区向其他地区分散转移指转移初始转出地区产业份额大于转入地区。

一　地区产业份额

本书借鉴范剑勇相对比较思想,用31个省市自治区某行业规模占全国该行业规模的比重来表征地区产业份额,通过考察地区产业份额在1992—2011年20年间的动态变化来分析具体工业产业的转移状况。地区产业份额指标是本书的重要基础指标,其计算公式为:

$$S_{ij} = \frac{q_{ij}}{\sum_{j=1}^{n} q_{ij}} \qquad (4-1)$$

其中,S_{ij}是j地区i产业在全国i产业中所占的份额,q_{ij}是j地区i产业的产值,n是区域个数。关于产业份额的表征指标,国外相关文献较多使用不同产业就业人数,它以各产业劳动生产率无差异为假设条件,在现实经济中就业规模和产值规模往往不能完全吻合,在我国各产业劳动生产率差异较大,产业就业人数因受人员流动频繁、统计方法、口径等影响,统计年鉴就业人数指标数据可靠性并不是很高,国内相关文献多使用增加值指标。增加值剔除总产值中的中间投入,反映了生产过程中新创造的价值,能够较客观地体现某区域对行业的真实贡献;也有人使用总产值来表征,他们认为,厂商地理位置的选择通常已考虑了中间投入的运输费用并与其生产规模紧密相关,也能满足研究需要。此外,2008年以来,由于历年工业统计和核算统计的增加值数据分歧较大的原因,国家统计局更改了统计制度,统计年鉴以核算统计的增加值为出版依据,不再统计各行业和各省区细分的增加值。本书研究的主要目的是在空间和时间维度上考察各行业生产规模和生产水平的动态变化,通过考察工业总产值指标即可达到此研究目的,因此采用工业总产值指标来表征产业份额。

关于行业选取,国内外相关文献多以制造业为考察对象,原因在于制造业布局受资源禀赋等自然因素限制较弱。本书认为,采矿业、电力、煤气及水的生产及供应业等工业行业的生产规模受制造业需求影响较强,同时随着开放度的提高和技术的发展这些行业依赖资源禀赋的程度在逐步降低,为了更全面地考察我国产业区域间转移的客观状况,本书选取工业为行业考察对象。1992—2011年,我国国民经济行业分类标准经历了三次修订(1994年、2002年、2011年),本书对照1994年、2002年行业分类标准,同时考虑各年度年鉴统计数据的完整性等因素,整理出27个两位数工业行业进行分析，见表 4-1。

表 4-1　　　　　27 个两位数工业行业代码及名称

行业代码	行业名称
B06	煤炭开采和洗选业
B07	石油和天然气开采业
B08	黑色金属矿选材业
B09	有色金属矿采选业
B10	非金属矿采选业
C13	农副食品加工业
C14	食品制造业
C15	饮料制造业
C16	烟草制品业
C17	纺织业
C18	纺织服装、鞋、帽制造业
C22	造纸及纸制品业
C25	石油加工、炼焦及核燃料加工业
C26	化学原料及化学制品制造业
C27	医药制造业
C28	化学纤维制造业
C30	非金属矿物制品业
C31	黑色金属冶炼及压延加工业
C32	有色金属冶炼及压延加工业
C33	金属制品业
C34	通用设备制造业
C35	专用设备制造业
C36	交通运输设备制造业
C38	电气机械及器材制造业
C39	通信设备、计算机及其他电子设备制造业
C40	仪器仪表及文化、办公用机械制造业
D44	电力、热力的生产和供应业

资料来源：根据国民经济行业分类标准 GB-4754—2002 整理。

原始数据均来自 1993—2012 年各年份《中国统计年鉴》、《中国工业经济统计年鉴》和《中国经济普查年鉴》（2004）。本书使用 Excel 软件计算了 31 个省市自治区 1992—2011[①] 年各年份 27 个工业行业的地区产业份额至附表。

二　加权空间基尼系数

（一）空间基尼系数

1912 年，意大利经济学家科拉多·基尼根据反映收入分配不平衡程度的洛伦兹曲线（见图 4－1），推导出基尼系数，用来度量国家或地区收入不平等。基尼系数：

$$G = \frac{Sa}{(Sa + Sb)}$$

其中，Sa、Sb 分别代表 A 区域和 B 区域的面积。后来欧美学者根据洛伦兹曲线和基尼系数的原理和方法，设计了空间基尼系数，来度量某产业地区间分布的集中程度。

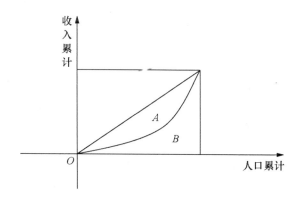

图 4－1　洛伦兹曲线

空间基尼系数在 0—1 之间取值，洛伦兹曲线下凸程度越小，空间基尼系数就越接近于 0，说明某产业的空间分布比较均匀；相反，洛伦兹曲线下凸程度越大，区位基尼系数就越接近于 1，说明某产业的空间分布不均衡，

---

① 其中 1995 年、1996 年、1998 年的数据缺失，B09、B10、C18 三个两位数行业 1995 年、1996 年、1998—2003 年数据缺失。计算各行业空间基尼系数、地区产业平均集中度指标时缺失年份的数据采用五年移动平均法补齐。

可能集中在一个或几个地区，在其他地区分布则很少。由此，产业的空间基尼系数越大该产业地理集中程度越高。由于洛伦兹曲线可用不同指标构造，因而基尼系数的测算方法也不尽相同。本书采用阿米蒂（Amiti，1998）[102]、贺灿飞（2006）构造的测算方法，其基尼系数计算公式如下：

$$G_{s_i} = \frac{1}{2n^2 \overline{s_{ij}}} \sum_{k=1}^{n} \sum_{j=1}^{n} |s_{ij} - s_{ik}| \qquad (4-2)$$

其中，s_{ij}、s_{ik} 是地区 j 和地区 k 在产业 i 中所占的份额；n 是区域个数。该公式以 s_{ij} 在地区之间降序排列，然后把 s_{ij} 累计相加作为纵坐标，以累计的省份个数除以 n 作为横坐标（每个省份作为无差别的区位）来构造洛伦兹曲线。根据式（4-2），使用本书第四章第三节第一部分整理计算得到的地区产业份额数据，用 Matalab6.5 软件编程，计算了 1992—2011 年 20 年间 31 个省市自治区 27 个两位数工业行业的空间基尼系数，这是本书研究重要的基础性指标（见附录）。

（二）加权空间基尼系数

为了对不同层次地理单元整体工业产业地理集中程度做度量，本书参考王菲暗、范剑勇（2010）的文章，构造了加权空间基尼系数 G_w，具体公式如下：

$$G_w = \sum_{i=1}^{m} (G_i \times W_i) \qquad (4-3)$$

其中，G_w 为加权空间基尼系数，G_i 为 i 行业空间基尼系数，W_i 为 i 行业规模占全国所有工业行业规模的比重，以 W_i 为权数构造的加权空间基尼系数考虑了不同工业行业的绝对规模对整体基尼系数的影响。

三 地区产业平均集中度

本书通过测算地区产业平均集中度来考察各区域（省份）产业转出或转入状态的动态变化，具体公式如下：

$$P_j = \frac{\sum_{i=1}^{m} S_{ij}}{m} \qquad (4-4)$$

其中，$S_{ij} = \dfrac{q_{ij}}{\sum_{j=1}^{n} q_{ij}}$，假定有 n 个地区，m 个产业，P_j 代表 j 地区产业平均集中度，S_{ij} 是 j 地区 i 产业在全国 i 产业中所占的份额，q_{ij} 是 j 地区 i 产业的产值，n 是区域个数；j 地区产业平均集中度是 j 地区所有产业在全国相应产业所占比重的算术平均值，用来衡量 j 地区总体产业在全国的平均份额，其取值范围在 0—1 之间，值越大，说明该地区在全国的产业份额越大。使用本书第四章第三节第一部分计算得到的地区产业份额指标数据，代入式（4-4），用 Excel 计算得出 1992—2011 年间 31 个省市自治区各年份地区产业平均集中度指标数值，见本书附录附表29。

第四节　实证分析

一　总体工业空间分布变化分析

本书用产业加权空间基尼系数指标来分析 1992—2011 年我国总体工业空间分布变化。指标计算中，各行业空间基尼系数采用本书第四章第三节第二部分计算得到的 27 个行业空间基尼系数数据，各行业权重根据 1993—2012 年《中国工业经济统计年鉴》和《中国工业经济普查年鉴》（2004）分行业全国工业数据和分行业分地区工业数据整理计算得出，计算结果见表4-2和图4-2。

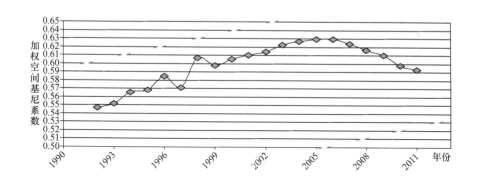

图 4-2　1992—2011 年省级层面产业加权空间基尼系数

表 4-2　　　　1992—2011 年省级层面产业加权空间基尼系数

年份	加权基尼系数
1992	0.5466
1993	0.5515
1994	0.5656

年份	加权基尼系数
1995	0.5684
1996	0.5843
1997	0.5711
1998	0.6069
1999	0.5975
2000	0.6055
2001	0.6101
2002	0.6145
2003	0.6227
2004	0.6265
2005	0.6293
2006	0.6291
2007	0.6238
2008	0.6165
2009	0.6103
2010	0.5974
2011	0.5928

1992—2010 年，除 1997 年数据有异动外，省级层面两位数行业空间加权基尼系数呈倒 "U" 形分布。1992—2005 年，基尼系数总体呈单调递增，极大值出现在 2005 年，2005 年比 1992 年加权基尼系数上升 15.12 个百分点，年均上升 1.26 个百分点；2006—2011 年，加权空间基尼系数呈单调递减，2011 年比 2006 年下降 5.78 个百分点，年均下降 0.96 个百分点；说明，1992—2005 年我国工业在空间分布上总体呈现集中态势，2005 年之后，开始分散，并保持着稳定的分散趋势。这一结果和范剑勇、文枚、梁琦、贺灿飞等的结论相吻合，而他们的研究数据更新至 2006 年，本书研究的时间区间更长，2007 年之后，我国总体工业产业分散的趋势更明显。在工业空间分布总体分散的趋势下，不同特征的行业有没有差异？需要进一步分析。

二　区际产业转移的行业特征分析

（一）空间高集中行业和低集中行业

1. 基于产业空间基尼系数的分析

根据本书第四章第三节第二部分计算得出的 1992—2011 年我国工业

行业空间基尼系数值，考察在较长的时间区间，哪些行业在空间分布上体现出高集中的特征？哪些行业则不然？本书分别计算了1992—2011年27个两位数工业行业空间基尼系数平均值为0.6060，高于平均值的行业有13个，其中采矿业4个，占考察的两位数采矿业总数（5个）的80%，制造业9个，占考察的22个两位数制造业的40.91%。由空间基尼系数判断的空间高集中行业见表4-3和表4-4。关于按生产要素密集度划分行业，国内外尚无统一标准。本书对工业行业要素密集度的具体界定是在参考了郭克莎[103]的相关研究和李耀新[104]、臧新[105]研究的基础上做出。

表4-3　　　　空间高集中行业及行业要素密集度（$G_{si} > 0.6060$）

行业代号 （GBT 4754—2011）	行业	基尼系数	产业要素密集度
C22	造纸及纸制品业	0.6183	劳动密集
B09	有色金属矿采选业	0.6341	资源密集
B06	煤炭开采和洗选业	0.6359	资源密集
B08	黑色金属矿采选业	0.6427	资源密集
C43	通用设备制造业	0.6463	劳动技术中度密集
C33	金属制品业	0.6667	劳动密集
C38	电气机械及器材制造业	0.6869	劳动技术中度密集
C17	纺织业	0.7136	劳动密集
B07	石油和天然气开采业	0.7209	技术密集
C40	仪器仪表及文化、办公用机械制造业	0.7216	技术密集
C18	纺织服装、鞋、帽制造业	0.7316	劳动密集
C28	化学纤维制造业	0.7640	资本技术中度密集
C39	通信设备、计算机及其他电子设备制造业	0.7703	技术密集

注：数据、资料来源已在书中说明。

表4-4　　　　空间低集中行业及行业要素密集度（$G_{si} < 0.6060$）

行业代号 （GBT 4754—2011）	行业	基尼系数	产业要素密集
D44	电力、热力的生产和供应业	0.4325	资本密集
C32	有色金属冶炼及压延加工业	0.4655	劳动技术中度密集
C27	医药制造业	0.4764	技术密集

续表

行业代号 （GBT 4754—2011）	行业	基尼系数	产业要素密集
C15	饮料制造业	0.5055	劳动密集
C14	食品制造业	0.5273	劳动密集
C31	黑色金属冶炼及压延加工业	0.5371	资本技术中度密集
C30	非金属矿物制品业	0.5446	劳动密集
C36	交通运输设备制造业	0.5454	技术密集
C25	石油加工、炼焦及核燃料加工业	0.5489	资本技术中度密集
C26	化学原料及化学制品制造业	0.5508	劳动技术中度密集
C13	农副食品加工业	0.5526	劳动密集
B10	非金属矿采选业	0.5595	劳动密集
C16	烟草制品业	0.5685	资本技术中度密集
C35	专用设备制造业	0.5951	技术密集

2. 基于产业地理集中度（CR_8）的分析

本书采用 8 省市集中度指标作为辅助指标考察各工业地理集中程度。以本书第四章第三节第一部分计算得出的各省市产业份额为基础，计算 31 个省市自治区 1992—2011 年各年份 27 个工业行业产业份额由大到小位列前八名的省市产业集中度（CR_8）；根据各年份各行业 CR_8，计算得到 20 年间工业行业的 CR_8 平均值为 0.7140，高于平均值的行业有 13 个，其中采矿业 4 个，制造业 9 个。据此判断的空间高集中行业及低集中产业见表 4 - 5 和表 4 - 6。

表 4 - 5　　　　　　空间高集中行业（$CR_8 > 0.7140$）

行业代码	行业	CR_8
B06	煤炭开采和洗选业	0.7464
B07	石油和天然气开采业	0.8349
B08	黑色金属矿采选业	0.7353
B09	有色金属矿采选业	0.7305
C17	纺织业	0.8272
C18	纺织服装、鞋、帽制造业	0.8493
C22	造纸及纸制品业	0.7320

续表

行业代码	行业	CR₈
C28	化学纤维制造业	0.8590
C33	金属制品业	0.7836
C43	通用设备制造业	0.7598
C38	电气机械及器材制造业	0.7904
C39	通信设备、计算机及其他电子设备制造业	0.8797
C40	仪器仪表及文化、办公用机械制造业	0.8221

注：数据来源已在书中说明。

表4-6　　　　　　空间低集中行业（$CR_8 < 0.7140$）

行业代码	行业	CR₈
B10	非金属矿采选业	0.6642
C13	农副食品加工业	0.6481
C14	食品制造业	0.6321
C15	饮料制造业	0.6251
C16	烟草制品业	0.6568
C25	石油加工、炼焦及核燃料加工业	0.6393
C26	化学原料及化学制品制造业	0.6603
C27	医药制造业	0.5864
C30	非金属矿物制品业	0.6612
C31	黑色金属冶炼及压延加工业	0.6470
C32	有色金属冶炼及压延加工业	0.5852
C35	专用设备制造业	0.7038
C36	交通运输设备制造业	0.6562
D44	电力、热力的生产和供应业	0.5632

注：数据来源已在书中说明。

比较 CR_8 和 G_{si} 衡量的各工业行业产业地理集中程度，两者相关系数高达 0.9942，显示高度吻合。

据此可以得出，1991—2011 年，就平均值而言，采矿业由于具有较强的自然禀赋依赖性，体现出在地理上高度集中分布的特征，这是对赫克歇尔—俄林（Heckscheer - Ohlin）模型的一个验证，同时，埃利森和格拉瑟（Ellison and Glaeser，1999）[106]的研究也表明自然资源优势至少可以解释 50% 的行业区域聚集。

制造业中，技术密集型、劳动密集型行业地理集中度相对较高。就基尼系数平均数值来看，产业地理集中程度按照要素密集类型由低到高排列分别为资本密集型（0.5566）、技术密集型（0.6014）和劳动密集型（0.6080）；就行业数目占比来看，劳动密集型产业占 53.85%，其次是技术密集型产业（23.08%），劳动技术中度密集产业（15.38%），资本中度密集产业（7.69%）；在基尼系数大于 0.70 的六个行业中，除了纺织业、纺织服装鞋帽制造业属于劳动密集型产业外，其他四个行业均属于技术要素密集行业，且其基尼系数绝对数值较大。这一结论与梁琦的结论是一致的①，而梁琦的研究是以 1995 年、1997 年、2001 年三个时间截面的 24 个两位数工业行业为样本，计算空间基尼系数得出。本书得出的结论和臧新的结论略有不同，臧新根据《2004 年中国经济普查年鉴》数据，以 2004 年数据为代表计算出胡佛系数，认为高度集聚的工业行业更多的是一般部门，并非高技术部门，这些部门密集使用的是一般技能劳动而不是高技能劳动。本书的研究以 1992—2011 年 20 年长度数据为依据，使用最新的数据进行测算和分析，是对以上研究的延续、发展和补充，得出的结论更为可靠，说服力更强。

（二）高集中行业空间分布动态变化

在以上分析的基础上，通过考察 1992—2011 年产业空间基尼系数的变化来分析高集中行业的空间分布动态变化。首先做出产业空间基尼系数对时间变量的散点图，观察变化趋势，然后拟合回归模型，拟合优度大于 0.90 的确定为有效模型。发现 13 个地理高集中工业行业中，采矿业在样本时间区间内，空间分布变化没有明显趋势；制造业中除 C28（化学纤维制造业）始终呈现集中趋势外，其他 8 个制造业行业均呈现先集中后分散趋势，见图 4 - 3。其中，劳动密集型的金属制品业和劳动技术中度密集的通用设备制造业于 2004 年首先开始分散，技术密集型产业，包括 C38（交通运输设备制造业）、C39（电气机械及器材制造业）、C40（通信设备、计算机及其他电子设备制造业）于 2006 年开始分散，劳动密集

———————————

① 梁琦在著作《产业集聚论》中提出，两种类型的产业集聚程度最高，其一是知识密集型的高科技产业，其二是劳动密集型产业。

型的 C18 纺织服装、鞋、帽制造业、C17 纺织业、C22 造纸及纸制品业于 2007 年起开始分散。

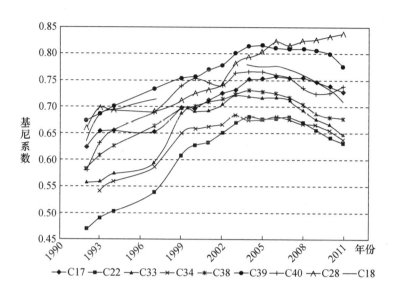

图 4 - 3　1992—2011 年高集中行业空间分布动态变化

（三）低集中行业的空间分布动态变化

做低集中行业 1992—2011 年产业空间基尼系数对时间变量的散点图，观察变化趋势，然后拟合回归模型。农副食品加工业为拟合优度较高的二次非线性模型，其他行业回归模型 R^2 均不高，结合散点图的直观趋势，确定所得回归方程拟合优度大于 0. 70 的为有效模型。发现 14 个低集中工业行业中，采矿业中非金属矿采选业（B10）、电力热力及水的生产及供应业（D44）呈现先集中后分散趋势，拐点分别出现在 2005 年、2006 年；制造业中医药制造业（C27）呈现先分散后集聚态势，拐点出现在 1999 年，有色金属冶炼及压延加工业（C32）呈现先分散后集聚再分散趋势，拐点分别出现在 1997 年、2009 年，饮料制造业、黑色金属冶炼及压延加工业无明显趋势，其他 10 个行业在空间分布上均呈现显著先集聚后分散或分散趋势（石油加工、炼焦及核燃料加工业始终呈分散趋势），见图 4 - 4 和图 4 - 5。其中，技术密集或资本技术中度密集产业（C25 石油加工、炼焦及核燃料加工业、C16 烟草制品业、C35 专用设备制造业、C36 交通运输设备制造业）分别于 1992 年、1994 年、2001 年、2003 年始在空间上呈现逐步分散趋势；劳动密集型或劳动技术中度密集产业（C26 化学原料及化学制品制造业、B10 非金属矿采选业、C13 农副食品加工业、C14 食品制造业、C30 非金属矿物制品业）大多于 2005 年左右开始分散；资本密集的电力热力与水的生产与供应业（D44）于 2006 年起开始分散。

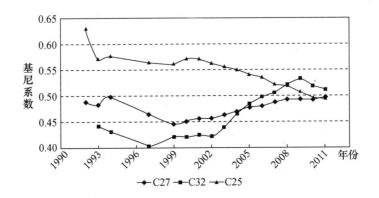

图 4 - 4　1992—2011 年低集中行业空间分布动态变化

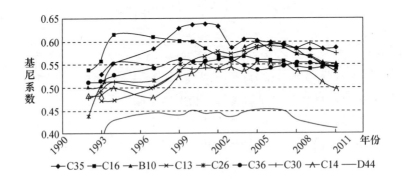

图 4 - 5　1992—2011 年低集中行业空间分布动态变化

通过计算 27 个行业 1992—2011 年间 CR_8 数据，考察其变化趋势，比较 CR_8 判断的产业地理集中动态变化与基尼系数衡量的产业地理集中动态变化，其中 24 个行业两种方法所得结果相关系数均达 90% 以上，显示高度吻合；交通运输设备制造业相关系数为 83% 、石油和天然气开采业为 79% 、黑色金属冶炼及压延加工业两者相关系数最低为 63% 。

基于以上分析，本书认为，我国制造业绝大部分行业于 2005 年左右在空间分布上出现分散趋势，这与总体工业空间分布变化的特征相吻合。其中，空间低集中工业中的资本技术中度密集和资本密集行业开始分散的时间略早于空间高集中产业，而高集中行业产业分散的速度和程度相对于低集中行业更为显著；总体来看，技术密集型工业和劳动密集型工业开始分散的时间相对早于资本要素密集产业。

而为制造业提供能源的电力、热力、水的生产及供应业从 2006 年起开始在空间分布上分散，这进一步验证了制造业分散的基本趋势和由此带来的空间关联效应。NEG 认为，劳动密集型产业通常首先转移，关联度弱的产业一般先发生转移，但转移速度较慢，转移过程中有可能出现交叉反复现象，关联度强的产业虽然转移时间较晚，但由于很强的产业前后向联系，转移速度较快；由于转移产业前后向联系的互动效应，产业转移可能存在不连续性。

三 区际产业转移的区位选择分析

以上分析得出总体工业在空间分布上以 2005 年为界呈现先集中后分散趋势，其中绝大部分产业已经于 2005 年为中心的不同时点开始分散，个别产业尚处于集中趋势中。下面进一步考察产业转移的区位选择，以明确哪些地区在承接产业，哪些地区在转出产业。本书分别从以下三个区域层级展开分析。

（一）基于东中西三大区域的分析

根据式（4－4），计算东部、中部和西部①三大区域 1992—2011 年 27 个工业产业的产业平均集中率，见表 4－7 和图 4－6。

表 4－7　　　　　　　　东中西部地区产业平均集中度

年份	东部	中部	西部
1992	0.5995	0.2449	0.1546
1993	0.6102	0.2309	0.1589
1994	0.6225	0.2281	0.1495
1995	0.6056	0.2423	0.1521
1996	0.6026	0.2486	0.1488
1997	0.5825	0.2689	0.1486

① 东部、中部、西部三大地区的划分以 1986 年"七五"规划标准为依据。

续表

年份	东部	中部	西部
1998	0.6209	0.2350	0.1429
1999	0.6368	0.2210	0.1406
2000	0.6437	0.2162	0.1402
2001	0.6487	0.2125	0.1388
2002	0.6553	0.2082	0.1366
2003	0.6655	0.2010	0.1336
2004	0.6781	0.1908	0.1311
2005	0.6693	0.1977	0.1330
2006	0.6623	0.2001	0.1376
2007	0.6481	0.2104	0.1415
2008	0.6388	0.2151	0.1461
2009	0.6296	0.2159	0.1545
2010	0.6195	0.2247	0.1559
2011	0.5973	0.2411	0.1615

注：数据来源已在书中说明。

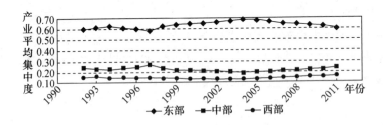

图 4 - 6　1992—2011 年东中西部地区产业平均集中度

从表 4 - 7 和图 4 - 6 可以看出，1992—2011 年，我国工业的空间布局动态变化大体呈现出三阶段特征，分别是 1992—1997 年、1998—2004 年、2005—2011 年。第一阶段（1992—1997 年），东部、西部地区产业平均集中度均有不同程度下降，相对应中部地区产业份额上升。考虑到这一阶段 1998 年、1996 年、1995 年数据是由 5 年移动平均法补齐的缺失数据，并且趋势并不十分显著，这阶段特征暂且忽略。

本书认为，1992—2011 年，工业的空间布局动态变化呈现显著的两阶段特征：

第一阶段（1992—2004年），东部产业份额上升了6.98个百分点，相对1992年上升了11.64%；中部产业份额下降了4.72个百分点，相对1992年下降了19.29%；西部产业份额下降了2.16个百分点，相对1992年下降了13.95%。可见，这一阶段我国工业产业由中、西部向东部集中转移，中部转出的规模较西部大。

第二阶段（2005—2011年），东部产业份额下降了7.20个百分点，相对2005年下降了10.76%；中部、西部产业份额分别上升了4.35个百分点、2.85个百分点，相对2005年分别上升了21.98%和21.45%。可见，这一阶段我国工业空间布局呈现从东部向西部分散转移的趋势，其中，东部转出产业的60.42%由中部地区承接，39.58%由西部承接。

第一阶段的产业转移是中西部产业在追逐较高要素报酬和东部地区政策红利的驱动下向东部的集聚，而第二阶段的产业转移是东部产业在"过度集聚效应"及国家区域经济发展战略调整背景下向中、西部的分散，从三大区域产业份额绝对数值看，东部地区仍然是我国工业的中心地区，现阶段区际产业转移仍然属于小规模的相对产业转移，产业分散的趋势还将延续。

（二）基于八大区域的分析

为了更好地考察产业转移的动态变化，采用国家信息中心（2005）对八大区域①的划分方法。根据公式（4-4），计算京津地区（JJ）、北部沿海地区（NC）、东北地区（NE）、东部沿海地区（EC）、南部沿海地区（SC）、中部地区（MR）、西南地区（SW）、西北地区（NW）产业平均集中度，见表4-8和图4-7。

根据图4-7和表4-8，可以看出1992—2011年除了京津地区产业份额总体呈现单调下降趋势外，其他七大区域产业份额总体均呈现两阶段特征：

第一阶段（1992—2005年），东部沿海、北部沿海、南部沿海地区产

---

① 八大区域划分为京津地区（JJ，北京、天津）、北部沿海（NC，河北、山东）、东北地区（NE，辽宁、吉林、黑龙江）、东部沿海（EC，上海、江苏、浙江）、南部沿海（SC，福建、广东、海南）、中部地区（MR，山西、河南、安徽、湖北、湖南、江西）、西南地区（SW，广西、四川、重庆、贵州、云南、西藏）和西北地区（NW，内蒙古、陕西、甘肃、青海、宁夏、新疆）。

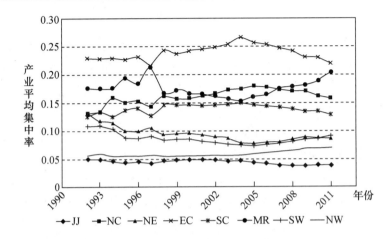

图 4-7　1992—2011 年八大区域地区产业平均集中度动态变化

表 4-8　　　　　1992—2011 年八大区域产业平均集中度及动态变化

年份	JJ	NC	NE	EC	SC	MR	SW	NW
2005—2011 年变化	-0.0056	-0.0215	0.0083	-0.0362	-0.0172	0.0436	0.0185	0.0100
2011	0.0394	0.1584	0.0870	0.2202	0.1291	0.2044	0.0921	0.0695
2010	0.0405	0.1616	0.0885	0.2298	0.1350	0.1888	0.0870	0.0689
2009	0.0386	0.1705	0.0896	0.2319	0.1347	0.1803	0.0859	0.0686
2008	0.0382	0.1705	0.0857	0.2420	0.1387	0.1789	0.0818	0.0643
2007	0.0392	0.1739	0.0806	0.2471	0.1428	0.1749	0.0781	0.0634
2006	0.0429	0.1776	0.0793	0.2538	0.1440	0.1648	0.0761	0.0615
2005	0.0450	0.1799	0.0787	0.2564	0.1463	0.1608	0.0735	0.0595
2000—2004 年变化	-0.0016	0.0118	-0.0158	0.0204	0.0042	-0.0114	-0.0070	-0.0007
2004	0.0477	0.1744	0.0781	0.2659	0.1496	0.1532	0.0751	0.0561
2003	0.0469	0.1729	0.0877	0.2543	0.1468	0.1578	0.0768	0.0568
2002	0.0492	0.1672	0.0904	0.2492	0.1453	0.1621	0.0799	0.0567
2001	0.0493	0.1626	0.0939	0.2454	0.1454	0.1646	0.0820	0.0568
1992—2000 年变化	-0.0010	0.0282	-0.0359	0.0123	0.0217	-0.0099	-0.0135	-0.0009
2000	0.0493	0.1586	0.0966	0.2417	0.1470	0.1666	0.0853	0.0549

续表

年份	JJ	NC	NE	EC	SC	MR	SW	NW
1999	0.0493	0.1576	0.0957	0.2364	0.1464	0.1724	0.0857	0.0549
1998	0.0478	0.1615	0.0942	0.2432	0.1460	0.1664	0.0832	0.0558
1997	0.0432	0.1437	0.1063	0.2153	0.1280	0.2136	0.0907	0.0572
1996	0.0463	0.1533	0.0996	0.2311	0.1405	0.1842	0.0872	0.0557
1995	0.0451	0.1507	0.1010	0.2259	0.1372	0.1930	0.0882	0.0561
1994	0.0470	0.1592	0.1139	0.2292	0.1251	0.1763	0.0941	0.0555
1993	0.0501	0.1346	0.1183	0.2287	0.1341	0.1753	0.0994	0.0594
1992	0.0503	0.1304	0.1326	0.2295	0.1253	0.1765	0.0987	0.0558

注：数据来源已在书中说明。

业平均集中度持续上升，其中北部沿海上升 4.01 个百分点，东部沿海上升 3.27 个百分点，南部沿海上升 2.59 个百分点；而东北地区、中部地区、西南地区、西北地区均呈现不同程度持续下降，其中东北地区下降 5.18 个百分点，中部地区下降 2.13 个百分点，西南地区下降 2.04 个百分点，西北地区下降 0.16 个百分点。说明这一阶段沿海地区吸纳了来自东北、中部、西南、西北、京津的产业，产业在空间上由东北、中部、西南、西北向沿海地区集聚，其中东北地区转出的产业较多，与其地理毗邻的北部沿海承接了较多转出的产业，其次是东部沿海，最后是南部沿海。

第二阶段（2005—2011 年），东部沿海、北部沿海、南部沿海地区产业平均集中度呈现持续下降，其中，东部沿海地区下降 3.62 个百分点，北部沿海下降 2.15 个百分点，南部沿海下降 1.72 个百分点；而东北、中部、西南、西北地区产业平均集中率呈现持续上升趋势，其中中部地区上升 4.36 个百分点，西南地区上升 1.80 个百分点，西北地区上升 1.0 个百分点，东北地区上升 0.83 个百分点。说明 2005 年以来，我国工业在空间上由沿海地区和京津地区向东北、中部、西南、西北地区分散和转移，其中东部沿海地区转出产业较多，占东部沿海、南部沿海、北部沿海总体转出产业的 45.01%，而与其地理毗邻的中部地区承接了 54.23% 的转出产业、西南地区次之，承接了 23.05% 的转出产业，西北承接了 12.40% 的转出产业，而东北仅承接 10.32% 的转出产业。

基于八大区域的分析得出的结果与基于三大区域的结果吻合，进一步说明，1992—2011年，以2005年为界，我国工业空间布局总体上在由东部向中、西部分散转移，其中，京津地区始终在转出工业，而中部、西南、西北、东北地区自2005年以来出现承接工业产业趋势，其中中部承接能力①最强，东北地区承接能力最弱。

（三）基于省级的分析

以上基于区域层面分析了我国产业转移的动态变化，区域中的各省份在整体区域转移或承接产业过程中贡献②程度如何？为了回答这个问题，本书以各省份为具体研究对象，考察基于省级层面的区际产业转移。

1. 京津地区

1992—2011年，京津地区总体在转出工业，其中北京的贡献达112.9%，2000年以来，北京转出工业的趋势十分显著和稳定；而天津，20年间产业份额有微弱上升，其中，2007年以来上升趋势非常明显，带动了京津地区整体工业份额在这一期间也呈微弱上升。结合这一时期京津地区内部产业布局的具体表象，可以粗略判断，2007年以来北京和天津之间发生了区域内的产业转移和承接，同时天津还在承接来自其他地区的工业。

2. 北部沿海地区

1992—2011年，北部沿海地区总体以2005年为界，之前在承接工业，之后在转移工业，其中，山东的贡献1992—2005年达100.50%，2006年以来达98.88%；1992—1999年，工业产业份额变化趋势和区域总体吻合，贡献度达77.91%，而2000年以来河北工业产业份额一直呈缓慢下降趋势，说明自2000年以来河北一直在转出工业。

3. 东部沿海地区

东部沿海地区以2005年为界，之前工业在向这一地区集聚，之后东部沿海总体在向外转移产业，其中浙江的贡献最大，1992—2004年达103.54%，2005年以来达60.50%；1997年以来江苏工业产业份额呈明显上升趋势，1992—2004年贡献度达27.87%，2005年之后与东部沿海

---

① 这里以各区域承接产业转移比例大小来粗略判断承接能力。

② 贡献程度具体衡量方法：各省产业份额变化/区域整体产业份额变化。

地区整体变化趋势相反，其具体贡献度为 - 10.35%，结合东部沿海地区这一阶段工业企业的迁移状况[59]，可以粗略判断江苏在承接来自经济发展水平更高的毗邻地区浙江和上海的部分工业；上海自 1992 年以来工业产业份额持续降低，说明一直在向外转移工业，2005 年以来对东部沿海地区整体产业转移的贡献度高达 49.85%。

4. 南部沿海地区

南部沿海各省以 2004 年为界，之前在承接工业，之后在转移工业，其中广东省 1992—2000 年工业产业份额持续上升，说明工业在向广东集中，2000 年以来广东的工业产业份额就呈稳定下降趋势，说明工业在不断转出，其对南部沿海 2005—2011 年总体工业份额变化的贡献高达109.71%；福建在 20 年间工业产业份额呈较稳定的上升态势，说明一直在承接产业，其对 1992—2005 年南部沿海工业份额变化的贡献达38.36%；海南的工业产业份额 20 年间一直在下降，体现出持续转出工业的特征。

5. 东北地区

东北地区 20 年间工业产业份额由 1992 年的 13.26% 下降到 2004 年的7.81%，之后开始缓慢上升至 2011 年的 8.70%，说明以 2004 年为界，之前在转出工业产业，之后在缓慢承接。其中，辽宁工业份额变化趋势和整体东北地区相关度最高，2004 年之前其对东北地区工业份额变化的贡献达 43.42%，之后高达 102.19%；吉林工业产业份额变化趋势和东北地区整体相关度较高，2004 年之前其对东北地区转出工业产业的贡献度达16.71%，2004 年之后，其对东北地区承接工业产业的贡献度达 59.84%，2008 年吉林工业产业份额首次超过黑龙江，居东北地区第二；黑龙江 20年间工业产业份额一直在持续下降，2004 年之前其对东北地区转出工业产业的贡献度为 39.87%，2004 年之后对东北地区工业产业承接的贡献度为 - 62.03%。

6. 中部地区

中部地区 20 年间工业产业份额由 1992 年的 17.65% 下降至 2004 年的15.32%，之后开始上升至 2011 年的 20.44%。其中，河南省在 1992 年以来工业产业份额一直在上升，山西工业份额大体呈下降趋势，其他四省变化趋势和中部地区比较吻合。1992—2004 年，湖北、安徽、湖南、江西、山西、河南对中部地区转出工业产业的贡献度分别为 59.97%、39.70%、

32. 94%、12. 05%、6. 09%、-50. 76%，2005 年以来这些省份对中部地区承接工业产业的贡献度分别为：21. 39%、21. 56%、27. 98%、16. 34%、-8. 99%、21. 72%。可见，各省份对中部地区整体工业空间布局变化的贡献度相对较为均衡，尤其是 2005 年以来，除山西以外的其他五省贡献度呈收敛状态。

7. 西南地区

西南地区 20 年间工业份额由 1992 年的 10. 87% 下降到 2004 年的 7. 51%，之后开始缓慢上升至 2011 年的 9. 21%。其中，四川的贡献度最大，1992—2004 年对西南地区工业转出的贡献达 76. 04%，2005—2011 年对西南地区工业承接的贡献高达 91. 46%；广西次之，1992—2004 年，贡献度为 18. 02%，2005—2011 年贡献度为 27. 89%；贵州、云南两省对西南地区工业产业份额变化的贡献较小，尤其是 2005—2011 年，在西南地区整体承接区际产业转移的大背景下，贵州、云南一直在持续转出工业产业，贡献度分别为 -11. 45% 和 -15. 54%。

8. 西北地区

西北地区 20 年间工业份额由 1992 年的 5. 58% 下降到 2000 年的 5. 49%，之后上升至 2011 年的 6. 95%。其中，陕西和内蒙古贡献较大，1992—2000 年对整体西北地区工业转出的贡献分别为 276. 49% 和 78. 85%，2001—2011 年对西北地区承接工业产业的贡献分别为 22. 06% 和 118. 70%，值得注意的是，内蒙古自 2001 年以来工业产业份额增长速度很快，2003 年超过甘肃和新疆、2006 年超过陕西，工业份额位居西北地区第一；青海自 1992 年以来工业产业份额总体缓慢上升，但由于工业产业份额很小，对西北地区工业产业份额变动的贡献很微弱；甘肃 20 年间工业产业份额由 1992 年的 1. 07% 下降到 0. 78%，2001—2011 年间对西北地区承接工业产业的贡献为 -32. 74%；宁夏 20 年间工业产业份额由 1992 年的 0. 25% 上升至 2001 年的 0. 34%，之后又持续下降至 2011 年的 0. 26%，对 2001—2011 年西北地区承接工业产业的贡献为 -6. 17%，说明在西北地区承接产业转移大背景下，甘肃、宁夏却在持续转出工业产业。

通过以上基于省份的分析，本书发现，区域内部各省份对整体区域产业转移动态变化的影响存在差异。2005 年以来，沿海地区转出工业的大背景下，京津地区的天津、东部沿海地区的江苏、南部沿海地区的福建在承接工业产业；而在东北、中部、西部地区 2005 年以来承接工业的大背景下，东北地区的黑龙江、中部地区的山西、西南地区的贵州、云南及西北地区的甘肃、宁夏却在转出工业。这或许从一个方面验证了工业更倾向于向地理毗邻的区域内其他省份转移，例如北京对天津的转移和浙江、上海向江苏的转移；同时，也同各省份地理位置、产业承接能力和竞争力有关。在承接产业的竞争中，有些省份获益颇丰，有些省份却形成了和政策目标相悖的发展现实，例如中部地区的山西、东北地区的黑龙江、西南的云南贵州、西北的甘肃、宁夏。地理位置并不优越的内蒙古在 2001 年以来工业产业份额的快速增长值得我们关注。

四　区际产业转移的空间路径选择分析

通过以上从总体工业视角的分析，本书回答了引言中提出的三个问题：工业转移了吗？工业转移的行业特征是什么？工业转移选择了哪些区位？这一部分，将区分具体工业行业，分析区际产业转移的空间路径选择，回答哪些产业从哪些省区转出、哪些省区承接了哪些具体的产业，以从客观上把握我国区际产业转移的状况和动态变化。

为了使分析更加明晰，同时增加可比性、反映不同层次工业部门的空间分布动态变化状况，本书借鉴中宏产业数据库对工业的划分方法，把总体工业细分为十个子类，分别为能源工业（B06、B07、C25、C42、D44—46）、石化工业（B07、C25、C102、C26、C28、C29）、机械工业（C33—35、C38、C40、C43）、电子工业（C39）、建材工业（B10、B12、C30）、冶金工业（B08、B09、C31、C32）、医药工业（C27、C354、C358）、轻工工业（C13 - 16、C20 - 24、C276、C385 - 387、C41）、纺织工业（C17—C19）和汽车工业（C36、C375）。以上各类行业代码采用国民经济行业分类 GB - 4754—2011，与 GB - 4754—2002 分类有部分差异，囿于数据的延续性和可获得性，我们以 27 个两位数工业行业 1992—2011 年数据为基础对以上十大子类进行了微调：能源（B06、B07、C25、D44）、化学（C26、C28）、机械（C33—35、C38、C40）、电子（C39）、建材（B10、C30）、冶金（B08、B09、C31、C32）、医药（C27）、轻工（C13—C16、C22）、纺织（C17）和汽车（C36）。

具体分析方法借鉴范剑勇的相对比较思想[100]，以 1992—2011 年间十大产业各省区产业份额的动态变化表征产业转移空间路径选择的变迁。指标数值计算以本书第四章第三节第一部分计算得出的地区产业份额指标数值为基础，根据式（4-4）分别计算10个子类工业的两位数工业行业各年份地区产业平均集中度，代表各地区子类工业产业份额。所有数据均来源于1993—2012年各年份《中国工业经济年鉴》和《2004年中国经济普查年鉴》。

（一）能源工业

1. 基于东部、中部、西部三大区域的分析

以煤炭开采和洗选业（B06）、石油和天然气开采业（B07）、石油加工、炼焦和核燃料加工业（C25）、电力热力生产和供应业（D44）为代表考察能源工业在1992—2011年间产业空间布局的变化。东、中、西部地区三大区域能源工业产业份额20年间的动态变化如图4-8所示，八大区域能源工业产业份额动态变化如图4-9所示。

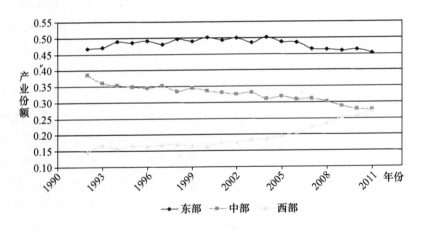

图4-8　1992—2011年东部、中部、西部地区能源工业产业份额动态变化

根据图4-8，西部地区自1992年以来能源工业产业份额一直在持续上升，2004年以来上升速度加快，表明西部地区一直在承接能源产业，2004年以来承接的速度和规模加大；东部地区1992—2004年能源工业产业份额缓慢上升，2004年以来持续下降，说明东部地区以2004年为界，之前在承接能源产业，之后在转出能源产业；中部地区在1992年以来能源工业产业份额持续下降，说明一直在转出能源产业。就产业份额来讲，1992—2004年，西部地区和东部地区分别承接了中部地区转移的3.99个和3.45个百分点的能源工业，2004—2011年，西部地区承接了来自东部

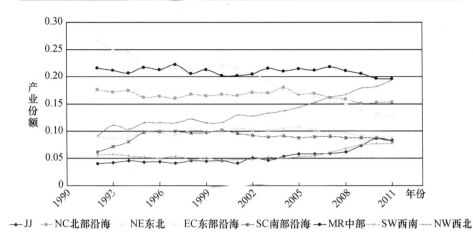

图 4 - 9　1992—2011 年八大区域能源工业产业份额动态变化

的 4. 85 个和 3. 51 个百分点的能源工业；而就能源工业的绝对规模来讲，东部地区始终占有 45%—50% 的产业份额，中部地区次之，由于中部地区持续转出而西部地区持续承接，2011 年中、西部地区能源工业产业份额基本持平（27. 63%∶27. 07%）。

2. 基于八大区域及省级层面的分析

根据图 4 - 9，东北地区、中部地区自 1992 年以来呈现转出能源工业趋势，其中东北地区转出的绝对产业份额达 14. 05 个百分点，贡献最大，中部地区转出 2. 09 个百分点；南部沿海、北部沿海、东部沿海地区分别在 2000—2004 年间开始转出能源工业，其中北部沿海、南部沿海贡献较大，转出产业份额分别达 2. 31 个百分点和 1. 99 个百分点；西北地区自 1992 年以来始终在承接能源工业，承接了 10. 33 个百分点的产业份额，京津地区承接了 4. 30 个百分点的绝对产业份额，2011 年京津地区能源工业产业份额有微弱下降；西南地区以 2000 年为界，之前在微弱转出，之后承接了 2. 06 个百分点的产业份额。

东北地区对能源工业转出贡献最大的是黑龙江，转出了 8. 23 个百分点的产业份额，其次是辽宁转出了 5. 18 个百分点的产业份额；中部地区的湖北、湖南对能源工业转出的贡献较大，而山西在 2007 年之前能源工业产业份额一直在稳步上升，表明在承接产业，而 2007 年以来有微弱下降，对中部转出能源工业的贡献为负。

西北地区除宁夏外，其他省区能源工业产业份额始终在上升，其中对能源工业承接贡献度较大的是陕西、内蒙古、新疆，分别承接了 5.05 个、3.38 个、1.12 个百分点的产业份额，而甘肃对西北地区承接能源工业的贡献不到 1 个百分点；对西南地区承接能源工业贡献最大的是四川，其次是贵州和广西。

（二）冶金工业

通过考察黑色金属矿采选业（B08）、有色金属矿采选业（C09）、黑色金属冶炼及压延加工业（C31）和有色金属冶炼及压延加工业（C32）四个两位数工业行业 1992—2011 年空间分布的动态变动来分析冶金工业产业转移的状况。

1. 基于东部、中部、西部三大区域的分析

根据图 4 - 10，就产业规模来讲，三大区域产业份额排序位次非常稳定，由大到小依次为东部、中部、西部，2011 年分别占有 48.44%、30.43%、21.12% 的冶金产业份额。在产业的空间分布方面，以 2003 年为界，1992—2003 年，东部地区冶金产业份额总体呈现上升趋势，吸收了来自中部、西部地区转出的 7.60 个百分点的冶金工业，其中西部地区净转出冶金工业份额达 6.97 个百分点，贡献最大；2003 年以来，东部地区冶金工业产业份额呈明显下降趋势，2003—2011 年，转出 8.36 个百分点，中部、西部转而开始承接东部地区的冶金产业，分别承接了 5.57 个百分点和 2.79 个百分点的冶金工业产业份额，中部地区承接了其中 66.58% 的东部地区转出产业，是西部地区的两倍。

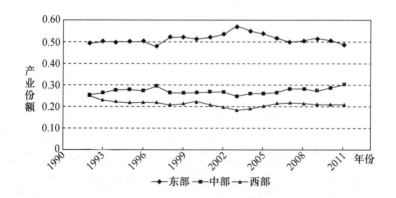

图 4 - 10　1992—2011 年东部、中部、西部地区冶金工业产业份额动态变化

2. 基于八大区域及省级的分析

根据图 4-11，1992—2003 年，八大区域中对承接冶金工业贡献最大的是北部沿海地区，承接了 10.18 个百分点的产业份额，河北、山东均有不俗表现，对北部沿海地区承接冶金工业的贡献率分别达 51.35% 和 48.65%；这一时期，对转出冶金工业贡献最大的是西南地区和东北地区，西南地区转出 6.01 个百分点的产业份额，东北地区转出 2.61 个百分点的产业份额，西南地区中广西、四川的贡献较大，贡献率分别为 43.84% 和 53.95%，东北地区中辽宁的贡献最大为 75.53%。南部沿海和东部沿海地区这一时期也在转出冶金工业，主要是东部沿海地区的上海和南部沿海地区的广东、海南。

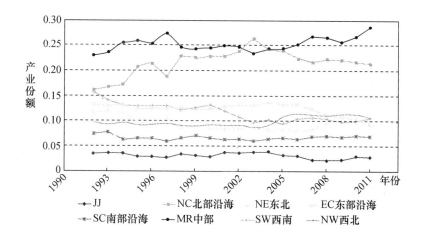

图 4-11　1992—2011 年八大区域冶金工业产业份额动态变化

2003—2011 年，对转出冶金工业贡献最大的是北部沿海和东部沿海地区，北部沿海共转出 4.92 个百分点，其中山东省的贡献较大；东部沿海地区共转出 3.95 个百分点，江苏、上海、浙江的贡献率分别为 36.10%、33.97% 和 29.93%；这一时期，中部、西北、西南、东北转而开始承接冶金工业，其中部地区共承接 5.31 个百分点的产业份额，主要承接地为江西、湖南和河南，西北地区共承接 1.84 个百分点的产业份额，主要承接地为内蒙古。

（三）建材工业

以非金属矿物制品业（C30）为代表考察 1992—2011 年间建材工业

产业转移状况，如图4-12和图4-13所示。

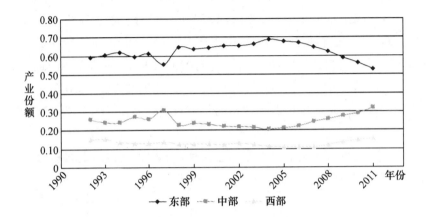

图4-12 1992—2011年东中西部地区建材工业产业份额动态变化

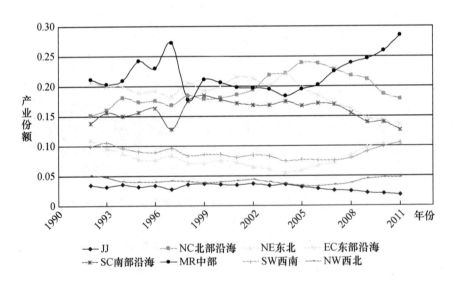

图4-13 1992—2011年八大区域建材工业产业份额动态变化

1. 基于东部、中部、西部三大区域的分析

1992—2011年，以2004年为界，之前东部地区建材工业产业份额由1992年的59.07%上升到2004年的68.61%，表明在持续吸引来自中部、西部地区转出的工业，其中中部地区转出5.72个百分点的产业份额，西部地区转出3.82个百分点的产业份额；2004年之后，东部地区开始转出

建材工业，8 年间转出 15.89 个百分点的建材工业份额，其中 11.81 个百分点由中部地区承接，4.08 个百分点由西部地区承接。

2. 基于八大区域及省级的分析

八大区域中，以 2004 年为界，1992—2004 年，北部沿海、南部沿海、东部沿海地区建材工业产业份额持续上升，表明建材工业在向这些地区集中，其中北部沿海承接了 7.04 个百分点，贡献最大，南部沿海承接了 3.66 个百分点，东部沿海承接了 1.37 个百分点。这一时期，北部沿海建材工业主要向山东省集中，山东省产业份额上升了 9.70 个百分点，南部沿海地区 1999 年之前主要向广东省集中，1999 年之后主要向福建省集中，东部沿海主要向上海和浙江集中；这一时期，东北、中部、西南、西北地区在转出建材工业，转出工业份额分别为 5.53 个、2.75 个、2.45 个、1.37 个百分点，东北地区中辽宁省贡献较大，中部地区的湖北、湖南、安徽为主要转出省份，西南地区的四川、广西为主要转出省份。

2004—2011 年，东部沿海、北部沿海、南部沿海、京津地区均在转出建材工业，其中东部沿海转出份额高达 8.35 个百分点，贡献最大，南部沿海转出 4.76 个百分点，北部沿海转出 4.27 个百分点，京津地区转出 1.71 个百分点。东部沿海地区中上海、浙江为主要转出地，而江苏省自 1992 年以来始终在转出建材工业，转移速度比其他两省区稍逊；南部沿海地区中广东省为主要转出地，贡献率高达 84.33%；北部沿海中山东省为主要转出地，贡献率高达 87.72%；京津地区中北京为主要转出地，转出 1.16 个百分点产业份额。中部、东北、西南、西北地区这一时期转而并始承接建材工业，其中中部地区承接了 10.13 个百分点的产业份额，主要承接地为河南省（河南省 1992 年以来 20 年间一直呈现承接建材工业趋势），东北地区承接了 4.88 个百分点的产业份额，辽宁和吉林为主要承接地，西南地区承接了 3.09 个百分点，四川为主要承接地，西北地区承接的建材工业份额不到 1 个百分点，属于 20 年间建材工业的净转出省份。

（四）化学工业

以化学原料及化学制品制造业（C26）、化学纤维制造业（C28）为代表考察化学工业 1992—2011 年产业转移状况。如图 4-14 和图 4-15 所示。

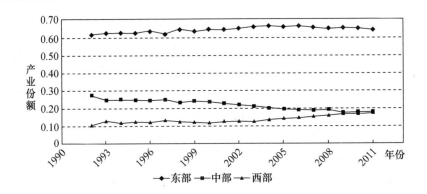

图 4 - 14 1992—2011 年东部、中部、西部地区化学工业产业份额动态变化

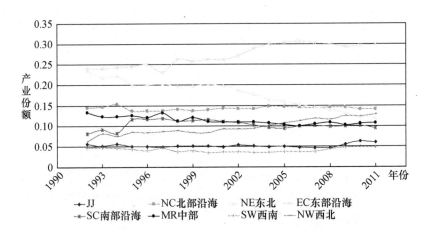

图 4 - 15 1992—2011 年八大区域化学工业产业份额动态变化

1. 基于东部、中部、西部三大区域的分析

1992—2011 年，化学工业在东部地区的地理集中非常显著，东部始终占有全国化学工业 60% 以上的产业份额；以 2004 年为界，东部地区之前在承接中部转移的化学工业（4.78 个百分点），之后在向西部转移化学工业，转移规模较小仅有 1.97 个百分点。

就化学工业产业份额来讲，中部地区仅次于东部地区，但 20 年间，中部地区持续转出 9.63 个百分点的化学工业。西部地区化学工业产业份额最小，但 20 年间始终在承接，1992—2004 年承接了来自中部地区 2.68 个百分点的产业份额，2004 年以来承接了来自中部、东部地区的 4.14 个百分点产业份额，产业份额逐渐逼近中部，2009 年以来已经和中部地区接近持平。

2. 基于八大区域及省级的分析

根据图 4－15，八大区域中，对化学工业转出贡献最大的是东北地区，20 年间持续转出 11.57% 的化学工业产业份额，东北三省均在持续转出化学工业，其中黑龙江的贡献率高达 55.23%，其次是辽宁，贡献率达 39.23%；中部地区的转出贡献仅次于东北地区，1992—2006 年转出 1.06 个百分点的产业份额，2006 年之后其化学工业产业份额有微弱回升。

八大区域中，始终在承接化学工业的是西北地区，20 年间化学工业产业份额由 6.24% 上升为 12.85%，承接了 6.61 个百分点的产业份额，其中陕西的贡献最大，达 56.06%；其次是新疆和内蒙古；东部沿海地区以 2006 年为界，之前总体承接了 6.70 个百分点的产业份额，其中浙江承接了 8.71 个百分点，贡献率高达 144.56%，2006 之后东部沿海地区化学工业产业份额微弱下降；南部沿海地区以 2001 年为界，之前承接了 2.94 个百分点的化学产业份额，2001—2011 年转出 1.52 个百分点的化学工业，其中广东省的贡献最大，贡献率在以上两个阶段分别高达 77.84% 和 149.98%。

（五）医药工业

以医药制造业（C27）为代表考察医药工业产业转移状况。

1. 基于东部、中部、西部三大区域的分析

1992—2011 年间，东部、中部、西部地区医药工业空间分布动态变化如图 4－16 所示。

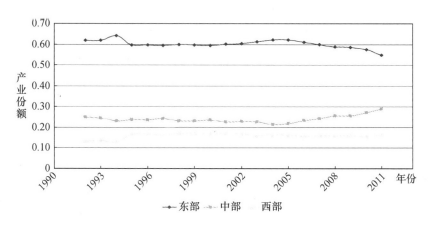

图 4－16　1992—2011 年东部、中部、西部地区医药工业产业份额动态变化

医药工业 1992—2011 年产业空间分布变化状况与以上几大行业稍有不同，以 2004 年为界，1992—2004 年，除了东部地区，西部地区医药工业产业份额也呈现上升趋势，说明医药工业在转入东部、西部地区。就规模看，东部地区产业份额仅增加 0.24 个百分点，而西部地区这一时期医药工业产业份额上升了 3.29 个百分点是主要转入地。中部地区这一时期转出了 3.54 个百分点的产业份额；2004—2011 年，中部地区转而承接医药产业，承接了东部地区转出的 7.52 个百分点和西部地区转出的 0.15 个百分点，为医药工业的主要承接地。

2. 基于八大区域及省级的分析

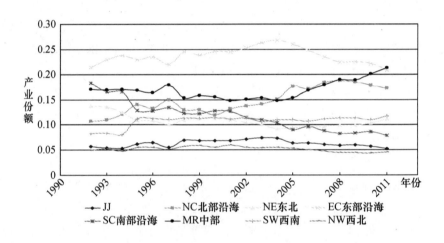

图 4 - 17　1992—2011 年八大区域医药工业产业份额动态变化

根据图 4 - 17，八大区域中，北部沿海、西南地区总体呈现医药工业持续转入态势，南部沿海为持续转出地，其他地区大体以 2004 年为界，呈现两阶段特征。1992—2004 年，东部沿海、北部沿海、西南、京津、西北地区医药工业产业份额均在上升，表明这些地区在吸引医药产业转入，其中贡献最大的是东部沿海地区，产业份额上升 5.36 个百分点；其次是北部沿海，产业份额上升 4.38 个百分点，再次是西南地区，产业份额上升 2.75 个百分点，京津地区上升 1.62 个百分点，西北地区上升 0.55 个百分点。东部沿海地区中浙江省的贡献最大，而上海医药产业份额这一时期下降了 1.05 个百分点，贡献为负。北部沿海地区中河北省是主要的转入地，贡献率高达 128.90%，西北地区中陕西是主要的承接地；这一时期，南部沿海、东北、中部地区在转出医药产业，其中南部沿海转出份额最大为 7.80 个百分点，其次为东北地区，为 4.56 个百分点，中部地区转出 2.30 个百分点，南部沿海中广东省是唯一的转出地，贡献率高达 106.67%，东北地区中辽宁是主要的转出地，中部地区中安徽、湖北是主要转出地。

2004—2011 年，中部地区、北部沿海、东北地区和西南地区在承接医药产业转移，中部地区承接了 6.56 个百分点的产业份额，北部沿海承接了 2.16 个百分点，东北地区承接了 2.04 个百分点，西南地区承接了 0.77 个百分点的产业份额。中部地区这一时期，除山西省外，其他各省均在承接医药产业，河南的贡献相对较大，北部沿海地区中山东省的贡献较大，东北地区中吉林省对承接医药产业的贡献较大，而黑龙江 20 年间持续在转出医药工业，西南地区中四川是这一时期唯一的医药工业承接地，其他各省市都在转出医药工业。

（六）轻工工业

以农副食品加工业（C13）、食品制造业（C13）、酒、饮料和精制茶制造业（C15）、烟草制品业（C16）、造纸和纸制品业（C22）为代表考察轻工工业空间分布变化状况。

1. 基于东部、中部、西部三大区域的分析

从轻工业空间分布的基本格局看，东部仍然是轻工业的绝对集聚地，产业份额遥遥领先，与中西部差距十分巨大。从 1992—2011 年间轻工业产业份额此消彼长的变化态势看，以 2004 年为界，1992—2004 年，轻工业由中西部地区不断向东部地区集中，差距逐渐扩大，其中中部地区转出

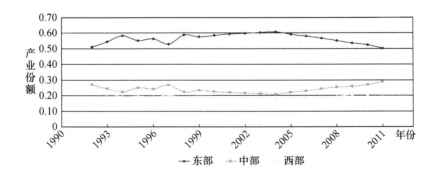

图 4—18　1992—2011 年东部、中部、西部地区轻工业产业份额动态变化

6.26 个百分点的产业份额，西部地区转出 3.45 个百分点的产业份额；2004 年以来，东部地区轻工业开始分散，逐步转向中西部地区，其中 8.15 个百分点的产业份额转移到中部，2.45 个百分点的产业份额转移到西部。

2. 基于八大区域及省级的分析

根据图 4-19，20 年间八大区域中，中部地区、北部沿海、南部沿海、东部沿海、西南地区轻工业产业份额比较接近，在 15%—25% 之间波动，东北、西北、京津地区产业份额比较接近。从产业份额的动态变化看，2004 年之前，各区域轻工业产业份额变化趋势略有波动，2004 年之后各区域产业份额变化趋势比较稳定。总体，以 2004 年为界，1992—2004 年，东北、中部、西南、西北、京津地区在转出轻工业，其中，东北、中部、西南地区贡献较大，分别转出 4.17 个、3.60 个、3.44 个百分点，北部沿海、东部沿海、南部沿海地区在转入轻工业，转入产业份额分别为 6.61 个、3.75 个、0.9 个百分点。

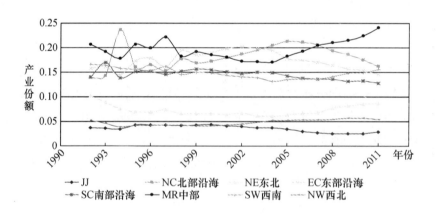

图 4-19 1992—2011 年八大区域轻工业产业份额动态变化

2004—2011 年，北部沿海、东部沿海、南部沿海、京津地区成为轻工业转出区域，其中东部沿海、北部沿海、南部沿海地区贡献较大，分别转出 4.93 个、4.26 个、2.15 个百分点，东部沿海地区三省市均在转出，北部沿海地区中山东贡献较大，南部沿海地区中广东贡献较大，福建省在承接轻工业，贡献为负。这一时期轻工业开始向中部、东北、西南、西北地区转移，其中中部承接了 7.26 个百分点的产业份额，河

南、湖南、湖北是主要承接地；东北地区次之，承接 2.26 个百分点的
产业份额，辽宁、吉林是主要承接地；西南地区承接了 2.39 个百分点，
四川贡献率高达 98.46%；西北地区仅承接不到 1 个百分点。

（七）纺织工业

1. 基于东部、中部、西部三大区域的分析

1992—2011 年，东部、中部、西部纺织工业产业份额动态变化如图
4 - 20 所示。

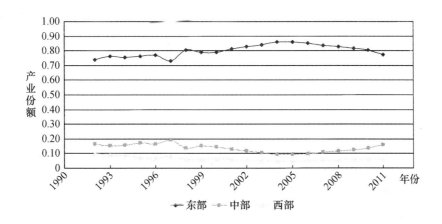

图 4 - 20 1992—2011 年东部、中部、西部地区纺织工业产业份额动态变化

根据图 4 - 20 可以直观地看出纺织工业在东部地区的绝对集中，东
部地区占有约 80% 的纺织工业份额。从 20 年的时间维度考察，两阶段
特征非常明显，以 2004 年为界，1992—2004 年，纺织工业 12.30 个百
分点的产业份额由中西部地区转移到了东部地区；2004—2011 年，纺
织工业又呈现从东部地区向中西部地区分散转移的趋势，东部地区转出
了 8.52 个百分点，中部承接了 6.80 个百分点，西部仅承接了 1.72 个
百分点。

2. 基于八大区域及省级的分析

根据图 4 - 21，1992—2011 年，八大区域中东部沿海地区纺织工业
"一区独大"的空间分布特征非常显著，以 2004 年为界，1992—2004 年
8.62 个百分点的纺织工业份额向东部沿海地区集中，其中浙江省吸引了
10.64 个百分点的产业份额转入，江苏省吸引了 2.54 个百分点的产业份

额，而同一时期上海市转出了 4.56 个百分点的产业份额，2004—2011 年东部沿海地区转出了 14.58 个百分点的纺织工业份额，转移速度和规模都比较可观。

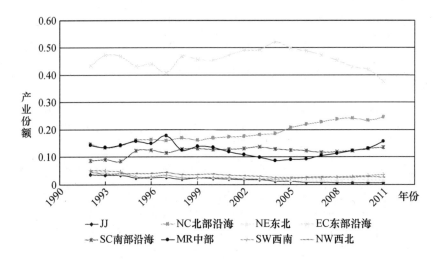

图 4 - 21　1992—2011 年八大区域纺织工业产业份额动态变化

20 年来，始终在承接纺织工业的是北部沿海和南部沿海地区，其中南部沿海 2004 年之前承接力度较大（4.22 个百分点），2004 年之后，承接速度减缓（0.69 个百分点），主要原因在于广东省在这一时期持续转出（2.76 个百分点），福建省在承接，仅承接了 1.81 个百分点，导致整体承接份额较小；北部沿海 2004 年之前承接了 3.73 个百分点，2004 年之后承接了 6.12 个百分点，是纺织工业的主要承接地，其中山东的贡献高达 89%。

中部地区，以 2004 年为界，1992—2004 年转出了 5.60 个百分点的纺织工业，2004—2011 年承接了 7.06 个百分点的纺织工业，是最大的纺织工业承接地区，中部地区各省除了山西纺织工业份额下降外，其他各省纺织工业份额均有不同程度上升，其中河南、湖北对承接的贡献相对较大。

东北地区，20 年来始终在转出纺织工业，2004 年之前转出 3.30 个百分点，之后转出 0.24 个百分点。

西南地区，以 2004 年为界，前一阶段转出了 3.35% 的纺织工业份额，后一阶段承接了 1.65 个百分点的纺织工业，总体仍属于纺织工业净转出省份，两个时期四川省的贡献均高达 75% 以上。

西北地区纺织工业产业份额一直以来比较小，以 2004 年为界，前一阶段转出了 2.06 个百分点，后一阶段承接了不到 0.1 个百分点，而且主要受惠省份是内蒙古、宁夏，陕西、甘肃、青海、新疆 20 年来纺织工业份额在持续降低，表明在转出纺织工业。

（八）机械工业

以金属制品业（C33）、通用设备制造业（C34）、专用设备制造业（C35）、电气机械和器材制造业（C38）、仪器仪表制造业（C40）为代表考察机械工业产业转移状况。

1. 基于东部、中部、西部三大区域的分析

根据图 4 - 22，机械工业在东部地区的集聚非常显著，东部地区机械工业产业份额 20 年间在 69.31%—84.26% 之间波动，以 2004 年为界，1992—2004 年，东部地区吸收了中西部地区转出的 14.95 个百分点的份额，其中包括来自中部的 7.82 个百分点和来自西部的 6.70 个百分点；2004 年之后东部转出机械工业，8 年转出 9.31 个百分点，其中 7.57 个百分点被中部承接，1.73 个百分点被西部地区承接。

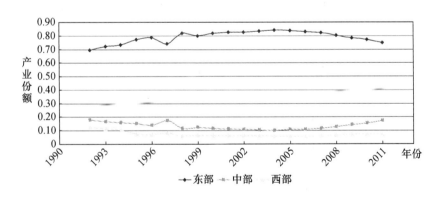

图 4 - 22　1992—2011 年东部、中部、西部地区机械工业产业份额动态变化

2. 基于八大区域及省级的分析

根据图 4 - 23，八大区域中，除了京津地区 20 年间持续转出机械工业、北部沿海地区持续承接机械工业外，其他地区以 2004 年为界，中部地区、东北地区、西南地区、西北地区均在转出机械工业，转出份额

分别为 5.65 个、5.34 个、4.43 个、2.26 个百分点，其中，中部地区各省均在转出，河南贡献相对较大，东北地区中辽宁贡献最大，西南地区四川贡献率高达 76.36%，西北地区陕西、甘肃贡献较大；而南部沿海、东部沿海、北部沿海地区在这期间分别承接了 11.89 个、4.07 个、2.30 个百分点的机械工业，南部沿海地区中广东贡献率高达 92.39%，东部沿海中浙江贡献率高达 100.04%，北部沿海地区山东贡献率高达 132.19%。

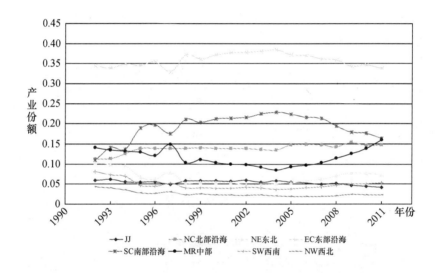

图 4 – 23　1992—2011 年八大区域机械工业产业份额动态变化

　　2004 年之后，南部沿海和东部沿海开始转出机械工业，南部沿海地区中广东转出 6.10 个百分点的产业份额，贡献率高达 94.57%，东部沿海中上海和浙江分别转出 5.23 个和 3.34 个百分点的产业份额，对东部沿海转出机械工业的贡献率高达 111.78% 和 71.46%，而江苏省产业份额上升 3.89 个百分点，在承接机械工业；2004 年之后，中部地区、东北地区、西南地区、西北地区均在承接机械工业，中部地区承接了 7.50 个百分点的产业份额，贡献最大；其次是东北地区，东北地区中辽宁贡献最大，西南地区中四川贡献率高达 79.75%，西北地区机械工业产业份额 2011 年为 2.23%，这期间仅承接 0.15 个百分点的产业份额，而且主要是陕西省的贡献。

（九）汽车工业

1. 基于东部、中部、西部三大区域的分析

根据图 4 – 24，东部地区是汽车工业的主要集中地，占有 60% 以上的产业份额，中部地区占有 30% 左右的产业份额。从产业份额的动态变化看，以 2006 年为界，1992—2006 年，东中西部地区产业份额的变化基本呈现东部地区上升，中西部地区下降的趋势（在 2002 年左右稍有波动），说明这一阶段，汽车产业由中西部地区转出向东部地区集中，东部地区共吸引 8 个百分点的产业份额，而中部地区转出了 6.21 个百分点的产业份额，西部转出了 1.79 个百分点；2006 年之后，东部地区汽车工业转而开始向外分散转移，但仅转出 2.08 个百分点的产业份额，中部地区承接了 1.80 个百分点，西北地区承接的微乎其微。

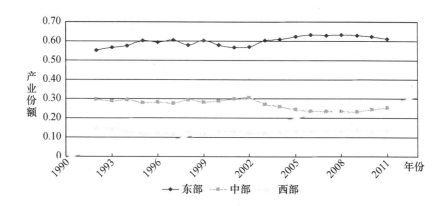

图 4 – 24　1992—2011 年东部、中部、西部地区汽车工业产业份额动态变化

2. 基于八大区域及省级的分析

根据图 4 – 25，八大区域中东部沿海地区是我国汽车工业的主要集中地，其次是中部地区和东北地区，各区域汽车工业份额的变化在 1992—2001 年间波动较大，比较稳定的变化趋势是，东部沿海地区、南部沿海地区这一时期汽车产业份额大体呈上升趋势表明在承接，中部地区、京津地区这一时期在转出汽车工业。我们主要考察 2001—2011 年的变化情况。2001 年之后，东北地区、东部沿海、南部沿海地区在转出汽车工业，转出份额分别为 4.61 个、3.25 个和 2.15 个百分点，其中东北地区中吉林省转出 4.53 个百分点、东部沿海地区中上海市转出 5.66 个百分点，南部

沿海地区中广东省转出 2.15 个百分点，是这一时期主要的汽车工业转出地；北部沿海、中部地区、西北地区这一时期在承接汽车工业，其中北部沿海地区承接了 4.53 个百分点，主要由山东省承接，中部地区承接了 2.43 个百分点，其中，河南、安徽、湖北承接较多，西北地区仅承接 0.24 个百分点，主要是陕西和内蒙古的贡献。

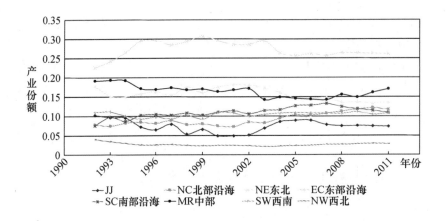

图 4 - 25　1992—2011 年八大区域汽车工业产业份额动态变化

（十）电子工业

1. 基于东部、中部、西部三大区域的分析

根据图 4 - 26，电子工业是空间高集聚特征非常显著的行业，高度集中在东部地区，以时间维度考察的电子工业空间分布状况，呈现显著

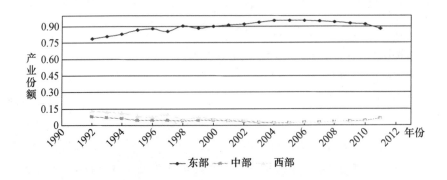

图 4 - 26　1992—2011 年东部、中部、西部地区电子工业产业份额动态变化

的两阶段特征，以 2005 年为界，1992—2005 年，东部地区吸纳了从西、中部地区转出的 16.68 个百分点的电子工业，其中，西部地区是主要的转出地，转出电子工业份额达 10.90 个百分点；2005 年以后，东部地区电子工业开始向中西部分散转移，共转出 7.34 个百分点的产业份额，其中，3.91 个百分点由中部地区承接，3.43 个百分点由西部地区承接。

2. 基于八大区域及省级的分析

根据图 4 - 27，电子工业主要集中在南部沿海、东部沿海和京津地区，从动态变化看，1992—2003 年南部沿海地区电子工业产业份额增加了 12.91 个百分点，达到 42.48%，在八大区域中遥遥领先，之后开始向其他地区分散转移，至 2011 年转出 5.56 个百分点，是这一时期主要的转出地；1992—2000 年京津地区电子工业份额增加了 10.22 个百分点达到 19.01%，仅次于南部沿海和东部沿海地区，之后开始持续向其他地区分散转移，至 2011 年共转出 5.16 个百分点，成为 2000 年以后电子工业主要的转出地；东部沿海地区 1992 年电子工业份额为 32.26%，大于南部沿海，但在 1992—1999 年间电子工业份额下降了 6.93 个百分点，与南部沿海差距逐渐拉大，1999 年之后转而开始增加至 2008 年的 38.49%，与同期南部沿海基本持平，2008 年之后开始向外转移分散，至 2011 年共转出 2.24 个百分点。

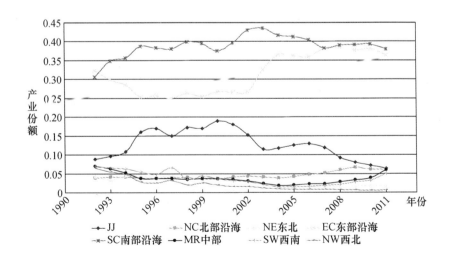

图 4 - 27　1992—2011 年八大区域电子工业产业份额动态变化

以 2004 年为界分别考察，1992—2004 年，西北、西南、中部、东北地区均是电子工业的主要转出地区，分别转出产业份额 5.57 个、5.33 个、4.93 个和 2.87 个百分点，西北地区的陕西省转出 4.52 个百分点，西南地区的四川省转出 4.18 个百分点，东北的辽宁省转出 2.02 个百分点，成为这一时期主要的电子工业转出省份；2004 年之后，西南、中部地区成为主要的电子工业承接地，产业份额分别上升 3.57 个和 3.89 个百分点，东北地区产业份额变化不大，而西北地区仍然在持续转出电子工业；北部沿海地区 20 年间一直在承接电子工业，2004 年之后承接了 1.89 个百分点，成为继西南和中部地区之后的第三大电子工业承接地。

（十一）小结

为了更加直观地体现以上的分析，本书根据 10 大子类工业区际产业转移的具体数据，制作了东部、中部、西部三大区域和八大区域产业转移的空间路径选择示意图表，见表 4 - 9 和表 4 - 10。

表 4 - 9　　1992—2011 年东部、中部、西部地区产业转移的空间路径选择

	东部	中部	西部
能源 (2004 年)	1 ↑↓	2 ↓↓	3 ↑↑
冶金 (2003 年)	1 ↑↑↓	2 ↓↑	3 ↓↑
建材 (2004 年)	1* ↓↓	2 ↓↑↑	3 ↓↑
化学 (2004 年)	1* ↑↓	2 ↓↓	3 ↑↑
医药 (2004 年)	1* ↓	2 ↓↑	3 ↑
轻工 (2004 年)	1 ↑↑↓	2 ↓↓↑	3 ↓↑

续表

	东部	中部	西部
纺织 （2004年）	1** ⬆⬇	2 ⬇⬆	3 ⬇⬆
机械 （2004年）	1*** ⬆⬇	2 ⬇⬆	3 ⬇⬆
汽车 （2006年）	1* ⬆⬇	2 ⬆⬇	3 ⬇⬆
电子 （2005年）	1**** ⬆⬇	2 ⬇⬆	3 ⬇⬆

注：①数字1、2、3分别代表各区域产业规模排序排名。按照2011年各区域产业份额值排序。

②年份代表区域各工业子类产业份额变化趋势逆转的年份。

③箭头方向代表区域产业份额变化的方向，⬆代表产业份额上升，产业转入该区域；⬇代表产业份额下降，产业转出该区域。第一个箭头代表第一阶段变化方向；第二个箭头代表第二阶段变化方向，趋势转折年份标注在行业名称下。

④箭头的粗细代表产业份额变化的程度。

⬆：>10%；⬆：<10%；↑：<6%；↑：<4%；↑：<2%；↑：<1%

⑤*号代表产业份额最大区域的产业份额数值所处区段，按照2011年产业份额数值为基准。

*代表区域产业份额>60%；**代表区域产业份额>70%；***代表区域产业份额>80；****代表区域产业份额>85%。

表4-10　　　　1992—2011年八大区域产业转移的空间路径选择

	JJ	NC	NE	EC	SC	MR	SW	NW
能源	6 ⬆	3 ↓2004 ⬇	4 ⬇	5 ↑2004	7	1* ⬇	8 ↓2000	2 ⬆
冶金	8 ↑2003	2* ⬆⬇2003	5 ↓2003	6 ↓2003	7 ↓2003	1* ↑2003	3 ⬇2003	4 ↓2003
建材	8 ⬇	2 ⬆⬇2004	6 ⬇2004	3 ⬆2004	4 ↑2004	1* ⬆2004	5 ↓2004	7 ↓2004

续表

	JJ	NC	NE	EC	SC	MR	SW	NW
化学	7	2	4	1**	6	5	8	3
	↓2006↑	↑2006↓	⋁	↑2006↓	↑2001↓	↓2006	↓2001↑	↑
医药	7	3	5	2*	6	1*	4	8
	↑2004↓	↑2004↑	↓2004↑	↑2004↓	↓2004↓	↓2004↑	↓2004↑	↑2004↓
轻工	8	2	6	4	5	1*	3	7
	↓	↑2004↓	↓2004↑	↑2004↓	↑2004↓	↓2004↑	↓2004↑	↓2004↑
纺织	8	2**	7	1***	4	3	5	6
	↓2004↓	↑2004↑	↓2004↓	↑2004⋁	↑2004↑	↓2004↑	↓2004↑	↓2004↑
机械	7	4	5	1**	2	3	6	8
	↓2004↓	↑2004↑	↓2004↑	↑2004⋁	⋁↓2004	↓2004↑	↓2004↑	↓2004↑
汽车	7	4	3	1	5	2	6	8
	↓2001↓	↓2001↑	↓2001↓	↑2001↓	↑2001↓	↓2001↓	↓	↓2001↑
电子	3	4	7	2***	1***	5	6	8
	↑2000↓	↑2004↑	↓2004↓	↓1999⋁	⋁2003↑	↓2004↑	↓2004↑	↓2004↓

注：①数字1、2、3、4、5、6、7、8分别代表各区域产业规模排序排名。按照2011年各区域产业份额值排序。

②箭头中间年份代表区域各工业子类产业份额变化趋势逆转的年份。

③箭头方向代表区域产业份额变化的方向，↑代表产业份额上升，产业转入该区域；↓代表产业份额下降，产业转出该区域。第一个箭头代表第一阶段变化方向；第二个箭头代表第二阶段变化方向，趋势转折年份标注在两箭头之间。

④箭头的粗细代表产业份额变化的程度。

⬆：>10%；↑：<10%；↑：<6%；↑：<4%；↑：<2%；↑：<1%

⑤＊号代表产业份额值所处区段，按照2011年产业份额值评价。

＊代表区域产业份额>20%；＊＊代表区域产业份额>30%；＊＊＊代表区域产业份额>35%；＊＊＊＊代表区域产业份额>40%。

根据表4-9，1992—2011年，东部、中部、西部三大区域工业空间分布及产业转移呈现如下特点：

第一，2005年前后，绝大部分工业空间布局变化趋势发生逆转。除建材工业、化学工业①外其他八大子类工业均以2005年为界，由之前的从中西部地区向东部地区集中转移，转变为从东部地区向中西部地区分散转移。

第二，东部地区始终是我国工业"中心—外围"空间结构的绝对中心。东部的十大子类工业产业份额均遥遥领先于中、西部，其中建材、化学、医药、汽车工业产业份额超过60%，纺织工业产业份额超过70%，机械工业产业份额超过80%，电子工业产业份额超过85%。

第三，电子、机械、纺织工业在空间上仍然高度集中在东部地区。2004年之前，东部地区吸引了大量来自中西部的工业②，2004年之后，这些工业从东部地区分散转移幅度不大，且主要转移到中部地区，而电子工业在2006年之后才开始小规模转出。1992—2011年20年间这些工业在东部仍属于净转入工业。③

第四，建材、轻工、冶金工业2004年以来分散转移规模较大。这些转移的工业绝大部分由中部地区承接，西部地区承接的份额很小。

第五，西部地区20年来一直在承接化学工业。2004年之前，化学工业由中部地区向东部地区集中转移和向西北地区分散④转移。2004年之后西部地区仍然在承接来自中部和东部地区的化学工业。

根据表4-10，以八大区域考察，1992—2011年，工业空间分布及产业转移呈现如下特点：

第一，东部沿海地区是八大区域层级工业中心—外围空间结构的中心。十大子类工业中，东部沿海地区有4个子类工业产业份额居第一。其中，纺织工业产业份额大于40%，化学、机械工业产业份额均大于30%。2004年之后东部地区向中西部地区产业分散转移中，东部沿海地区纺织、机械工业的贡献最大。

第二，中部地区2004年之后承接了东部产业分散转移的大部分，是

①　20年来，东部地区建材工业一直在转出，中部地区化学工业一直在转出，西部地区化学工业一直在转入。

②　这一时期，纺织、机械工业从中部转出较多，电子工业从西部转出较多。

③　净转入指某地区某工业2011年产业份额减1992年产业份额的差大于0。

④　工业由某地区向某地区集中是指转移初始转出地区该工业绝对份额小于转入地区；工业由某地区向某地区分散转移指转移初始转出地区该工业绝对份额大于转入地区。

八大区域中从区际产业转移中受惠最多的区域。以 2011 年八大区域工业产业份额排序，中部地区有 5 个子类工业产业份额居第一，分别是能源、冶金、建材、医药和轻工工业，其中医药、轻工工业的产业份额大于 20%。除能源工业外，其他工业产业份额的上升，主要来源于承接产业转移。其中，冶金工业主要承接来自北部沿海的转移，建材工业主要承接了来自北部沿海、东部沿海和南部沿海地区的转移，医药工业主要承接了来自东部沿海地区的转移，轻工工业主要承接了来自北部和东部沿海地区的转移。在承接工业产业中，中部 6 省受惠总体较为均衡，其中，河南、湖北省表现相对突出，山西省是中部地区承接产业转移受惠最小的省份也是最另类①的省份，与其他省区的差距有扩大趋势。

第三，南部沿海地区电子工业产业份额居第一。2003 年之前，南部沿海地区吸引了来自中部、西北、西南、西北地区甚至东部沿海地区的电子工业，产业份额上升很快，2003 年以来，南部沿海地区成为电子工业分散转移的主力军之一②，主要转移到东部沿海、北部沿海、中部和西南地区。东部沿海地区在 2008 年之前都在承接电子工业，使得以东部、中部、西部三大区域考察的东部地区电子工业转移规模并不大。

第四，北部沿海地区也是 2004 年以来工业区际产业转移中部分工业的主要承接地，主要承接了来自东部沿海地区的纺织工业、来自东北地区和京津地区的汽车工业，来自东部沿海、南部沿海、京津地区的机械工业，来自京津和东部沿海地区的医药工业，来自京津地区、南部沿海地区的电子工业。

第五，东北地区是 2004 年之前工业转出的最大贡献省份，但在 2004 年之后区际工业产业转移中受惠却最小。其中，能源、化学、纺织、汽车工业 20 年间一直在持续转出，其他工业承接份额都比较小。东北三省中，辽宁省是承接产业转移的主要力量和受惠地区，区域内部工业差距有扩大趋势。

第六，西南、西北地区在 2004 年之前是冶金、机械、纺织、电子工业的主要转出省份之一，2004 年之后，绝大部分③工业产业份额有小幅上

---

① 山西省许多工业在中部地区承接产业转移大背景下，产业份额在持续转出。
② 京津地区自 2000 年以来电子工业转出规模也较大。
③ 西北地区的医药和电子工业 20 年间产业份额一直在下降，西南地区汽车工业产业份额 20 年间变化不大，总体呈小规模转出。

升，是八大区域中承接产业转移规模较小受惠较少的两个区域，尤其是西北地区。西北地区除了能源工业和化学工业持续转入且规模较大外，其他工业承接的产业份额非常微小，大部分不到 1 个百分点，而医药、电子工业 20 年间在持续转出。

而且西南、西北区域内部各省份承接产业转移受惠非常不均衡，西南地区的四川、广西省受惠较大，西北地区的陕西、内蒙古是主要的受惠省区，其他省区受惠很小或者在持续转出工业，例如甘肃、青海，区域内部工业发展差距有扩大趋势。

五　结论与讨论

（一）总体工业空间分布的地理集中度呈倒"U"形动态变化，以关键时点截面考察的工业空间分布结构具有显著的 NEG "中心—外围"特征

1992—2011 年，中国工业空间分布总体以 2005 年为界，由之前的逐步向东部地区集中转移转变为之后的逐步由东部向中西部地区分散转移。而工业总体的"中心—外围"① 结构在我们研究的时间区间内一直存在，2005 年之前，中、西部外围向东部的集中一直在强化，体现为东部地区工业份额在这一时期持续上升。已经有较多文献研究中国制造业向东部的产业集聚。克鲁格曼在 2010 年美国地理学会上作的报告中指出"中国的经济地理非常符合 NEG 的框架"，"出现了非常明显的'中心—外围'结构，大量中西部向沿海地区迁徙的移民，形成了这些地区和东南部的制造业联系。应该说，这一景象的形成是因为大多数中国的工业制成品是面向海外而非国内市场"。[107]

本书认为，东部地区经济集聚中心地位的形成与其较优越的自然地理条件和历史的原因不无关系，而这一时期东部中心地位的强化却有着历史的偶然。深圳由 30 多年前南海边的一个小渔村成长为中国工业化和现代化的一线城市，其发展起源与 1992 年春天邓小平同志在"南海"边画的那个圈②关系巨大，而南部沿海在 90 年代经济率先腾飞与这也不无关系。

---

　　①　克鲁格曼的"中心—外围"模型考虑的是一个只有农业和制造业两部门经济，农业部门处于完全竞争的市场结构中，生产同质产品，而制造业部门的市场结构是垄断竞争的，供给大量的差异产品；两个部门都仅使用劳动力一种资源，农业部门劳动力不可流动，而制造业劳动力可以自由流动；农产品没有运输成本，而制造品存在"冰山成本"。经济演化会导致制造业"中心"和农业"外围"的中心—外围空间分布格局。

　　②　1992 年春天，邓小平同志南方视察深圳，提出了关于社会主义本质的重要论断和计划与市场都是经济手段的重要思想，影响十分巨大。

沿海的优越地理位置、禀赋丰裕的产业条件、国家政策的大力倾斜，恰逢景气的国际经济周期及第四次国际产业转移浪潮带来的巨大国际市场需求和产业发展机遇，使南部沿海、东部沿海地区经济不可阻挡地迅速发展，产业规模扩大，经济增长加速，要素报酬上升，作为经济发展外围的中部西部地区劳动力、资本等要素逐步被吸引流入东部地区，随着要素的转移，产业的转移自然发生，产业不断向东部地区集中，东部地区的中心地位得到巩固和强化。

2005 年之后，工业总体呈现由东部地区向中部、西部地区的分散转移趋势，然而分散转移的速度和规模不及 2005 年之前集中的速度和规模。"中心—外围"模型中，中心的强化是有界的，流动要素供给弹性、不可流动要素稀缺性及外部需求会对进一步集聚形成较强的制约。如果流动要素供给弹性大，就能支持中心区域高速产业集聚和快速增长，如果供给弹性小，集聚与增长的速度将放缓。[107]而外部需求驱动下的中心区域集聚的发展，受外部需求的影响较大，中心地位的外部需求依存度很强。同时"中心—外围"的空间结构会进一步加剧区域经济失衡状况，尽管由于增长的"外溢效应"，外围区域的经济增长率也获得了优于非集聚状态下的增长率，但不容忽视的现实是，横向比较的区域经济差距越来越大。[108]区域不平衡发展是经济持续增长的"瓶颈"，由于区域经济差距越来越大，各区域间相互需求较少，产业关联度越来越低，各区域比较优势不能充分发挥，中心地区越来越过度依赖外部市场，而落后地区却始终缺乏产业高速发展的条件。受不可流动要素稀缺性的约束，集聚中心要素价格持续上升，必须转变经济增长方式和实现产业结构优化升级，否则集聚和经济增长都将不能持续。因此，中心地区经济集聚是有临界值的，临界值到来的时候，中心向外围的分散和转移就成为必然。

我国 2005 年以来的工业由东部向中西部的分散转移的原因可以从以上分析中找到答案。产业向东部集聚是典型的以贸易为依托的集聚，2004 年东南亚金融危机、2008 年次贷危机、2010 年以来的欧洲国家主权危机等既是国际经济逐步进入衰退周期的导火索，又是国际经济处于衰退周期的具体表现。国际经济环境突变，导致东部地区以出口贸易为依托的工业集聚不能持续，订单萎缩，利润率下降，外向型的工厂减产、停工，民营企业家"跑路"、民间金融"怪象"频生等都是具体体现。而在这之前若干年就已发生且持续至今的首先源自东南沿海地区逐步向内地转移的

"用工荒"现象，更是说明了一直以来支撑东部地区出口贸易的"人口红利"比较优势已经渐渐衰退，劳动力无限供给的刘易斯拐点已经到来的现实。而不可流动要素日益稀缺对东部中心集聚的约束直接体现在地价上涨、房价攀升、交通拥塞、环境恶化等方面。2000 年以来，国家实施区域经济协调发展战略，"西部大开发"、"振兴东北老工业基地"、"中部崛起"、"丝绸之路经济带"中国段建设等区域经济发展战略的提出及其具体措施的出台和实施，使得一直在国家政策扶持上处于边缘地带的中西部地区开始享受到"政策红利"。在以上因素共同作用下，2005 年以来工业由东部向中西部分散转移。然而根据实证数据，东部地区 1992—2005 年年均产业份额上升 1.26%，而 2005—2011 年年均产业份额下降 0.96%，产业分散转移的速度低于前一阶段集中转移的速度，这证明了区位"黏性"的存在，也说明工业从东部向西部的转移刚刚开始。

（二）技术密集型工业和劳动密集型工业开始分散转移的时间早于资本要素密集工业，而后者分散转移的速度和程度较前者更为迅速和显著

除了采矿业由于具有较强的自然禀赋依赖性而在地理上高度集中外，我国工业总体来讲，劳动密集型工业地理集中度较高，平均基尼系数为 0.608，技术密集型工业次之，平均基尼系数为 0.5852，资本密集型工业地理集中度最低，平均基尼系数为 0.4325。[1] 低地理集中工业中的技术密集、资本技术中度密集和资本密集工业分散时间略早于高地理集中工业。[2] NEG 认为，劳动密集型产业通常首先分散转移，关联度弱的产业一般先发生转移，但转移速度较慢，转移过程中有可能出现交叉反复现象，

①　这一结论与罗勇、曹丽莉 2005 年 8 月发表在权威期刊经济研究上的文章：中国制造业集聚程度变动趋势实证研究的结论有不同，该文认为"集聚程度由高到低的变化过程实际上也是产业从技术密集型向资本密集型再向劳动密集型转移的过程"。两文结论差异的主要原因可能在于以下几点：第一，罗勇文章采用 E-G 指数衡量产业集聚水平，本书采用的是空间基尼系数。E-G 指数的衡量考虑了企业的数目和规模，而空间基尼系数的计算采用区域产业份额指标，研究层面更宏观。同时罗勇的研究也发现了这样的问题："纺织业、普通机械制造业、造纸和纸制品业 2003 年的地理集中指数介于 0.02—0.05 之间，说明这三个行业空间分布并无明显的集聚。但其五省市集中度却较高，其中最低的造纸和纸制品业，也达到了 66.37%。"这一问题的提出，进一步验证了本书对产业集聚、产业地理集中两概念进行厘清的必要性，产业集聚和产业地理集中是有区别的两个概念，尽管两者的相关度通常很高；第二，罗勇的采用 1992 年、1997 年、2002 年、2003 年的断面数据，而本书采用 1992—2011 年时间序列数据，采用最新数据且连续性更强，得出的结果应更科学和可靠。

②　这与资本密集工业地理集中度较低的结论并不矛盾，因为，这里首先出现分散转移趋势的仅是低地理集中行业中的技术密集、资本技术中度密集和资本密集行业。

关联度强的产业虽然转移时间较晚，但由于很强的产业前后向联系，转移速度较快；由于转移产业前后向联系的"互动效应"，产业转移可能存在不连续性。从中国区际产业分散转移的趋势看，基本符合 NEG 的观点。在外部需求开始锐减、要素报酬出现下降的情况下，流动性最强的生产要素劳动首先做出反应，而关联度弱的行业通常区位黏性较小，首先开始转出，例如劳动密集的金属制品业、劳动技术中度密集的通用设备制造业、使用广布原料的农副食品加工业、食品制造业等。而规模报酬递增显著且产业关联度较强的电子工业、纺织业等分别在 2006 年、2007 年开始分散转移。根据 NEG 的观点，经济活动空间选择的集聚力与分散力之间存在一种平衡，产业区位最终取决于接近消费市场、接近供给市场和接近要素市场三方面因素的相互作用。对于规模报酬递增非常显著且产业关联度较高的电子工业和纺织业，虽然要素报酬下降会减少产品市场大而产生的集聚力，但是接近产品市场和自我强化的集聚力对这些行业的区位选择仍然非常重要，因此这两股力量平衡使得这类产业的区位相对稳定。在我国，电子工业、纺织工业分散转移的时间最晚，并且电子工业由南部沿海地区向东部沿海地区转移、纺织工业由东南沿海地区向北部沿海地区转移，仍然选择了接近消费市场的区位。

（三）产业转移的区位选择体现了地理毗邻效应和梯度转移原则

毗邻集聚中心，即毗邻规模很大的市场，是一种来自自然地理的优势。在本章的实证分析中，我们从三个层面清楚地看到了区际产业转移中的地理毗邻效应。

首先，就东部、中部、西部三大区域层面的分析，2005 年之后，中部地区承接了 60.42% 的东部产业转移，中部地区在地理上与东部地区相邻。

其次，就八大区域层面的分析，2005 年之前，在向东部输出生产要素和产业的区域中，东北地区贡献最大、中部地区次之，之后依次是西南、西北和京津。相应的，吸引产业转入贡献最大的区域是北部沿海地区，东部沿海地区次之，南部沿海地区再次。就地理位置而言，吸引工业份额最大的北部沿海地区与转出贡献最大的东北地区和京津地区相邻；2005 年之后，承接产业转移份额最多的中部地区与转出产业份额最多的东部沿海地区相邻，同时也与北部沿海地区、南部沿海地区相邻，而承接份额较少的西北、东北地区与以上产业转出地区均在地理上不毗邻。

第三，就八大区域中各省份的分析，每个区域内部也存在着工业空间分布的"中心—外围"结构，各区域基本都有与整体区域工业空间分布动态变化不一致的所谓负贡献省份，比较典型的是南部沿海的福建省、东部沿海的江苏省，也有对区域整体工业分布贡献非常大的省份，例如南部沿海的广东省、东部沿海的浙江省、东北地区的辽宁省。在贡献最大省份转出某产业的同时，区域中的负贡献省份该产业份额在上升，就此本书推测，这可能出现了地理毗邻所导致的产业在区域内的转移。由于本书对产业转移区位选择在省级层面的研究并未具体到两位数工业行业，所以这里只能是推测。而实际上这样的推测是有一定的现实基础的，出于降低转移成本的考虑和地方保护主义的存在，东部沿海、南部沿海地区区域内甚至同一省份内的工业转移早已大量存在，例如广东省工业向欠发达的粤北地区的转移，东部沿海地区浙江、上海向江苏省的转移，江苏省内苏南向苏北的转移等。从区域尤其是省级政府的动机来看，更倾向于将成熟产业转入区内经济低梯度地区，以谋求卓著的政绩。

根据梯度转移理论，产业转移实质是高新技术分散和产业结构升级的过程，创新活动大都发源于高梯度地区，随着时间的推移，生命周期循环阶段的变化，产业顺次由高梯度地区逐步向低梯度地区转移。我国区域经济发展的梯度由高到低依次为东部、中部、西部，是明显的事实，东部地区产业梯度转移受益最大的无疑是与东部地区经济梯度差距最小的中部地区，这也可以看作是市场需求的"毗邻效应"。西部地区在地理位置、市场潜力上均不占优势，在承接区际产业转移的区域博弈中处于劣势。

（四）中部地区呈现成为工业"中心—外围"空间结构第二中心的发展趋势

中部地区受惠于自 2004 年以来的区际产业转移，自 2006 年起工业份额超过北部沿海地区，至 2011 年工业份额上升为 20.44%，已经接近东部沿海地区（22.02%），见图 4-28。

2011 年，在十大子类工业中，中部地区产业份额排名第一的有五类工业，分别为能源、冶金、建材、医药、轻工工业，汽车工业排名第二，纺织、机械工业排名第三，只有电子工业和化学工业排名第五。中部地区自 2004 年以来呈现工业份额快速上升、大规模持续承接区际产业转移的趋势，而东部沿海地区工业份额自 2004 年以来持续下降，是最大的工业转出地。与中部地区工业份额接近的南部沿海、北部沿海地区，2004 年以来工业份额也呈持续下降趋势，与中部地区差距呈扩大趋势。从工业份额此消彼长的发展趋势上看，中部地区将有望成为继东部沿海之后中国工业"中心—外围"空间结构的第二中心。能否成为真正的中心取决于技术创新，因为中心应是工业生产的全面集聚，而不仅仅是某个或某些行业的集中。[84]

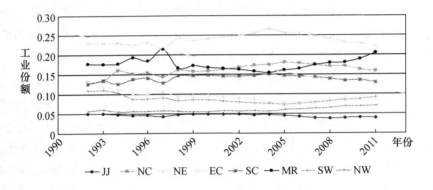

图 4 - 28　1992—2011 年八大区域工业份额动态变化

　　克鲁格曼指出"经济体的地理结构取决于几个关键变量：运输成本、规模经济和要素流动"[109]，梁琦在其著作《产业集聚论》中也从基本因素、市场因素和知识溢出三个层面对产业集聚的影响因素做了研究。国内也有较多文献从实证角度研究了工业和制造业集聚的影响因素，例如文枚（2004）、金煜（2006）[110]认为，经济开放、市场容量、城市化、基础设施的改善和政府作用的弱化、沿海地区的地理优势促进了工业集聚，从而为新经济地理理论提供了来自中国的证据，同时也发现政策是导致工业集聚的重要因素。这些研究主要是在解释我国工业向东部地区集聚的原因，而对 2004 年以后工业向中西部尤其是中部地区分散转移影响因素的研究，尚未检索到针对性很强的文献。那么，是什么原因造成了工业自 2004 年以来向中部地区转移？本书认为，以下四个原因不容忽视：

　　第一，中部地区毗邻经济集聚中心。这至少会带来两方面的好处：一是毗邻经济集聚中心即毗邻大市场。由于集聚效应的存在，集聚中心既是最大的消费者市场也是最大的产业市场，市场潜力巨大；二是地理毗邻将得天独厚地享有与中心地区最频繁的经济交往优势。无论是韦伯还是克鲁格曼都将运输成本看作决定工业区位的首要因素，而运输成本又与空间距离密切相关，经济活动的成本随距离加长而增加。改革开放以来至 2004 年，东部地区拥有促进产业集聚各种因素的全方位优势，使其集制造业集聚中心、出口产品集聚中心和外商直接投资集聚中心三大中心为一体，中部六省在地理上毗邻东部地区，东部地区作为经济增长极的分散效应及溢出效应首先惠及中部地区。中部地区承接区际产业转移在地理上得天独厚的优势是西北、西南、东北等其他承接地无法相提并论的。

第二，中部地区具有劳动力成本比较优势。韦伯认为，运输成本和劳动力成本是引起工业区位的两大区域性因素，工业再分布则取决于集聚的好处（集聚因素）与成本（区域性因素）的对比，也可以看成是集聚力和分散力博弈达到均衡的最终结果。东部工业为什么更多地选择向中部地区转移，较低的劳动力成本是其中的重要原因之一。

根据表4－11，2004—2009年中部地区劳动力成本是八大区域中最低的，2010年以来，中部地区相对工资水平①略微上升。劳动要素价格的这一动态变化，正是要素价格对工业区位影响的一个现实例证。中部地区较低的劳动成本比较优势，通过投资、贸易等渠道吸引了工业的转入，随着工业规模的扩大，规模经济效应逐步凸显，要素报酬递增，吸引了更多劳动力流入，工业规模继续扩大，规模经济效应更加显著，这是一个正反馈过程。在这个过程中，中部地区工业集聚将逐步被强化，本书认为，2010年之后的中部地区正处于以上正反馈过程第一轮次的循坏中。关于劳动力比较优势，蔡昉计算了六大区域单位比较成本数据，认为中部地区不仅劳动报酬低而且劳动边际生产率高，具有劳动成本的绝对优势。[5]

第三，中部地区产业基础较雄厚。一个区域拥有较强的产业基础至少意味着拥有较强的产业关联效应，带来较大的产业市场需求，从而能够支撑该地区相对较高的工资率，增强此地对公司选址的吸引力。中部地区有较好的产业基础，我们整理了1992年、2004年我国八大区域工业份额排序数据（见表4－12）。十大子类工业中，除电子工业外，其他九大类工业1992年中部地区产业份额均居前列，之后工业份额有下降，这与2004年之前中西部向东部地区的产业转出有关；2011年中部地区产业份额位居第一的工业，均是中部地区长期以来份额靠前的工业，例如能源、冶金、建材、轻工工业在1992年中部地区产业份额就居第一位，后起的医药工业，在1992年、2004年工业份额均居第三位，而承接规模较大的机械、纺织工业在1992年时产业份额就居全国第二位、第三位。

---

① 相对于同一时期的人均工资水平最低的东北地区。

表 4 - 11   2004—2011 年八大区域人均工资水平

区域	2011 年	2010 年	2009 年	2008 年	2007 年	2006 年	2005 年	2004 年
京津	27699	26347	23658	22340	19647	17393	15258	13434
东部沿海	23709	22781	20926	18584	17331	15638	13890	12502
西南	16961	16174	14869	13447	12674	10480	9353	8952
南部沿海	16975	15401	13757	12251	11431	10347	9498	8772
西北	16794	15402	14028	12335	11094	9638	8346	7515
北部沿海	15583	14664	13321	11653	10314	9055	8037	7120
东北	14946	13925	12826	11277	10148	8884	7903	6950
中部	15556	14090	12585	11056	10002	8656	7615	6585

资料来源：本表数据根据 2005—2012 年《中国区域经济统计年鉴》分省城镇单位在岗职工平均工资数据整理。

第四，政策支持。2004 年国家提出中部崛起计划、2010 年国务院提出《关于中西部地区承接产业转移的指导意见》、截至 2013 年 4 月，国家发展改革委员会在中西部地区批复建立了八个国家级承接产业转移示范区，其中设立在中部地区的有安徽皖江城市带、湖南湘南、湖北荆州、黄河金三角承接产业转移示范区。[①] 如果说毗邻东部地区，拥有较低的成本优势和雄厚的产业基础是影响中部地区承接产业转移的内生因素，那么，20 世纪 90 年代末以来国家区域经济协调发展战略及相关政策措施的出台和实施就是重要的外生因素。

通过以上分析，本书认为，随着东部沿海地区产业结构升级调整的深入，中部地区将会成为下一个工业集聚中心。但是，也要清楚地看到，中部地区位居第一的 5 大子类工业，80% 以上属于基础工业和成熟工业，而东部地区遥遥领先的纺织、机械、汽车、电子工业等规模报酬递增效应显著、关联效应强、产品需求弹性大的行业，被中部地区承接的份额比较小。根据蔡昉的研究 2000—2007 年中部地区全要素生产率年均增长率达 6.17%，居六大区域[②]首位，而劳动边际生产率仅次于北部沿海，位居第

---

① 2012 年 5 月设立黄河金三角承接产业转移示范区包括山西省运城市和临汾市、陕西省渭南市、河南省三门峡市；土地面积 5.8 万平方公里，总人口 1700 万人。以中部地区城市为主，因此在此列示。

② 蔡昉 2009 年发表于《经济研究》的文章《中国产业升级的大国雁阵模型分析》中将全国区域划分为华南沿海、华东沿海、华北沿海、东北沿海、中部地区和西部地区六大区域。

二。那么是什么影响了上述纺织、机械、电子工业向中部地区转移？转移的区位黏性？北部沿海地区承接竞争力的强大？还是中部地区承接能力欠缺？对这一问题的深入研究将是本书今后的关注点之一。

表 4 – 12　　　　1992 年、2004 年八大区域工业产业份额排序

区域	JJ		NC		NE		EC		SC		MR		SW		NW	
年份	1992	2004	1992	2004	1992	2004	1992	2004	1992	2004	1992	2004	1992	2004	1992	2004
能源	8	7	3	2	1	3	5	5	6	6	2	1*	7	8	4	4
冶金	8	8	2*	2*	5	6	4	3	7	7	1*	1*	3	4	6	5
建材	8	8	3	1*	5	6	2*	2*	4	4	1*	3	6	5	7	7
化学	7	7	3	3	2*	2	1*	1**	5	6	4	4	8	8	6	5
医药	7	7	5	2	4	4	1*	1*	2	5	3	3	6	6	8	8
轻工	8	8	5	1*	6	6	4	4	2	4	1*	3	2	5	7	7
纺织	8	8	2	2	6	7	1****	1※	4	3	3	4	5	5	7	5
机械	8	8	3	3	6	6	1**	1***	4	2	2	4	6	7	8	8
汽车	5	7	6	6	3	2	1*	1*	7	4	4	4	8	8	8	8
电子	3	3	8	4	6	6	1**	2**	2***	1****	4	4	5	7	6	8

注：①数字 1、2、3、4、5、6、7、8 分别代表各区域产业规模排序排名。按照当年各区域产业份额值排序。

②＊号代表 1992 年、2004 年产业份额值所处区段。

＊代表区域产业份额 >20%；＊＊代表区域产业份额 >30%；＊＊＊代表区域产业份额 >35%；

＊＊＊＊代表区域产业份额 >40%；※代表区域产业份额 >50%。

梁琦提出了产业区位生命轨迹：集中—分散—再集中，认为与产业区位生命轨迹相对应的产品生产形态变化过程应为：知识密集型—技能资本密集型—劳动密集型，集聚的中心应该有两类：第一类是新兴产业集聚地，第二类是成熟型产业集聚地。[84] 如果说，我国东南沿海工业集聚中心属于国际产业转移背景下的第二类产业集聚地，即以劳动密集型产业生产为主的贸易依赖型集聚中心，那么我们应该如何设想下一个中国工业集聚中心的类型定位？继续循环下去的更低层级的劳动密集型抑或资源、能源密集型？或者科技与制造业相结合的新的集中？

集聚经济的有界性，决定了产业只可能在为数不多的几个新地点重新集聚，中部地区能否真正成为下一个工业中心，是一个注定了要经过多方博弈才能揭晓的答案。

（五）西南、西北、东北地区受惠微小，区域内部工业差距扩大

区域经济一体化的经典理论告诉我们，大国从贸易自由化和经济一体化过程中获得的收益往往远远大于小国，所以大国通常积极倡导全球经济一体化，而对于小国，某种程度的经济一体化会使他们与大国之间的差距更大。[111]我国区际产业转移背景下，仅从工业份额动态变化看，西南、西北、东北地区受惠微小，见表4-13，西南、东北地区属于20年间的工业净转出省份，西北地区工业份额虽然在上升，但幅度很小。

表 4-13　　　　　1992—2011 年地区产业份额变化情况

地　区	2011 年工业份额	1992—2004 年变化情况	2004—2011 年变化情况
东北地区	0.0870	-0.0545	0.0089
中部地区	0.2044	-0.0233	0.0512
西南地区	0.0921	-0.0337	0.0170
西北地区	0.0695	0.0002	0.0134

资料来源：本表数据本书第四章第三节第三部分实证数据整理得出。

此外，根据本书第四章第三节第三部分实证数据，整理出西北、西南、东北地区分省区产业平均集中度数据，发现，在西北、西南、东北地区内部，各省从产业转移中受惠程度差异较大，见图4-29、图4-30和图4-31。西南地区中四川省是最大的承接地，贵州、云南同期在转出，西北地区中，内蒙古和陕西是主要承接地，甘肃、青海、宁夏同期在转出工业，东北地区中辽宁、吉林是主要承接地，黑龙江同期在转出工业。区域内部各省之间产业差距有扩大趋势。

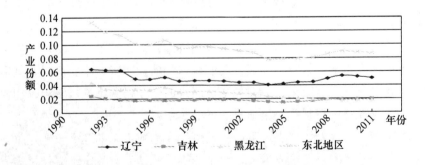

图 4-29　1992—2011 年东北地区产业份额动态变化

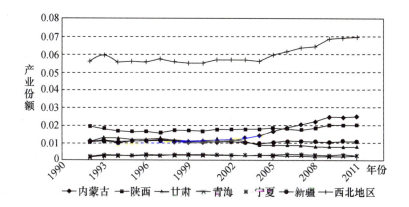

图 4 - 30　1992—2011 年西北地区产业份额动态变化

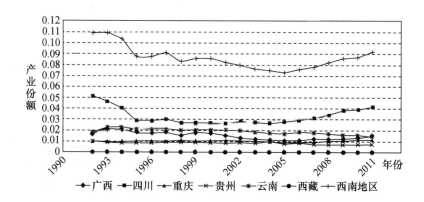

图 4 - 31　1992—2011 年西南地区产业份额动态变化

　　为什么这些地区在区际工业转移中受惠微弱？可以找到较多的影响因素，诸如产业基础、产业结构、劳动力成本、生产效率、基础设施建设、行政效率等，不同地区这些因素的影响程度不同，然而，有一点是这三个地区共有的，那就是在地理上远离经济中心。克鲁格曼提出的影响制造业集聚的三个基本因素：运输成本、收益递增和要素流动均与空间距离密切相关，距离导致中心与外围的差异，在很大程度上引起区域发展的不平衡。有学者研究主张落后地区通过技术创新克服地理上的劣势，寻求后发优势。我们认为，技术消灭距离是有条件的，在一些地区比较可行，例如我国中部地区与东部地区相比处于地理劣势，但由于"毗邻效应"的存在，在区际产业转移中部地区是最大的承接赢家，而这和距离显然关系仍然密切。雷丁和维纳布尔斯（Redding and Venables，2001）[112]对101个国家双边贸易数据和这些国家国内生产总值及人口数据进行了实证分析，结论是：这些国家人均收入差异的70%可以用其所处空间位置、经济条件和开放程度来解释。我国的改革开放是从"经济特区—沿海城市—沿海经济开放区—内地"依次推进的"梯度开放"，事实证明实施这种循序渐进、梯度推进的滚动式发展战略是符合我国国情的正确发展道路。但另一个事实是，东西部经济差距扩大了。有观点认为，这是梯度开放政策造成的，本书认为未必。沿海地区由于地理优势对加工贸易、海外资金的吸引力，即使在相同的政策条件下也是内陆地区不可比拟的。西部地区在开放经济中的劣势，首先是距离产生的劣势，而西部地区和东北地区在承接区际产业转移中的劣势，仍然要归因于距离产生的劣势。

那么，为什么西南、西北、东北地区随着承接产业转移的推进，区域内部工业差距扩大，本书认为，这与区域内各省份地理条件、经济发展水平的差异有关，工业"中心—外围"的空间结构是有圈层的，区域内部也存在"中心—外围"空间结构。那些在区际产业转移中受惠相对较多的省份就是区域内部的工业中心，区域发展的极化效应使得在区际产业转移中处于劣势的西南、西北和东北地区内部的一些省份不仅吸引到为数不多的来自区外的工业份额，同时吸纳了来自区内其他更落后省份的生产要素和产业份额，使得区域内部工业差距呈扩大趋势。而从经济一体化对各成员利益影响的角度来讲，经济发展较快的省区会比后进省区获得更大的好处。这样看来，我们似乎能为落后地区选择实施地方保护主义找到一个在短期有效的理由。

区域经济发展失衡是中国经济持续增长的一个"瓶颈"。区域发展不平衡除了影响社会公平，在经济上也缺乏效率。由于区域间发展落差过大，难以实现区域比较优势的充分发挥，使得各区域间产业和经济关联度低下，相互需求较少，不利于挖掘内需。发达地区过分依赖外部市场，落后地区缺乏产业发展的条件，整体经济发展稳定性不强，后劲不足。因此，区域经济协同发展不仅是维护社会公平的需要，也是作为一个大国谋求经济持续发展的内在要求。

然而，资源在空间的配置仅依靠市场机制，必然造成集聚和自演变导致区域发展不均衡，因此必须由政府这只看得见的手通过制定和实施空间经济政策对市场机制进行干预和补充。

从产业政策角度，政府应结合不同区域禀赋状况实施有针对性的产业发展的空间政策来协调区域分工；从财税政策角度，税收的征收与支出会引导产业布局，而向内陆地区实施财政转移能够协调区域经济的发展步伐，有利于缩小区域发展差距；在基础设施投资方面，提高欠发达地区内部便于贸易和技术知识流动的基础设施，将引导产业投资，促进欠发达地区培育新产业，提高经济发展速度；从金融政策角度，增加欠发达地区的融资渠道、降低融资门槛都将促进落后区域的产业发展。

此外，近年来，国家向西开放战略的实施，尤其是 2013 年揭出的"丝绸之路经济带建设"战略构想，对远离东南沿海经济集聚中心的西部地区经济发展来说是一个历史机遇。我们无法改变自然地理，但是可以改造经济地理。向西开放及"丝绸之路经济带建设"将启动中亚、西亚市场潜力，进一步挖掘西南地区同南亚国家的经济联系。如果同这些国家经济合作的潜力被挖掘，那么西部地区将毗邻一个新的大市场，一直以来困扰西部地区发展的地理劣势将转变为地理优势。

第五章 中国产业结构优化实证分析

本书第三章已经在理论上分析了要素流动传导下产业结构优化与区际产业转移的耦合关系，认为尽管区际产业转移对不同区域可能产生不同的绩效，但有一点是无可置疑的，那就是区际产业转移，在可以预见的视野内，有利于国家层面总量经济产业结构优化升级，有利于整体经济结构失衡的纠正调整，有利于提高我国经济增长质量。那么，在我国经济发展实践当中，区际产业转移对产业结构优化的绩效是否符合理论分析？本书第四章对1992—2011年间我国区际产业转移进行了实证分析，本章将对20年间总量经济产业结构优化进行测度和评价，为进一步分析的展开提供实证数据和现实基础。

第一节 产业结构优化的经济学内涵 及评价模型构建

一 产业结构优化的内涵

产业结构是指一个国家或地区各个产业部门、行业之间质的内在关系和量的比例关系，就其实质来看，是一个国家或地区的各种生产要素在该国和地区各产业部门之间的比例构成及相互之间的依存和制约关系。

关于产业结构优化的理解，目前学者们的观点不尽相同。周振华教授是较早研究产业结构优化内涵的学者，他认为，产业结构优化具体体现在产业结构高度化和合理化两方面。产业结构从较低水准向较高水准的发展过程是产业结构高度化的过程，通常用第二、第三产业的GDP比重、知识密集型产业的GDP比重以及中间产品与最终产品比例等指标来测度。产业联系的聚合质量的提高是产业结构合理化演进的过程。产业联系的聚合质量就是产业间由于存在关联而相互作用产生的一种整体能力，它不同于各产业能力之和，通常用产业关联系数来表示。[113]苏东水认为，产业结构优化是推动产业结构合理化和高度化发展的过程[114]。张立厚认为，产业结构优化就是在实现国民经济整体效益最大化总体目标指导下，适应资源禀赋状况、经济发展水平、技术水平、人口、环境状况以及国际国内经济关系变化，合理配置生产要素，使各产业协调发展。其核心是产业结构合理化与产业素质高度化的有机结合，以产业结构合理化促进产业素质高度化，以产业素质高度化带动产业结构合理化。

在梳理、学习、分析相关文献的基础上，本书认为，产业结构优化是与经济增长相伴发生的动态过程，经济增长存在均衡增长和非均衡增长，相应增长的产业结构优化也包括高度化和合理化两个过程。

产业结构高度化是由于技术水平发生变化时，各产业对技术的适用程度不同从而生产率上升速度不同，或各产业需求收入弹性不同从而发展速度各异，使不同产业优势地位重构或更替。在外在形式上体现为产业发展高附加值化、高技术化、高集约化和高加工度化，第三产业，尤其是高科技含量的产业在国民经济中的比重上升。[115]产业结构高度化是产业在经济非均衡增长过程中的跨越。

产业结构合理化是由于产业间存在一定的关联关系，单个产业独立于总体经济超前发展的情况不可能维持，发展较慢的所谓"瓶颈"产业一定会对发展较快的产业产生制约，而发展较快的产业通过前向效应、后向效应、回顾效应、旁侧效应等带动"瓶颈"产业。长期来看，技术和需求稳定之后，各产业在市场机制作用下出现发展速度趋同趋势，产业发展的"瓶颈"与超前逐步协调，最终实现平衡发展。

产业结构高度化和合理化关系密切。产业结构合理化是产业结构调整的量变阶段，正是不同产业协调发展产生的聚合效应，使潜在经济增长速度尽可能完全地发挥出来；产业结构高度化推动产业结构在更高层次上实现合理化，提升经济的潜在增长速度，是经济增长的质变阶段[116]。在产业结构优化的全过程中，产业结构合理化促进产业结构高度化，产业结构高度化带动产业结构合理化。

除此之外，对于空间异质性显著的大国，产业结构合理化还体现为各区域产业差距缩小、产业发展协调、产业联动网络发达高效，这些特点可以用产业空间布局结构来表征。根据本书第三章第三节对要素流动传导下产业结构优化与区际产业转移关系的理论分析，区际产业转移产生的直接效应就是改变产业的空间结构，在间接效应方面，区际产业转移是要素追逐高效率配置过程在空间上的表现，通过市场机制作用下要素流动的传导，派生出有利于产业结构优化的各种条件，包括三次产业比例逐渐高级化、产值结构与就业结构更加协调、高技术高附加值产业长足发展、产业发展适应国内外需求结构变化的能力增强、产业空间结构逐步合理化、区域差距缩小、产业发展与环境、资源协调度提高等。因此，本书认为，在我国经济社会发展背景下，产业结构合理化在外在形式上体现为就业与产值的协调、产业发展与需求结构变化的协调、产业空间布局结构的协调、产业发展与技术进步的互动协调、产业发展与生态环境的协调共生。

根据经济学基本原理，在竞争的市场环境下，要素价格能充分反映要素的边际产出和替代弹性，若不同产业增长率不同，要素边际产出进而要素价格存在差异，那么市场机制会使生产要素从增长率低的产业流入增长率高的产业；若不同区域生产要素报酬不同，要素就会在市场机制作用下由要素报酬低的区域流向要素报酬高的区域，这一过程持续下去，最终各产业生产要素边际产出达到同一的均衡点，各区域生产要素报酬逐步趋于均衡，产业结构实现优化。因而，抽象各种影响因素、条件和外在表现形式，本书将产业结构优化的经济学内涵理解为：实现资源和要素在产业和区域之间的合理配置、提高资源利用效率，提升产业结构快速转换能力，促进经济增长质量的提升。

二　产业结构优化评价模型构建

产业结构优化模型如何构建，受到两方面因素的制约：一是对产业结构优化在经济意义上的含义如何理解；二是采用何种理论工具去阐释对产业结构优化的理解。国内已经有不少文献在这方面做出了贡献，归纳为基于投入产出理论的线性规划模型、基于博弈论的产业结构优化模型、基于多目标规划的优化模型及基于系统动力学的优化模型。[117]

投入产出法是一种现代的经济数量分析方法，就分析国民经济而言，投入产出法通过编制投入产出表，建立相应的投入产出线性代数方程，模拟现实的国民经济结构和社会再生产过程。在产业结构优化的相关研究中，潘文卿（2002）[32]基于投入产业理论，以经济增长、充分就业、污染控制为经济可持续发展三大基本目标，构建了一个基于可持续发展的经济增长与产业结构调整的优化模型，并设计了四种偏向的模型模拟方案，分别进行模拟分析。陈树良（2008）[118]以经济增长和充分就业为衡量产业结构优化的两大目标，设定约束条件，建立地区产业结构的投入产出模型。李博（2008）[119]从经济增长理论入手，建立了一套基于静态投入产出模型的产业结构优化测度方法。基于投入产出理论的产业优化模型突出的优点在于能够从价值量上将经济各部门错综复杂的联系和重要比例关系通过数学方法进行较精确的分析和解释，存在的主要问题在于：第一，投入产出表的编制每五年一次（第三年编制延长表），数据信息在时间上不连续；第二，目标函数设定中变量选择的完备性很难保证；第三，模型权数的确定方法很多，不同方法直接影响模型的分析结果，使模型分析敏感性很大，稳定不足。

基于博弈论的产业结构优化模型，主要集中在对同一产业内企业间及产业集群中企业合作与竞争机制的相关研究，侧重于从微观视角进行研究。多目标规划的产业结构优化模型在研究上有同投入产出模型交叉重合的地方，基于投入产出理论的模型根据设定的目标函数的不同，往往也是多目标规划的求解。而多目标规划模型约束条件据以设定的理论基础较为宽泛，除了投入产出理论，基于灰色系统理论的研究也比较多见。基于系统动力学的优化模型最早是白枚（1989）用于对河南省产业结构优化的研究，之后有一些学者（马飞、刘立群，1991）也有借鉴使用，总的来讲，系统动力模型不需要非常详细的数据就可以对结构极为复杂的系统的内在因果关系及变化规律进行长期、动态、战略的分析，也正因为这个原因，该模型得出的结论有待进一步验证。

在对产业结构优化内涵理解及对结构优化模型构建已有研究进行梳理的基础上，本书把产业结构看作一个经济系统，对不同产业的要素投入在很大程度上决定了产业的产出，同时各产业的投入和产出又受到一系列制约因素的影响。我们借鉴贺灿飞[120]的方法采用函数方法建立模型来分析这个经济系统。

设有 n 个产业，Y_1，Y_2，Y_3，$\cdots$，Y_n，则：

$Y = \{Y_1, Y_2, Y_3, \cdots, Y_n\}$ 是产业向量

有 m 个投入要素，X_1，X_2，X_3，$\cdots$，X_m，则：

$X = \{X_1, X_2, X_3, \cdots, X_m\}$ 是生产要素向量

约束产业结构优化的因素有 Z_1，Z_2，Z_3，$\cdots$，Z_q，则：

$Z = \{Z_1, Z_2, Z_3, \cdots, Z_q\}$ 是影响因素向量

设 F 为产业结构优化状况，那么 $F = f(X, Y, Z)$，也可写为：

$F = \{(Y_1, Y_2, Y_3, \cdots, Y_n) \mid Y_i = f(X, Y, Z)\}$

本书将决定产业结构优化状况的因素划分为三大类，即投入要素、产出要素和制约要素。投入要素具体包括资本要素投入（K）、劳动要素投入（L）和资源要素投入（R）；产出要素包括各产业的产出，参照通常的产业大类划分方法，将所有产业划分为第一产业、第二产业、第三产业；制约产业结构发展及其优化的因素很多，本书认为一定时期一国或地区产业结构状况只有同一时期该国或地区的地理环境、资源条件、经济发展阶段、科学技术水平、人口规模、国际经济关系等协调发展、互相促进，才能称其为产业结构优化。考虑到我国作为空间异质性显著大国的经济社会发展现实背景，及对产业结构优化经济内涵的理解，本书将制约因素划分为以下几个方面：经济发展水平（E）、需求结构（N）、技术水平（T）、产业空间结构（S）、资源利用水平（M）、污染控制水平（P）。因而产业结构优化可用如下函数来表示：

$F = \{Y_1, Y_2, Y_3) \mid Y_i = f\{X(K, L, R), Z(E, N, T, S, M, P), Y(Y_1, Y_2, Y_3)\}$

第二节 产业结构优化的评价方法

产业结构优化的评价方法分为定性和定量两类，近年来国内有较多定量研究成果呈现，采用的方法颇多，例如：偏离—份额分析法（郑友娟，2003）、投入产出波士顿分析（李岩等，2004）、地平线图法（杨建梅等，2003）、AHP 法（马松尧，2004）、主成分分析法（高志刚，2003）、灰色关联分析（李杰等，2004）、比较系数法（黄中伟，2003）、CGE 方法（李永，2004）、DEA 方法（陈迅，2002）、基于粗糙集理论的测度方法（张立柱，2007）[121]。国内有关产业结构优化模型构建及测度方法的研究已经比较成熟，这些研究成果为本书下一部分的展开提供了很好的借鉴和参考。

在本书第三章第三节的论述中，已经分析了产业结构优化是一个包含多方面、多层次内涵的综合概念，从与最优经济增长实现路径的耦合看，

产业结构优化可分为产业结构合理化和产业结构高度化两个过程，同时认为，对于空间异质性显著的大国，产业空间布局结构也是评价产业结构优化的重要方面，据此本书第五章第一节第二部分构建的产业结构优化评价模型，建立了由投入、产出和制约因素共同决定的产业结构优化函数表达式。如何对合理化和高度化进行定量测度？许多文献根据钱纳里产业结构发展的"标准结构"，采用相对比较判别法、经济发展阶段判别法，通过各次产业产值及劳动率的变化来评价产业结构优化。这种方法虽然有普遍性和广泛的适用性，但是不够全面和具体。本书认为，随着现实经济社会的不断发展，制约产业结构优化的因素呈现多样化，对产业结构优化的测度应考虑多个方面、选择多个指标进行综合评价，这就难免遇到另一个问题，产业结构是一个经济系统，影响产业结构发展的各因素之间存在这样那样的系统关系，如果将众多因素都列入分析框架，那么由各变量相关性较强造成的信息重叠，使分析的问题复杂化，且影响分析结果的科学性和可靠性。此外，工作量巨大，可操作性不强。因此需要从众多影响因素中，选择那些能够解释产业结构优化的关键因素进行分析，以达到分析信息尽可能多，而涉及变量尽可能少的期望。

多元统计分析中的主成分分析方法正是一种将多个变量转化为少数几个综合变量（主成分）的降维技术和分析方法。[122] 主成分概念首先由皮尔逊（Karl Pearson）在 1901 年针对非随机变量引进，1933 年霍特林（Hotelling）将这个概念推广到随机变量。主成分分析是将原来众多具有一定相关性的变量重新组合成一组新的相互无关的综合变量（主成分）来代替原始变量。这些综合变量在保留原始变量主要信息的前提下，起到简化问题的作用，使得在研究复杂问题时更容易抓住主要矛盾[123]。

采用主成分分析方法做综合评价，原理和步骤如下：

（1）建立 n 个区域 p 个指标的原始数据矩阵 M_{ij}（$i=1, 2, \cdots, n$；$j=1, 2, \cdots, p$），对其进行无量纲化或标准化处理。

（2）计算指标的相关系数矩阵 R_{ij}。

（3）计算各指标的方差贡献率和累积方差贡献率。

（4）计算主成分指标权重 W_j。

（5）计算主成分得分矩阵 Y_{ij}（$i=1, 2, \cdots, n$；$j=1, 2, \cdots, m$）。

（6）根据多指标加权综合评价模型计算综合评价值。

主成分分析方法既减少了变量数目，又抓住了问题的主要方面，对考虑多种影响因素的产业结构优化评价的研究是一种可行的方法。因此，本书以下部分将根据第五章第一节第二部分构建的产业结构优化模型，建立具体评价指标体系，采用主成分方法对1992—2011年20年间中国产业结构合理化和高度化动态变化分别做定量测度。

第三节　中国产业结构合理化测度与评价

一　产业结构合理化指标体系构建

（一）产业结构合理化判断标准

什么样的产业结构是合理的产业结构？如何评价？学者们的看法不尽相同，归纳起来有国际标准、产业比例平衡标准、需求结构标准等。国际标准即以经济学家钱纳里等人倡导的"标准结构"为依据，来判断经济发展不同阶段上的产业结构是否达到了合理化。钱纳里人均GDP水平和三次产业比重变化关系的产业发展"标准结构"具体数据如表5－1所示。

表5－1　　　　　　　产业结构演化的标准结构　　　　　　单位:%

人均GDP（美元/人）	>400	>600	>800	>1000	>1500	>3000	>5000	>8000
第一产业比重	46.40	36	30.40	26.70	21.80	18.60	16.30	9.8
第二产业比重	13.50	19.60	23.10	25.50	29	31.40	33.20	38.9
第三产业比重	40.10	44.40	46.50	47.80	49.20	50.50	50.50	51.3

资料来源：王兆华、武春友、张米尔：《产业结构高级化与城市国际竞争力提升》，《大连理工大学学报》（社会科学版）2000年第4期。

产业比例平衡标准认为产业结构是一个系统，根据"木桶原理"，产出效率最低的产业决定了系统整体功能发挥的水平和程度。如果各产业发展失衡，必然削弱系统的整体效率从而降低总产出。

需求结构标准认为产业结构是否合理取决于供给结构与需求结构是否

相互适应,两者适应程度越高,产业结构越合理;反之,则越不合理。

近年来,国内有较多学者对产业结构优化判断标准进行了研究,归纳起来分为单一标准说、三标准说、四标准说、六标准说和七标准说。

基于以上观点,根据第五章第一节第二部分构建的产业结构优化评价模型,本书认为,我国产业结构合理化评价应关注以下几方面。

第一,产业协调发展程度。这是评价产业结构是否合理的首要标准,表现为三次产业间产值、就业、生产率是否平衡和协调。

第二,需求结构适应程度。供需平衡是经济稳定和可持续发展的必要条件之一,因此产出结构是否和需求结构相适应是重点考核的方面。[124]

第三,产业技术进步程度。产业结构优化从根本上说是技术水平变化作用于需求和供给,从而对产业结构产生一系列影响的结果,评价产业结构是否合理离不开对技术进步程度的考量。[125]

第四,资源利用水平。产业产出扩大通常伴随着资源消耗的增加,而受制于资源有限性,同时受益于技术水平的不断提升,生产的资源利用水平应具有不断提高的趋势。

第五,污染控制水平。现代工业生产是人类对自然的改造,但是污染的产生和对环境的破坏也始终相伴相随。保护环境在地球生态恶化及可持续发展理念日益深入人心的背景下成为各国义不容辞的责任。因此,产业结构是否合理必然包括对环境保护和污染控制的考量。

第六,产业空间结构合理。对于中国这样一个幅员辽阔,空间异质性显著的大国,产业空间布局是否合理关系到产业结构是否合理和经济社会能否可持续发展。改革开放以来,我国区域经济差距呈现扩大趋势,国家层面的区域经济协调发展战略及一系列政策措施已经出台并实施十多年,以市场为主导的区际产业转移伴随着经济发展,对产业空间结构调整直接发挥着作用,因此,评价我国产业结构是否合理离不开对产业空间结构的考量。

(二)产业结构合理化评价指标体系

在对产业结构优化内涵评价模型构建分析的基础上,本书参照国内外相关研究资料[125],本着科学性、完备性、动态性和可操作性原则,构建我国产业结构合理化评价指标体系,如表5-2所示。

表 5 - 2　　　　　　　　　产业结构合理化评价指标体系

目标层	一级指标	二级指标
产业结构 合理化	产业协调发展程度	Hamming 贴近度（%） 就业产值偏离度（%） 比较劳动生产率（%）
	需求结构适应程度	人均边际消费率（%） 产业资金出口率（%）
	产业技术进步程度	产业科技投入 劳动生产率
	资源利用水平	产业消耗产出率 资源配置效率 万元 GDP 能耗
	污染控制水平	环境污染治理投资的 GDP 比重 万元 "三废" 排放量
	产业空间结构	GDP 地区分布均衡度 工业增加值地区分布均衡度 人均产值地区分布均衡度 地区产业结构趋同度

（三）指标含义及数据来源

1. 产业协调发展程度

产业协调发展程度是衡量产业结构合理化的首要标准，本书通过三次产业产值、就业及生产率三方面来具体考察，各项评价指标数据见表 5 - 3。

（1）Hamming 贴近度。三次产业产值结构与钱纳里三次产业产值结构标准模式的 Hamming 有限点集贴近度即 Hamming 贴近度[126]的计算公式为：

$$H = 1 - \frac{1}{3} \sum_{i=1}^{3} |S_i^d - S_i^r| \qquad (5-1)$$

式中，S_i^d 与 S_i^r（$i = 1$，2，3）分别代表产业结构中三次产业的产值比例与钱纳里 "标准结构" 的三次产业产值比例。该指标是正向指标，三次产业产值结构与钱纳里 "标准结构" 差异越大，Hamming 贴近度值越小；差异越小，Hamming 贴近度值越大。具体计算中，S_i^d 以 1992—2011 年各年三次产业增加值占相应年份国内生产总值比重为依据，S_i^r 以

表 5-1 标准结构所示数据为依据，代入公式（5-1）计算获得指标值。所有原始数据来自 1993—2012 年各年份《中国统计年鉴》。

（2）就业—产值偏离度。三次产业就业与产值的适应程度可用就业—产值偏离度指标衡量，见公式（5-2）。

$$D_i = |E_i - P_i| \qquad i = (1,2,3) \tag{5-2}$$

式中，D_i 为第一、第二、第三次产业的就业—产值偏离度，E_i、P_i 分别代表第 i 产业的三次产业就业和产业增加值比重。该指标是逆向指标，就业—产值偏离度值越大，两者越不匹配，产业结构效率越低。以 1992—2011 年各年度三次产业就业人员占总就业人员比例和各年度三次产业增加值占国内生产总值比重为依据，代入公式（5-2）计算获得指标值。原始数据来自 1993—2012 年各年份《中国统计年鉴》。

（3）比较劳动生产率。三次产业生产效率的相对水平可用比较劳动生产率指标来衡量，

$$P_i = \frac{Y_i}{Y} \bigg/ \frac{L_i}{L} \qquad i = (1, 2, 3) \tag{5-3}$$

式中，P_i 为第 i 产业的比较劳动生产率，$\frac{Y_i}{Y}$ 代表第 i 产业产值占总产值的比重，$\frac{L_i}{L}$ 代表第 i 产业劳动力占社会总劳动力的比重。比较劳动生产率反映了各产业劳动生产率相对总体产业劳动生产率的效率，该值越大，说明该产业的相对生产效率越高，在经济实现均衡时，三次产业的比较劳动生产率应相等且等于 1[127]。本书以 1992—2011 年各年份三次产业增加值占国内生产总值的比重和三次产业就业人员占总就业人员比例为依据，代入公式（5-3）计算获得指标值，原始数据均来自 1993—2012 年《中国统计年鉴》。

2. 需求结构适应程度

大量统计分析结果表明，需求结构的变动与产业结构变动是相对应的，将需求结构变动作为参照衡量产业结构是否合理的标准有很多优越性，但是，统计数据难以获得[128]。本书选择用两个指标来表征需求结构，即人均边际消费倾向和产业投资出口率。

（1）人均边际消费倾向。凯恩斯的消费理论认为，当期收入的变化决定当期消费。因而政府可以通过调整公众收入来提高消费支出，以提高

表 5 – 3　　　　　　　　　1992—2011 年产业协调发展程度指标数据

年份	Hamming 贴近度	就业—产值偏离度			比较劳动生产率		
		第一产业	第二产业	第三产业	第一产业	第二产业	第三产业
1992	0.8003	0.3671	− 0.2175	− 0.1496	0.3725	2.0025	1.7553
1993	0.7795	0.3669	− 0.2417	− 0.1252	0.3494	2.0789	1.5908
1994	0.7795	0.3444	− 0.2387	− 0.1057	0.3658	2.0515	1.4595
1995	0.8162	0.3224	− 0.2417	− 0.0806	0.3824	2.0511	1.3251
1996	0.8138	0.3081	− 0.2404	− 0.0677	0.3899	2.0229	1.2605
1997	0.8137	0.3161	− 0.2384	− 0.0777	0.3665	2.0059	1.2945
1998	0.8459	0.3224	− 0.2271	− 0.0953	0.3525	1.9664	1.3570
1999	0.8490	0.3363	− 0.2276	− 0.1087	0.3288	1.9894	1.4042
2000	0.8479	0.3494	− 0.2342	− 0.1152	0.3013	2.0407	1.4189
2001	0.8690	0.3561	− 0.2285	− 0.1276	0.2878	2.0248	1.4605
2002	0.8714	0.3626	− 0.2339	− 0.1287	0.2749	2.0930	1.4499
2003	0.8635	0.3630	− 0.2437	− 0.1193	0.2606	2.1282	1.4073
2004	0.8618	0.3351	− 0.2373	− 0.0978	0.2856	2.0545	1.3197
2005	0.8776	0.3268	− 0.2357	− 0.0911	0.2706	1.9902	1.2901
2006	0.8737	0.3149	− 0.2275	− 0.0874	0.2609	1.9027	1.2714
2007	0.8777	0.3003	− 0.2054	− 0.0949	0.2640	1.7664	1.2929
2008	0.8914	0.2887	− 0.2025	− 0.0862	0.2710	1.7444	1.2597
2009	0.8994	0.2777	− 0.1844	− 0.0933	0.2712	1.6634	1.2735
2010	0.8965	0.2660	− 0.1797	− 0.0864	0.2751	1.6261	1.2496
2011	0.9107	0.2476	− 0.1709	− 0.0767	0.2884	1.5793	1.2150

资料来源：本表数据根据 1993—2012 年《中国统计年鉴》数据计算得出，具体计算方法已在书中说明。

全社会的收入水平。边际消费倾向是增加 1 单位的收入用于增加消费支出的比例，边际消费倾向越大，在其他因素不变的情况下，有效需求越充足，产业市场越大。边际消费倾向（MPC）具有随收入增加而递减的规律。[129]

在我国，自 20 世纪 90 年代以来，消费需求不足和消费倾向下降问题引起了众多学者及政府的关注，主流观点认为，引起居民消费倾向持续下降的主要原因是经济转型时期，收入分配机制不合理、社会保障体系不健全等体制机制因素。长期的消费疲软导致有效需求不足，使国民收入均衡位置低于充分就业的国民收入水平，失业率居高不下。因此拉动内需成为近十多年政府宏观政策调控的主要目标之一。因此，根据我国现阶段宏观经济具体情况，人均边际消费倾向是正向指标，值越大，表明消费在收入增量中的比重越大，需求结构对产业结构的支撑和提升作用越大。

$$MPC = \frac{\Delta C}{\Delta Y} \qquad\qquad (5-4)$$

其中，MPC 代表人均边际消费倾向，ΔC 代表消费增量，ΔY 代表收入增量。本书用 1992 年可比价格剔除通货膨胀因素，以 1992—2011 年各年份相对于上年居民人均消费增量和人均国内生产总值增量为依据，代入公式（5-4）计算获得指标值，原始数据均来自 1993—2012 年各年份《中国统计年鉴》。

（2）产业投资出口率。产业投资出口率计算公式为：

$$R_{ie} = \frac{E}{I} \qquad\qquad (5-5)$$

其中，R_{ie} 代表产业投资出口率，E 为出口额，I 为投资额。该指标表示每一单位投资带来的出口，可以衡量产业的开放程度，考察国内投入满足国际市场需求的能力。该指标在我国现阶段也是正向指标，指标值越大，表示产业结构的开放度越高，满足国际市场需求的能力越强。本书以 1992—2011 年各年度全社会固定资产投资额代表 I，以年度出口额代表 E，代入公式（5-5）计算获得各年份指标值，所有原始数据均来源于 1993—2012 年《中国统计年鉴》。

需求结构适应程度指标数据见表 5-4。

表 5-4　　　　　1992—2011 年需求结构适应程度指标数据

年份	人均边际消费倾向	产业投资出口率
1992	0.4184	0.5787
1993	0.3250	0.4043
1994	0.3228	0.6115
1995	0.6723	0.6220
1996	0.6255	0.5489
1997	0.3286	0.6079

续表

年份	人均边际消费倾向	产业投资出口率
1998	0.4237	0.5359
1999	0.5053	0.5413
2000	0.4066	0.6268
2001	0.3238	0.5918
2002	0.3408	0.6195
2003	0.2728	0.6531
2004	0.2767	0.6967
2005	0.2908	0.7057
2006	0.2946	0.7054
2007	0.2462	0.6813
2008	0.2933	0.5809
2009	0.4415	0.3652
2010	0.2618	0.4252
2011	0.4155	0.3957

资料来源：本表数据根据 1993—2012 年《中国统计年鉴》数据计算得出，具体计算方法已在书中说明。

3. 产业技术进步程度

本书用产业科技投入水平和劳动生产率来反映产业技术进步程度，计算获得的具体指标数据见表 5-5。

（1）产业科技投入。产业研发投入水平用研究与试验发展（R&D）人员全时当量来表征。该指标是国际上比较科技人力投入常用的可比指标。[130] 该指标为正向指标，值越大，表明科技投入越大，对产业结构优化的促进作用越大。数据来自 1996—2012 年《中国统计年鉴》，缺失的1994 年、1993 年、1992 年数据经过多次试算选择用指数平滑法（$\alpha = 0.1$）补齐。

（2）劳动生产率。劳动生产率是单位劳动的产出，是衡量技术水平的通用指标。计算公式为：

$$P_l = \frac{Y}{L} \qquad (5-6)$$

式中，Y 为当年国内生产总值，L 为就业人员。该指标是正向指标。

本书用1992年可比价格剔除各年度通货膨胀因素获得三次产业国内生产总值（Y），用各年全国就业人数及三次产业就业人数代表L，根据公式（5-6）计算获得各年度三次产业及全行业劳动生产率。

表5-5 1992—2011年产业技术进步程度指标数据

年份	研究与实验人员全时当量（万人年）	全行业劳动生产率（万元/人）
1992	80.3733	0.4070
1993	75.2243	0.4611
1994	80.4204	0.5020
1995	75.1700	0.5358
1996	80.4000	0.5719
1997	83.1200	0.6095
1998	75.5200	0.6491
1999	82.1700	0.6920
2000	92.2100	0.7553
2001	95.6500	0.8208
2002	103.5100	0.9020
2003	109.4800	0.9999
2004	115.2600	1.1247
2005	136.4800	1.2714
2006	150.2500	1.4587
2007	173.6200	1.7026
2008	196.5400	1.8934
2009	229.1300	2.0626
2010	255.4000	2.3431
2011	288.3000	2.6086

资料来源：1995—2011年数据来自1996—2012年各年《中国统计年鉴》，1994年、1993年、1992年数据由于年鉴无该数据记载，用指数平滑法补齐。

4. 资源利用水平

本书用产业能源产出率、资源配置效率和万元GDP能耗表征资源利用水平，各项指标数据见表5-6。

（1）产业能源产出率。产业能源产出率是单位能源投入的物质产出，是用来衡量产业经济效率的指标之一。[37]计算公式为：

$$CE = \frac{C}{S} \qquad\qquad (5-7)$$

式中，CE 代表产业能源产出率，C 为第二产业总产值，S 为产业的能源（煤、焦炭、原油）总消耗量。由于第二产业是能源消耗的主要行业，而且在我国能源消耗以煤、焦炭、原油为主，因此具体计算以第二产业总产值①和产业的能源（煤、焦炭、原油）总消耗为依据，代入公式（5-7）计算获得指标值。该指标为正向指标，指标值越大，表示单位能源产出越大，对产业结构优化的贡献越大。第二产业总产值和产业煤、焦炭、原油消耗原始数据来自 1993—2012 年《中国统计年鉴》。

（2）资源配置效率。资源配置效率计算公式为：

$$R_e = \frac{\theta}{\varepsilon} \qquad\qquad (5-8)$$

式中，R_e 为资源配置效率，θ 为经济增长率，ε 为投资增长率。该指标为正向指标。资源配置效率值越大，表明资源配置效率越高，越有利于产业结构优化。本书用以 1992 年可比价格剔除通货膨胀因素的固定资产投资额逐年增长率代表投资增长率 ε，用以 1992 年可比价格剔除通货膨胀因素的国内生产总值逐年增长率代表 θ，代入公式（5-8）计算获得各年份资源配置效率指标值。固定资产投资额及国内生产总值原始数据均来自 1993—2012 年《中国统计年鉴》。

（3）万元 GDP 能耗。万元 GDP 能耗计算公式为：

$$E = \frac{C_e}{GDP} \qquad\qquad (5-9)$$

式中，E 为万元 GDP 能耗，C_e 代表能源消耗。具体计算以能源消耗总量（吨标准煤）和扣除价格因素的各年 GDP 为依据。该指标为逆向指标，指标值越大，单位产值耗能越大，能源利用越低效。能源消耗总量及GDP 数据均来自 1993—2012 年各年份《中国统计年鉴》。

5. 污染控制水平

本书用环境污染治理投资的 GDP 比重和万元 GDP "三废" 排放量来表征污染控制水平，数据来源于 2011—2012 年《中国环境统计年鉴》。由于对环境保护和污染控制的统计数据最早始于 2000 年，因此本书只获得 2000—2011 年该指标的数据。

---

① 用 1992 年可比价格剔除通货膨胀因素。

表 5-6 1992—2011 年产业资源利用水平指标数据

年份	产业能源产出率（万元/吨）	资源配置效率（%）	万元 GDP 能耗（吨标准煤/万元）
1992	0.0816	0.6401	4.0548
1993	0.0939	0.5188	3.7653
1994	0.1004	0.5483	3.6248
1995	0.1050	0.7061	3.5966
1996	0.1139	0.8062	3.5240
1997	0.1260	1.1283	3.2380
1998	0.1334	0.5479	2.8837
1999	0.1379	1.4051	2.6337
2000	0.1444	1.1252	2.6731
2001	0.1517	0.7742	2.5171
2002	0.1582	0.6376	2.4119
2003	0.1535	0.4616	2.4929
2004	0.1518	0.6611	2.5556
2005	0.1566	0.5684	2.4866
2006	0.1664	0.6902	2.3651
2007	0.1807	0.8560	2.1874
2008	0.1959	0.7428	2.0371
2009	0.1977	0.2811	1.9607
2010	0.2140	1.7166	1.8222
2011	0.2185	0.7326	1.7457

资料来源：本表数据根据 1993—2012 年《中国统计年鉴》数据计算得出，具体计算方法已在书中说明。

（1）环境污染治理投资的 GDP 比重。从《中国环境统计年鉴》获得 2000—2011 年各年份环境污染治理投资总额数据、从相应年份《中国统计年鉴》获得各年 GDP 总额数据。用 1992 年可比价格剔除通货膨胀因素的环境污染治理投资总额除以剔除价格因素的各年 GDP 总额获得指标值。该指标为正向指标，值越大，说明环保投资力度越大，越有利于产业结构优化。

（2）万元 GDP "三废"排放量。从《中国环境统计年鉴》获得 2000—2011 年各年份"三废"排放量数据，除以剔除价格因素的各年份

GDP 得到万元 GDP "三废" 排放量指标值。该指标为逆向指标,指标值越大,说明对环境的破环越严重,越不利于产业结构优化。

表 5-7   2000—2011 年污染控制水平指标数据

年份	环境污染治理投资的 GDP 比重	万元 GDP "三废" 排放量 (吨/万元)
2011	0.0150	33.0799
2010	0.0190	34.6297
2009	0.0154	37.6841
2008	0.0157	39.9798
2007	0.0127	43.4510
2006	0.0119	47.0759
2005	0.0129	55.3092
2004	0.0119	57.8044
2003	0.0120	62.3547
2002	0.0114	66.5584
2001	0.0101	72.5453
2000	0.0102	76.3589

资料来源:本表数据根据 2001—2012 年《中国环境统计年鉴》及相应年份《中国统计年鉴》数据计算得出,具体计算方法已在书中说明。

6. 产业空间结构

本书构建了 GDP 地区分布离散度、工业地区分布离散度、人均产值地区分布离散度及地区产业结构趋同度四个指标来说明产业空间结构。

(1) GDP 地区分布均衡度。本书用 GDP 地区分布离散系数来衡量 GDP 空间分布是否均衡。计算公式为:

$$V_a = \frac{\sigma_a}{\bar{a}} \qquad\qquad (5-10)$$

式中,V_a 为 GDP 地区分布的离散系数,σ_a 为 GDP 省区分布的标准差,$\bar{a}$ 为 GDP 省区分布均值。本书从《中国区域统计年鉴》获得 1992—2011 年我国 31 个省市自治区各年份 GDP 数据,代入公式 (5-10),用 Excel 计算获得各年份指标值。该指标为逆向指标,指标值越大,说明 GDP 的地区分布越不均衡,省区差距越大,省区间的经济联系越不频繁,产业关联越小,越不利于产业结构优化。

（2）工业地区分布均衡度。用工业地区分布的离散系数来衡量工业在空间上分布是否均衡，计算公式为：

$$V_b = \frac{\sigma_b}{\overline{b}} \qquad\qquad (5-11)$$

式中，V_b 为工业地区分布的离散系数，σ_b 为工业省区分布的标准差，$\overline{b}$ 为工业省区分布均值。从《中国区域统计年鉴》获得 1992—2011 年我国 31 个省市自治区各年份工业增加值数据，代入公式（5-11），用 Excel 计算获得各年指标值。该指标为逆向指标，指标值越大，说明工业的地区分布越不均衡，省区差距越大，省区间的经济联系越不频繁，产业关联越小，越不利于产业结构优化。

（3）人均产值地区分布均衡度。用人均产值地区分布离散系数来衡量省区间人均产值差距，计算公式为：

$$V_c = \frac{\sigma_c}{\overline{c}} \qquad\qquad (5-12)$$

式中，V_c 为人均产值地区分布的离散系数，σ_c 为人均产值地区分布的标准差，$\overline{c}$ 为人均产值地区分布均值。从《中国工业经济统计年鉴》获得 1992—2011 年我国 31 个省市自治区各年份人均 GDP 数据，代入公式（5-12），用 Excel 计算获得各年指标值。该指标为逆向指标，指标值越大，说明人均产值的地区分布越不均衡，省区差距越大，省区间的经济联系越不频繁，产业关联越小，越不利于产业结构优化。

（4）地区产业结构趋同度。用两位数工业行业地区分布的相关系数[121]来衡量地区产业结构趋同程度，计算公式为：

$$R_{ij} = \frac{\sum_{k=1}^{n}(S_{ik}-\overline{S}_i)(S_{jk}-\overline{S}_j)}{\sqrt{\sum_{k=1}^{n}(S_{ik}-\overline{S}_i)^2\sum_{k=1}^{n}(S_{jk}-\overline{S}_j)^2}}, (-1 \leqslant R_{ij} \leqslant 1) \qquad (5-13)$$

式中，R_{ij} 代表地区 i 和地区 j 的两位数工业行业相关系数，设有 n 个两位数工业行业，S_{ik}、S_{jk} 分别代表 i 地区和 j 地区 k 行业的产业份额，$\overline{S}_i$、$\overline{S}_j$ 分别代表 i 地区和 j 地区所有两位数工业行业产业份额平均值。我们根据本书第四章第三节第一部分计算得到的 31 个省市自治区 27 个两位数工业行业地区产业份额数据，用 Excel 软件逐年计算各地区的产业相关系数，得到了地区产业结构趋同度指标值。该指标属于逆向指标。不同地区各工业行业产业份额相关系数越小，产业结构差异越大，表明地区分工水平越高，地区间经济互补性越强，区际联系越密切；反之，则区域经济互补性越弱，区际联系越少，越不利于产业结构优化。

表 5 - 8　　　　　　　1992—2011 年产业技术进步程度指标数据

年份	GDP 地区分布均衡度	工业增加值地区分布均衡度	人均产值地区分布均衡度	地区产业结构趋同度
1992	0.7341	0.8095	0.6982	0.1468
1993	0.7651	0.8581	0.6469	0.1513
1994	0.7810	0.8884	0.6519	0.1558
1995	0.7906	0.9042	0.6513	0.1520
1996	0.7850	0.8993	0.6484	0.1535
1997	0.7842	0.9008	0.6620	0.1500
1998	0.7858	0.9110	0.6732	0.1588
1999	0.7903	0.9174	0.6892	0.1541
2000	0.8030	0.9327	0.6984	0.1566
2001	0.8093	0.9361	0.6923	0.1612
2002	0.8167	0.9503	0.6913	0.1632
2003	0.8312	0.9775	0.6928	0.1661
2004	0.8340	0.9886	0.6820	0.1689
2005	0.8503	0.9966	0.6667	0.1684
2006	0.8560	0.9891	0.6432	0.1710
2007	0.8475	0.9691	0.6162	0.1669
2008	0.8313	0.9410	0.5713	0.1661
2009	0.8257	0.9377	0.5511	0.1659
2010	0.8087	0.8839	0.5139	0.1656
2011	0.7857	0.8437	0.4766	0.1598

资料来源：本表数据根据 1993—2012 年《中国工业经济统计年鉴》相关数据计算得出，具体计算方法已在书中说明。

二　产业结构合理化测度与评价

（一）影响产业结构合理化评价的主要因素：1992—2011 年

本书使用 SPSS16.0 软件选择主成分分析方法从以上 20 个指标中提取影响产业结构优化的关键指标组合，以明确产业结构合理化评价的主要影响因素。

　　首先，对逆向指标做处理，根据逆向指标含义和单位的不同，我们分别采用原指标倒数和最大指标值与各年指标值差的方法进行处理。代入软件的指标体系如下：

　　使用 SPSS16.0 软件做因子分析，由于污染控制水平各指标只有 2000—2011 年的数据，我们选择用平均值替代的方法补齐缺失数据，根据特征根超过 1.00 的原则决定提取的主成分个数，软件输出数据中方差贡献主要数据如表 5 - 10 所示。

表 5 - 9　　　　　　　代入 SPSS 软件的产业结构优化评价指标

一级指标	二级指标名称	指标	逆向指标处理方法
产业协调发展程度	Hamming 贴近度（%）	X_1	
	第一产业就业产值偏离度（%）	X_2	Max（X_2）- X_2
	第二产业就业产值偏离度（%）	X_3	Max（X_3）- X_3
	第三产业就业产值偏离度（%）	X_4	Max（X_4）- X_4
	第一产业比较劳动生产率（%）	X_5	
	第二产业比较劳动生产率（%）	X_6	
	第三产业比较劳动生产率（%）	X_7	
需求结构适应程度	人均边际消费倾向（%）	X_8	
	产业投资出口率　（%）	X_9	
产业技术进步程度	研究与实验人员全时当量（万人年）	X_{10}	
	全行业劳动生产率（万元/人）	X_{11}	
资源利用水平	产业能源产出率（万元/吨）	X_{12}	
	资源配置效率（%）	X_{13}	
	万元 GDP 能耗（吨标准煤/万元）	X_{14}	$1/X_{14}$
污染控制水平	环境污染治理投资的 GDP 比重（%）	X_{15}	
	万元 GDP "三废" 排放量（吨/万元）	X_{16}	$1/X_{16}$
产业空间结构	GDP 地区分布均衡度　（%）	X_{17}	Max（X_{17}）- X_{17}
	工业增加值地区分布均衡度　（%）	X_{18}	Max（X_{18}）- X_{18}
	人均产值地区分布均衡度（%）	X_{19}	Max（X_{19}）- X_{19}
	地区产业结构趋同度　（%）	X_{20}	Max（X_{20}）- X_{20}

　　根据表 5 - 10，可知特征根大于 1 的主成分共有 4 个，方差贡献分别为 53.541%、23.945%、9.591%、5.056%，4 个主成分累积方差贡献率

达 92.133%，因此本书认为，产业结构合理化评价指标体系的 20 个指标可以用这 4 个主成分进行较好的解释。从因子载荷看，第二产业就业产值偏离度（X_3）、人均产值地区分布均衡度（X_{19}）、第二产业比较劳动生产率（X_6）、万元 GDP "三废" 排放量（X_{16}）、研究与实验人员全时当量（X_{10}）在第一主成分上的载荷较大；第一产业比较劳动生产率（X_5）、地区产业结构趋同度（X_{20}）、GDP 地区分布均衡度（X_{17}）在第二主成分上的载荷较大；第三产业就业产值偏离度（X_4）、第三产业比较劳动生产率（X_7）在第三主成分上有较大载荷；资源配置效率（X_{13}）在第四主成分上有较大载荷。通过对以上主成分提取及因子载荷的分析，我们发现 1992—2011 年间，产业协调、产业空间结构、污染控制、技术进步及资源利用因素对产业结构优化的影响较大，其中三次产业尤其是工业部门的就业与产值协调发展程度和产业空间结构因素的影响尤为显著，第一、第二主成分中这两类因素都有较大载荷。

表 5-10　　　　　　　　　　总体差异解释

因素	初始特征值			平方载荷提取项		
	总计	方差贡献(%)	累积百分比(%)	总计	方差贡献(%)	累积百分比(%)
1	10.708	53.541	53.541	10.708	53.541	53.541
2	4.789	23.945	77.486	4.789	23.945	77.486
3	1.918	9.591	87.077	1.918	9.591	87.077
4	1.011	5.056	92.133	1.011	5.056	92.133
5	0.695	3.475	95.608			
6	0.326	1.629	97.237			
7	0.250	1.252	98.489			
8	0.099	0.494	98.983			
9	0.091	0.453	99.436			
10	0.043	0.216	99.652			
11	0.036	0.178	99.830			
12	0.017	0.086	99.917			
13	0.010	0.052	99.969			
14	0.003	0.016	99.985			
15	0.002	0.008	99.993			

注：指标 X_{16}—X_{20} 方差贡献很小，未一一列出。

表 5 - 11   旋转组合矩阵

指标名称	因素			
	1	2	3	4
Hamming 贴近度	0.461	-0.795	0.163	0.063
第一产业就业产值偏离度	0.790	-0.175	0.564	0.102
第二产业就业产值偏离度	-0.937	0.251	0.015	-0.091
第三产业就业产值偏离度	-0.300	0.021	-0.934	-0.070
第一产业比较劳动生产率	-0.194	0.965	0.106	0.006
第二产业比较劳动生产率	-0.909	0.2/6	-0.194	-0.096
第三产业比较劳动生产率	-0.306	0.413	-0.837	-0.097
人均边际消费倾向	-0.017	0.678	0.389	-0.119
产业投资出口率	-0.787	-0.344	0.155	0.059
研究与实验人员全时当量（万人年）	0.851	-0.479	0.143	0.028
全行业劳动生产率（万元/人）	0.780	-0.584	0.189	0.039
产业能源产出率（万元/吨）	0.612	-0.730	0.202	0.132
资源配置效率	0.141	0.041	0.096	0.978
万元 GDP 能耗（吨标准煤/万元）	0.650	-0.713	0.118	0.124
环境污染治理投资的 GDP 比重	0.821	0.084	0.190	0.199
万元 GDP "三废"排放量（吨/万元）	0.906	0.094	0.266	0.022
GDP 地区分布均衡度	0.125	0.903	-0.358	0.077
工业增加值地区分布均衡度	0.467	0.790	-0.328	0.104
人均产值地区分布均衡度	0.933	-0.140	0.260	0.005
地区产业结构趋同度	-0.094	0.936	-0.191	0.134

注：表中数据为 SPSS 软件输出数据。

（二）产业结构合理化综合评价（1992—2011 年）

在上述主成分分析的基础上，本书构建产业结构优化的综合评价模型：

$$F_i = \sum_{j=1}^{p} W_j Y_{ij} (i = 1,2,3,\cdots,n; j = 1,2,3,\cdots,p) \qquad (5-14)$$

式中，F_i 为产业结构合理化综合评价值，W_j 表示第 j 个主成分的权重，Y_{ij} 表示第 i 年第 j 个主成分的单向评价值。W_j 等于每个主成分的方差贡献率除以四个主成分的累积方差贡献率。

　　根据如表5-10所示方差贡献，本书计算了各主成分的权重（见表5-12），然后将各年份主成分单向评价值及权重代入综合评价模型（见5-14），计算得到了1992—2011年各主成分综合评价值，即产业结构合理化综合评价得分，详见表5-13。根据评价得分，本书绘制了20年间产业结构合理化动态变化趋势图，如图5-1和图5-2所示。

表5-12　　　　　　　　　产业结构合理化主成分权重

	特征根	方差贡献率	累积方差贡献率	权重
W₁	10.7087	53.541	53.541	0.5811
W₂	4.789	23.945	77.486	0.2599
W₃	1.918	9.591	87.077	0.1041
W₄	1.011	5.056	92.133	0.0549

注：本表数据根据本书表5-10相关数据计算得出，具体计算方法已在书中说明。

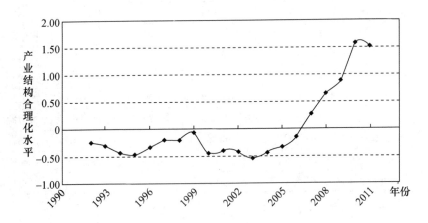

图5-1　1992—2011年产业结构合理化水平动态变化

三　实证结果分析与结论

　　（一）产业结构合理化水平呈偏右"U"形动态变化，与区际产业转移的互动关系具有阶段性特征

　　1992—2011年20年间，我国产业结构合理化发展总体向好，但并非一帆风顺，而是多有曲折，呈现阶段性特征。从大的趋势看，产业结构合理化呈"U"形动态，存在较为典型的两阶段，即第一阶段为1992—2003年，第二阶段为2003—2011年。第一阶段，产业结构合理化水平位于0以下，

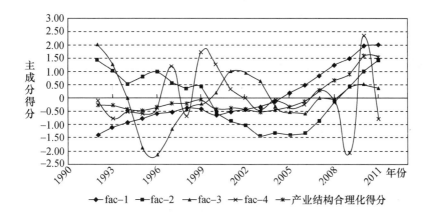

图5-2 1992—2011年产业结构合理化动态变化及各主成分贡献示意

注：fac-1—fac-4分别指第一、第二、第三、第四主成分。

表5-13 1992—2011年产业结构合理化综合评价得分

年份	第一主成分	第二主成分	第三主成分	第四主成分	产业结构合理化得分
1992	-1.4025	1.4247	2.0231	-0.0856	-0.2388
1993	-1.1194	1.0238	1.2591	-0.7607	-0.2951
1994	-0.9159	0.5123	-0.0034	-0.5218	-0.4281
1995	-0.7668	0.8086	-1.8783	-0.5808	-0.4629
1996	-0.5798	0.9627	-2.1392	-0.3776	-0.3301
1997	-0.5177	0.5933	-1.1636	1.1980	-0.2020
1998	-0.3822	0.3562	-0.4236	-0.6728	-0.2106
1999	-0.4143	0.4276	-0.2256	1.7451	-0.0573
2000	-0.6509	-0.5522	0.1853	1.2804	-0.4322
2001	-0.5052	-0.8475	1.0010	0.3409	-0.3909
2002	-0.4275	-1.0372	0.9445	-0.0169	-0.4206
2003	-0.3575	-1.4138	0.6243	-0.4721	-0.5361
2004	-0.1000	-1.3235	-0.3393	-0.0659	-0.4410
2005	0.1842	-1.3854	-0.5395	-0.3672	-0.3293
2006	0.4754	-1.3275	-0.5866	-0.2479	-0.1434
2007	0.8311	-0.8539	0.0028	0.2965	0.2776
2008	1.2188	-0.1707	-0.0248	-0.1687	0.6520
2009	1.4773	0.4002	0.4076	-2.0711	0.8912

年份	第一主成分	第二主成分	第三主成分	第四主成分	产业结构合理化评价值
2010	1.9571	0.9986	0.5209	2.3465	1.5799
2011	1.9958	1.4038	0.3554	-0.7982	1.5178

注：本表数据根据本书表 5 - 12 相关数据及 SPSS16.0 软件输出主成分单项得分计算得出，具体计算方法已在书中说明。

且总体呈下降趋势，综合评价得分由 1992 年的 - 0.2388 下降为 2003 年的 - 0.5361，其中又有三阶段波动，分别是：1992—1995 年产业结构合理化水平下降，1995—1999 年略有上升，1999—2003 年合理化水平再次下降。说明这一期间，我国产业结构合理化水平较低下，且发展趋势很不稳定；第二阶段，产业结构合理化水平由 2003 年的 - 0.5361 持续上升到 2011 年的 1.5178，年均上升 42.57%。说明，2003 年以来我国产业结构合理化水平提升速度很快，并且提升趋势较持续稳定。[①]

根据本书第三章的论证，产业结构合理化的实质是生产要素的最优配置，而产业转移作为产业在空间分布上的动态变化，说到底也是要素追求更高配置效率过程在空间上的具体体现，因此，两者在经济发展的不同阶段和背景下，应需求、技术、政策等因素的变化，具有不同程度的互动关系。考察 1992—2011 年 20 年间我国产业结构合理化与区际产业转移的关系，我们发现两者之间的互动关系呈现阶段性特征（见图5 - 1）。1992—2003 年，产业结构合理化水平总体呈下降趋势，同一时期区际产业转移呈现由中西部地区向东部地区的集中转移趋势，我们进一步计算两者的相关系数，为 - 0.264，说明该时期产业结构合理化水平的下降与产业向东部地区集中的互动关系不显著，产业空间布局的变化对这一时期产业结构合理化影响的作用不突出，区际产业转移的产业结构优化绩效不明显；2004—2011 年，产业结构合理化水平快速上升，同一时期产业转移呈现由东部地区向中西部地区的分散转移趋势，两者的相关系数高达 - 0.967，说明该时期，产业结构合理化水平的快速上升与区际产业转移的互动关系显著，区际产业分散转移产生的直接和间接效应是推动产业结构合理化水

---

① 2011 年产业结构合理化综合评价得分相对于 2010 年略微下降，由于无法判断趋势，我们在此暂忽略。

平上升的重要因素之一。

（二）三次产业就业结构与产值结构不协调是影响我国产业结构合理化的最主要因素

根据表5-11因子载荷数据，第一主成分上，第二产业就业产值偏离度指标载荷最大，为-0.937，第二产业比较劳动生产率指标载荷值排第三，为-0.909；第二主成分上，第一产业比较劳动生产率载荷最大，为0.965；第三主成分上，第三产业就业产值偏度指标载荷最大，为-0.934。同时根据图5-2所示各主成分的贡献示意图，本书综合考量，认为三次产业的就业结构与产值结构不协调是影响我国产业结构合理化的最主要因素，尤其是第二产业。进一步考察1992—2011年各年第二产业就业产值偏离度指标值和产业结构合理化得分之间的相关关系，发现两者呈高度负相关关系，相关系数高达-0.9607。20年间，第二产业就业产值偏离度一直为负数，其变化趋势如图5-3所示[1]，将图5-3与图5-1（产业结构合理化动态变化）对照考察，可以非常直观地看到两者呈负相关变化的趋势。第三产业就业产值偏离度20年间也始终为负值。产值结构与就业结构的非正常偏离，与结构效益成反比，结构偏离度越大，劳动生产率在各个产业之间的分布便越不均衡。[6]20年间，第二、第三产业就业—产值偏离度持续为负值，在比较劳动生产率方面则表现为第二、第三产业比较劳动生产率长期较高，而第一产业比较劳动生产率非常低，差距最大的2003年，第一产业比较劳动生产率仅为第二产业的12.25%，是第三产业的18.53%。从第一产业比较劳动生产率20年的动态变化看，1996—2003年间呈快速下降趋势，2003年之后有缓慢上升，但是幅度不大。

本书参考熊映梧、吴国华[128]的方法，分别计算了1993年、2005年、2011年三次产业产值结构和就业结构与发达五国[2]19世纪末70年代、20世纪20年代、20世纪70年代情况的相关系数，见表5-14。

根据表5-14数据，1992—2011年我国产值结构与发达五国20世纪20年代产值结构最为相似，与20世纪70年代产值结构的相关系数也呈上升趋势，且系数值较高；然而，我国三次产业就业结构大体上同发达五国19世纪70年代就业结构相似，两者发展水平相差50年。根据大国发

---

① 为了使图形更直观，我们用20年间最大值减去各年指标值的办法，对该指标进行了处理。

② 发达五国包括美国、德国、英国、法国、日本。

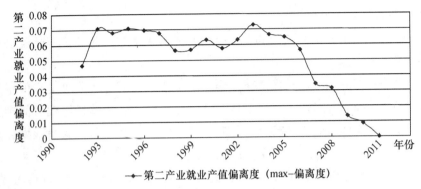

图 5 - 3　1992—2011 年第二产业就业产值偏离度变化趋势

展的一般趋势[131 - 133]，劳动力就业结构的演进升级速度一般高于产值结构，而以上数据说明，我国就业结构演进严重滞后于产值结构演进。根据库兹涅茨的研究，随着经济的发展，三次产业之间的比较劳动生产率差距是不断趋于缩小的，第一产业比较劳动生产率呈上升趋势，第二、第三产业比较劳动生产率呈下降趋势。[115] 在我国，2003 年以来，第二、第三产业比较劳动生产率已经开始明显下降，但是，第一产业比较劳动生产率上升幅度非常小，见图 5 - 4。

表 5 - 14　　　　　中国与发达五国经济发展各阶段的结构相关系数

		19 世纪 70 年代	20 世纪 20 年代	20 世纪 70 年代
产值结构	第一产业	22.07	12.64	3.69
	第二产业	38.25	44.9	39.64
	第三产业	39.68	40.18	53.55
	1993 年相似度	0.8410	0.9350	0.7164
	2005 年相似度	0.9670	0.9988	0.8968
	2011 年相似度	0.9884	0.9984	0.9383
就业结构	第一产业	58.33	24.05	5.76
	第二产业	23.28	40.25	34.25
	第三产业	18.39	35.63	59.96
	1993 年相似度	0.9966	- 0.9522	- 0.8943
	2005 年相似度	0.8879	- 0.9964	- 0.6528
	2011 年相似度	0.2728	- 0.6204	0.1050

　　资料来源：发达五国产业结构数据来自熊映梧、吴国华文章；我国数据来源自相关年份《中国统计年鉴》，使用 Excel 计算两者相关系数得出。

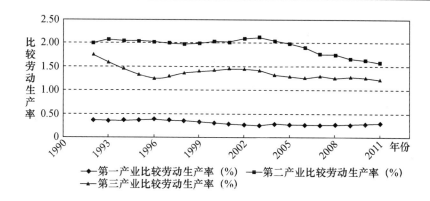

图 5 - 4　1992—2011 年三次产业比较劳动生产率变化趋势

这一结论的得出，进一步验证了第一产业劳动生产率非常低下，亟待提高的现实，同时也说明本书的结论与我国经济现实是吻合的。在我国，农业生产率低下有着深远的历史原因，新中国成立以来，我国工业化的进程走了一条重工业优先发展—轻工业发展（改革开放之后）—再重工业化（2000 年以来）[134] 的道路。历史证明，新中国成立以来的重工业优先发展是在特殊的国际政治经济环境卜受苏联工业化模式的影响而实行的特殊的工业化道路，是违背产业结构演进和经济发展的一般规律的。重工业优先发展战略在特殊的时代背景下能够得以实施是以农业发展的极大牺牲为代价的。农业劳动生产率长期低下，大量劳动力不得不滞留在农村，不仅阻碍了农村经济的发展而且制约着工业化的进程。改革开放以来，以农村联产承包责任制为核心的农村改革极大地解放了禁锢多年的农业生产力，农民收入大幅增长。然而，1989 年以来农村居民收入开始缓慢增长，1997—2005 年间进入停滞阶段。[135] 这一时期正是我国轻工业快速增长和1999 年以来重新重工业化发展时期。尽管"八五"计划至"十二五"计划都强调加强农业是调整结构的主要方向之一，而经济发展现实表明农业在质量上的增长并不尽如人意。

（三）产业空间结构是影响我国产业结构合理化评价的第二因素

根据表 5 - 11 所示因子载荷数据，第一主成分上，人均产值地区分布均衡度指标的载荷值为 0.933，位居第二，仅次于第二产业就业产值偏离度；第二主成分上，产业结构趋同度指标及 GDP 地区分布均衡度的载荷分别为 0.936 和 0.903，位居第二和第三。据此，我们认为产业空间结构是影响我国产业结构合理化评价的第二因素，其对产业结构合理化的作用仅次于就业与产值结构不协调因素。

进一步考察1992—2011年人均产值地区分布均衡度指标值与产业结构合理化综合得分的相关关系，发现两者呈高度负相关关系，相关系数高达-0.9470。人均产值地区分布均衡度20年间的变化趋势如图5-5所示，1992—2000年间人均产值地区分布离散系数有上升趋势，即地区间人均产值差距增大，大体对应于产业结构合理化偏右"U"形形态的下降阶段；2000—2011年，人均产值地区分布离散系数明显下降，说明地区间人均产值差距显著缩小，与产业结构合理化偏右"U"形形态自2003年来的显著上升阶段较好地吻合。产业结构趋同度及GDP地区分布均衡度指标20年来的变化趋势也呈现较为显著的倒"U"形，自2006年以来两项指标值开始显著下降，与产业结构合理化水平在这一时期的上升趋势有一定的对应性。

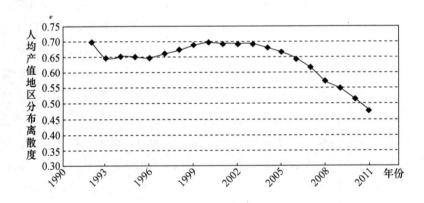

图5-5 1992—2011年人均产值地区分布离散度变化趋势

根据本书第三章的论证，区际产业转移的直接效应就是改变产业空间结构，间接效应是在市场机制作用下通过要素流动的传导，形成包括产业空间布局优化在内的产业结构合理化实现的诸项条件。考察1992—2011年20年间区际产业转移对产业空间结构变化的影响，发现两者关系也具有阶段性特征。1992—2003年，两者相关系数为-0.548，人均产值地区分布差距从2000年开始就逐步缩小，而衡量区际产业转移的空间基尼系数正处于上升通道（从2005年才开始缩小），综合考量，说明这一时期影响产业空间结构变化的因素较多，产业由中西部地区向东部地区集中转移发挥的作用并不十分明显；2004—2011 年，区际产业转移与产业空间结构变化的相关系数高达 - 0. 963，这一时期产业空间结构正处于逐步均衡发展的通道，产业转移则表现为由东部向中西部地区的分散转移，说明这一时期区际产业转移对产业空间结构均衡发展的作用较为显著。

（四）污染控制水平、技术进步对产业结构合理化评价的影响也较大

根据表 5 - 11 所示因子载荷数据，第一主成分上万元 GDP "三废"排放量指标和研究与实验人员全时当量指标的载荷也比较大；第四主成分上资源配置效率指标载荷最大。我们进一步考察了以上三个指标值和产业结构合理化综合得分的相关系数，相关系数分别为 - 0. 867、0. 928、0. 327。据此认为，污染控制水平、技术进步对产业结构合理化评价的影响也比较大。

（五）产业结构合理化演进与国家产业政策目标有一定的耦合关系

20 世纪 90 年代初，中国经济逐步走入了市场化改革和发展轨道，与之前的改革开放初期的强调效率和行政手段为主的直接调控产业政策不同，1994 年以来，我国产业政策目标更加侧重于使用间接杠杆弥补市场失灵问题，在强调效率的同时兼顾公平。

1994 年 4 月，国务院颁布了《90 年代国家产业政策纲要》，提出大力发展农业和农村经济，加强基础设施和基础工业，加快发展机械电子、石油化工、汽车制造和建筑业，提高出口效率，增强国际竞争力。

2005 年 12 月国务院发布实施《促进产业结构调整暂行规定》，明确了产业结构调整的重点和方向：

一是巩固和加强农业基础地位，加快传统农业向现代农业的转变；

二是加强能源、交通、水利和信息等基础设施建设，增强对经济发展的保障能力；

三是以振兴装备制造业为重点，发展先进制造业，发挥其对经济发展的重要支撑作用；

四是加快发展高新技术产业，进一步增强其对经济增长的带动作用；

五是提高服务业比重，优化服务业结构，促进其全面快速发展；

六是大力发展循环经济，建设资源节约和环境友好型社会，实现经济增长与人口、资源、环境相协调；

七是优化产业组织结构，调整区域产业布局；

八是实施互利共赢的开放战略，提高对外开放水平，促进国内产业结

构升级。

2012 年 11 月党的十八大进一步提出推进经济结构战略性调整是加快转变经济发展方式的主攻方向。必须以改善需求结构、优化产业结构、促进区域协调发展、推进城镇化为重点，着力解决制约经济持续健康发展的重大结构性问题。

从 1992—2011 年 20 年我国产业结构合理化水平变化趋势看，国家不同时期产业政策目标和政策措施的提出有着坚实的现实基础，同时也体现出各个时期产业政策的实施效应。第二产业尤其是工业的发展、区域产业布局的逐步合理、产业与资源环境的协调等方面均取得与政策目标较为吻合的良好经济效应，而第一产业的发展尤其是农业生产效率低下的状况并没有太大的改观。

第四节　中国产业结构高度化测度与评价

一　产业结构高度化指标体系构建

（一）产业结构高度化判断标准

1. 研究综述

对产业结构高度化的测度与评价，首先依赖对产业结构高度化在概念上的准确理解。在本书第五章第一节中，已经论述了产业结构高度化是随着技术进步的不断突破，产业结构中技术水平较高的高效率产业部门比重不断增长，经济系统内部呈现巨大持续创新能力，经济的潜在增长速度提升的动态过程。[116] 该定义侧重于从产业结构对经济增长的作用机理视角出发，具有普遍性和一般性。然而当研究具体到如何去衡量产业结构高度化时，这个定义难免粗糙和缺乏可操作性。在实证研究中，如何定义产业结构高度化？有许多学者提出了自己的观点，由于学者们研究的视角和所关注问题的侧重点不同，对产业结构高度化内涵的理解也不尽相同，归纳下来，有以下几种：

（1）产业结构高度化就是产业结构升级。该观点在戴伯勋（2001）、龚仰军（2002）及李江帆（2005）[136] 等人的研究成果中有所体现。他们认为，产业结构高度化就是国民经济中三次产业产值结构、三次产业就业结构比例从低级到高级逐步演进的过程，体现了经济发展的历史和逻辑序列的顺向演进，随着生产力的发展和社会的进步，第一产业和第二产业比重逐渐下降，第三产业比重逐步提高，经济发展的软化趋势和制造业服务化趋势明显，第三产业成为经济增长的主要动力。

（2）产业结构高度化是产业结构素质和效益向更高层次进化的过程。该观点认为，产业结构高度化不仅是产业结构逐步从低级向高级的顺向演进过程，而且是产业结构素质即要素质量、要素结合效益、产业关联方式等提高的过程。此观点在高觉民（2003）[137]、程立（2005）[138]、汤斌（2005）[139]的研究成果中有所体现。

（3）产业结构高度化是在技术驱动下的产业优势地位更迭的过程。该观点从技术创新视角展开论述，认为技术创新是"资源的重新组合"，将引起生产要素在产业之间的转移，导致不同部门的扩张或收缩，从而促进产业结构的有序发展。随着时间的推移，由于新技术的出现和技术创新扩散作用的持续发挥，产业结构的变动呈现为高增长优势产业间的连续更迭。

2. 本书观点

在梳理、分析以上研究的基础上，本书认为，产业结构高度化是产业结构优化的主要内容和推动力，技术进步在产业结构高度化演变中发挥了决定性作用；产业结构高度化不仅体现在第一、第二、第三产业之间的结构变动上，而且表现在各产业内部结构的变化上。测度和评价产业结构高度化应从以下几个方面入手：

第一，产值结构高度化，具体表现为产品比重由初级产品为主逐步向中间产品为主再向最终产品为主转换；主导产业的要素密集类型由劳动密集—资本密集—技术密集—知识密集为主转换升级。

第二，就业结构高度化，具体表现为劳动力逐步从第一产业流向第二、第三产业，就业比重以第一产业为大逐步向第二、第三产业为大转变；熟练劳动比重相对于非熟练劳动不断增大，脑力劳动比重相对于体力劳动比重不断增大。

第三，投资结构高度化，具体表现为投资的分布比重由主要投向基础工业逐次向加工工业、技术工业转换，产业联动效应增强。

第四，技术结构高度化，具体表现为经济活动中起主导作用的技术从传统技术—现代技术—高新技术逐步升迁更迭；不同层次技术的内在联系日益紧密，各产业部门的技术联系日益加强，技术创新的传递和扩散越来越迅速。

第五，市场结构高度化。这同产业系统的开放性特征有关，产业结构越高级，就越离不开国际市场。开放的产业系统能够从环境中获得所必需的信息和物质资源，具体体现在需求的开放、技术的开放、资源利用的开放三方面。[3]开放的产业系统将会在充分利用国内国外两个市场、扩大产品市场辐射范围、提升产业技术水平、优化资源配置方面凸显优势，这些都将从市场结构的高度化中得到体现。

（二）产业结构高度化评价指标体系

在对产业结构优化内涵及评价模型构建分析的基础上，本书参照国内外相关研究资料，本着科学性、完备性、动态性和可操作性原则，构建我国产业结构高度化评价指标体系，见表5－15。

表5－15　　　　　　　　产业结构高度化评价指标体系

目标层	一级指标	二级指标	变量名称
产业结构高度化	产业结构推进力	霍夫曼系数（%）	X_1
		加工工业相对增长率（%）	X_2
		第三产业增加值的GDP比重（%）	X_3
		高技术产业比重（%）	X_4
		基础产业超前系数（%）	X_5
	产业国际化适应力	外贸依存度（%）	X_6
		机电产品出口比例（%）	X_7
		外商直接投资额（亿美元）	X_8

（三）指标含义与数据来源

1. 产业结构推进力

（1）霍夫曼系数。工业结构是考察产业结构高度的深层次的内容，衡量工业结构水平的基本标志，一看重工业化程度，二看加工高度化程度。[140]霍夫曼系数是反映工业内部轻重工业结构演进的常用指标，计算公式为：

$$霍夫曼系数 = \frac{消费资料工业产值}{生产资料工业产值} \qquad (5-15)$$

霍夫曼认为，一国工业化进程的四个阶段中消费资料工业和生产资料工业比值大致如表 5-16 所示。在我国，统计上缺乏消费资料和生产资料的分组数据，因此本书参考通常做法采用轻、重工业增加值代替消费资料工业产值和生产资料工业产值，从 1993—2012 年《中国统计年鉴》获得 1992—2011 各年轻重工业产值，代入公式（5-15）计算得到各年霍夫曼系数。

表 5-16　　　　　　　　工业化进程四阶段霍夫曼比例

阶段	阶段特点	霍夫曼比例
第一阶段	消费资料工业占主导地位	5（+-1）
第二阶段	生产资料生产抬头发展	2.5（+-1）
第三阶段	两部门大体持平	1（+-0.5）
第四阶段	生产资料工业占主导地位	<1

资料来源：根据诺斯《经济史中的结构与变迁》中相关资料整理。

（2）加工工业相对增长率。高加工度化是产业结构演进过程中继重化工业化后工业演进的一个重要阶段，工业的高加工度代表着工业附加值的提高和效益的提升。本书用加工工业增长率相对于 GDP 增长率的相对比例来衡量产业加工度。本书借鉴刘立峰[1]的产业分类标准[141]，梳理了 1992—2011 年 15 个[2]两位数加工工业数据[3]，数据来源于各年份《中国工业经济统计年鉴》，国内生产总值数据来源于各年份《中国统计年鉴》，以 1992 年可比价格剔除通货膨胀因素，代入公式（5-16）计算获得各年份加工工业相对增长率。

$$加工工业相对增长率 = \frac{加工业产值增长率}{国内生产总值增长率} \qquad (5-16)$$

（3）第三产业增加值 GDP 比重。本书用各年第三产业增加值占相应

---

[1] 刘立峰在发表于《中国工业经济》的基础产业与加工工业投资比例关系研究一文中，对产业作了具体划分，即基础产业包括农业、原材料工业（冶金、化学、化学纤维、建材工业）、能源工业（包括电力、煤炭、石油工业）、运输业和邮电业；加工工业指工业中去除能源、原材料工业外的其他工业部门合计。

[2] 根据刘立峰的划分标准加工工业共有 23 个两位数工业行业，由于 1992—2011 年间我国国民经济行业分类经历了 1994 年、2002 年、2011 年三次变更，考虑到数据的延续性，我们选用 15 个两位数工业行业数据代表加工工业。

[3] 数据来自 1993—2012 年各年份《中国工业经济统计年鉴》，其中缺失的 1995 年、1996 年、1998 年数据采用 5 年移动平均法补齐。

年份 GDP 的比重来衡量第三产业发展状况。原始数据来自 1993—2012 年《中国统计年鉴》。

（4）高技术产业 GDP 比重。本书用高技术制造业总产值占 GDP 的比重来衡量产业结构中知识技术产业的发展。关于高技术制造业的界定采用国家统计局《高技术产业（制造业）分类 2013》标准，根据该标准，高技术产业包括医药制造业、航空航天器制造业、电子及通信设备制造、计算机及办公设备制造、医疗仪器设备及仪器仪表制造、信息化学品制造六大类。① 原始数据来自 1995—2012 年《中国高技术产业统计年鉴》，1992—1994 年数据用指数平滑法（基尼系数 = 0.1）补齐。

（5）基础产业超前系数。基础产业的适度超前发展，有利于推动国民经济持续快速健康发展。具体衡量我们沿用比较常见的基础产业超前系数，计算公式为：

$$基础产业超前系数 = \frac{基础产业产值增长率}{国内生产总值增长率} - 1 \qquad (5-17)$$

关于基础产业的界定，本书借鉴刘立峰的划分标准[142]，包括农业、原材料工业、能源工业、运输业和邮电业。原始数据来自 1993—2012 年《中国工业经济统计年鉴》及《中国统计年鉴》，用 1992 年可比价剔除通货膨胀因素后的各年数据代入公式（5-17），通过 Excel 软件计算得到各年基础产业超前系数。

1992—2011 年产业结构推进力指标数据，见表 5-17。

表 5-17　　　　　1992—2011 年产业结构推进力指标数据　　　　单位:%

年份	霍夫曼系数	加工工业相对增长率	第三产业的 GDP 比重	高技术产业比重	基础产业超前系数
1992	0.8726	-0.7044	0.3476	0.0620	-0.8772
1993	0.8692	-0.1550	0.3372	0.0613	-1.0666
1994	0.8622	0.5792	0.3357	0.0688	-0.6495
1995	0.8975	0.1374	0.3286	0.0674	1.4521
1996	0.9278	0.0863	0.3277	0.0690	-1.2313
1997	0.9598	0.0438	0.3417	0.0756	-1.6340

① 考虑到研究的时间区间中信息化学品制造业数据缺失太多，所以剔除不用，仅用前五类。

续表

年份	霍夫曼系数	加工工业相对增长率	第三产业的GDP比重	高技术产业比重	基础产业超前系数
1998	0.9718	0.7659	0.3623	0.0842	-1.2482
1999	0.9686	0.7210	0.3777	0.0916	-1.8008
2000	0.6610	1.4773	0.3902	0.1049	-0.2334
2001	0.6510	1.3442	0.4046	0.1118	-0.8002
2002	0.6431	1.9130	0.4147	0.1255	-0.3948
2003	0.5502	2.4025	0.4123	0.1513	0.9457
2004	0.4628	2.1376	0.4038	0.1737	1.5836
2005	0.4516	1.4735	0.4051	0.1858	0.1612
2006	0.4277	1.5449	0.4094	0.1941	0.1943
2007	0.4190	1.2792	0.4189	0.1898	0.0339
2008	0.4019	1.4659	0.4182	0.1818	0.4044
2009	0.4175	1.3539	0.4343	0.1773	-0.5377
2010	0.4013	1.6099	0.4324	0.1861	0.5172
2011	0.3919	1.0441	0.4337	0.1869	0.4003

资料来源：本表数据根据1993—2012年《中国统计年鉴》、《中国工业统计年鉴》及1995—2012年《中国高技术产业统计年鉴》数据整理计算得出，具体计算方法已在书中说明。

2. 产业国际化适应力

（1）外贸依存度。外贸依存度是衡量一国经济开放程度及对国际市场依赖性程度的常用指标，本书采用这一指标综合衡量产业对国际市场的适应能力。计算公式为：

$$D = \frac{(I+E)}{GDP} \qquad (5-18)$$

其中，D 为外贸依存度，I、E 分别为进口额和出口额。该指标为中性指标，外贸依存度适度，表明产业对国际市场适应能力较好，有利于利用国内国外两个市场进行资源配置和产业结构调整，而外贸依存度过高，说明产业对国际市场存在过度依赖，产业发展的稳定性不足。进出口总额及 GDP 数据来自1993—2012年《中国统计年鉴》。

（2）机电产品出口比例。机电产品出口额占出口总额的比例是衡量出口商品结构高级化的一个常用指标。本书用1992—2011年各年份机械、电子及运输设备出口额占相应年份出口总额的比例来表征该指标。各年份机械、电子及运输设备出口额及出口总额数据来源于相应年份《中国对外贸易统计年鉴》。

(3) 外商直接投资额。外商直接投资额从另一个角度体现了产业的开放程度，相对于外贸依存度，外商直接投资额的大小对产业开放度的衡量更全面。具体数据来自1993—2012年《中国对外贸易统计年鉴》，并用1992年可比价剔除了各年通货膨胀因素。

1992—2011年产业结构国际化适应力指标数据，见表5-18。

表5-18　　　　1992—2011年产业结构国际化适应力指标数据

年份	机械及运输设备 出口比例（%）	实际利用外商直接 投资金额（万美元）	外贸依存度（%）
1992	0.1556	1100800.0000	0.3387
1993	0.1666	2398866.6085	0.3190
1994	0.1809	2372232.6470	0.4229
1995	0.2111	2251035.3237	0.3866
1996	0.2338	2311459.0435	0.3391
1997	0.2391	2438777.0321	0.3415
1998	0.2734	2469634.8927	0.3181
1999	0.3018	2221301.4457	0.3334
2000	0.3315	2234181.6138	0.3958
2001	0.3566	2554486.6566	0.3847
2002	0.3900	2897261.6662	0.4270
2003	0.4285	2904268.3867	0.5189
2004	0.4521	3167483.7813	0.5976
2005	0.4623	3095824.8655	0.6322
2006	0.4710	3186385.3854	0.6517
2007	0.4728	3607177.3255	0.6278
2008	0.4706	4209245.3264	0.5729
2009	0.4912	4130553.4049	0.4419
2010	0.4945	4695966.2630	0.5024
2011	0.4750	4888377.7427	0.4997

资料来源：本表数据根据1993—2012年《中国统计年鉴》、《中国对外贸易统计年鉴》数据整理计算得出，计算方法已在书中说明。

二 产业结构高度化测度与评价

(一) 影响产业结构高度化评价的主要因素 (1992—2011 年)

本书使用 SPSS16.0 软件选择主成分分析方法从如表 5 – 15 所示的 8 个指标中提取影响产业结构高度化的关键指标组合,以明确产业结构高度化评价的主要影响因素。

将表 5 – 17 和表 5 – 18 数据输入 SPSS 软件,选择特征根大于 1.00 的原则决定提取的主成分个数,软件输出数据中方差贡献如表 5 – 19 所示。

表 5 – 19 可解释总方差

因素	初始特征值			平方载荷提取项		
	总计	方差贡献(%)	累积百分比(%)	总计	方差贡献(%)	累积百分比(%)
1	6.288	78.601	78.601	6.288	78.601	78.601
2	0.766	9.572	88.172	0.766	9.572	88.172
3	0.446	5.579	93.752			
4	0.311	3.893	97.645			
5	0.125	1.558	99.202			
6	0.045	0.565	99.767			
7	0.016	0.200	99.967			
8	0.003	0.033	100.000			

根据表 5 –19,特征根大于 1 的主成分只有一个,累积方差贡献为 78.601%,考虑到选择一个主成分的累积方差贡献过小,同时第二主成分方差贡献为 9.572%,解释能力也较强,结合观察碎石图,本书指定特征根数目为 2,累积方差贡献达到 88.172%,能够较好地代表 8 个指标。

根据表 5 –20,从因子载荷看,第三产业增加值的 GDP 比重 (X_3)、机电产品出口比例 (X_7) 在第一主成分上的载荷较大;基础产业超前系数 (X_5) 在第二主成分的载荷较大。这些因素主要反映了我国产业结构高度化演进过程中第三产业发展、技术密集型产业发展及产品出口结构和基础产业发展的作用。

表 5 - 20 旋转组合矩阵

	因素	
	1	2
霍夫曼系数	-0.831	-0.500
加工工业相对增长率	0.699	0.461
第三产业增加值的 GDP 比重	0.940	0.227
高技术产业比重	0.880	0.439
基础产业超前系数	0.201	0.941
机电产品出口比例	0.921	0.360
外商直接投资额	0.853	0.198
外贸依存度	0.600	0.693

（二）产业结构高度化综合评价（1992—2011 年）

在上述主成分分析的基础上，本书构建产业结构优化的综合评价模型：

$$F_i = \sum_{j=1}^{p} W_j Y_{ij} (i = 1,2,3,\cdots,n; j = 1,2,3,\cdots,p) \quad (5-19)$$

式中，F_i 为产业结构高度化综合评价值，W_j 表示第 j 个主成分的权重，Y_{ij} 表示第 i 年第 j 个主成分的单向评价值。W_j 等于每个主成分的方差贡献率除以两个主成分的累积方差贡献率。

根据表 5 - 19 所示方差贡献，本书计算了各主成分的权重（见表 5 - 21），然后将各年份主成分单向评价值及权重代入高度化综合评价模型（5 - 19），计算得到各主成分综合评价值，即产业结构高度化综合评价得分，详见表 5 - 22。根据评价得分，本书绘制了 20 年间产业结构高度化动态变化趋势图，如图 5 - 6 和图 5 - 7 所示。

表 5 - 21 产业结构高度化主成分权重

	特征根	方差贡献率	累积方差贡献率	主成分权重
W_1	6.288	78.601	78.601	0.8915
W_2	0.766	9.572	88.172	0.1086

表5-22 产业结构高度化综合评价得分

年份	第一主成分	第二主成分	产业结构高度化评价得分
1992	-1.5295	-0.3387	-1.4002
1993	-1.0385	-0.7634	-1.0087
1994	-1.1509	0.0532	-1.0202
1995	-2.0806	1.7480	-1.6650
1996	-0.9380	-0.8039	-0.9234
1997	-0.6091	-1.2930	-0.6833
1998	-0.3922	-1.1195	-0.4712
1999	-0.0485	-1.6205	-0.2192
2000	-0.2373	0.0499	-0.2061
2001	0.2840	-0.6935	0.1779
2002	0.4714	-0.3025	0.3874
2003	0.1367	1.2515	0.2577
2004	-0.0101	2.0374	0.2122
2005	0.5212	0.8287	0.5546
2006	0.6287	0.8818	0.6562
2007	0.8843	0.4610	0.8384
2008	0.9514	0.4869	0.9010
2009	1.5255	-0.9029	1.2619
2010	1.3024	0.1303	1.1751
2011	1.3291	-0.0908	1.1749

资料来源：根据本书表5-19数据及SPSS16.0软件输出主成分单项得分计算得出，具体计算方法已在书中说明。

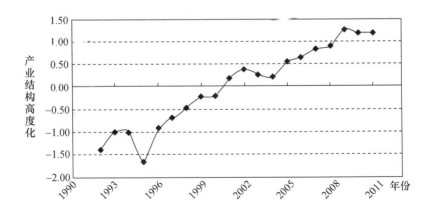

图5-6　1992—2011年产业结构高度化变化趋势

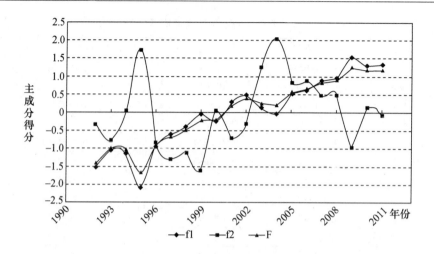

图 5 – 7　1992—2011 年产业结构高度化变化趋势及主成分贡献示意

注：F、f1、f2 分别指产业结构高度化及第一、第二主成分得分。

三　实证结果分析与结论

（一）产业结构高度化水平持续上升，与区际产业转移互动关系较显著

1992—2011 年 20 年间，我国产业结构高度化水平除个别年份有波动略有下降外，总体呈现稳定上升趋势，具体评价得分由 1992 年的 -1.4002 上升至 2000 年的 -0.2061，2001 年首次突破零，由 0.1779 上升到 2011 年的 1.1749。说明 20 年间我国产业结构优化升级趋势较为显著和稳定。进一步考察 20 年间产业结构高度化与区际产业转移的关系（见图 4 – 1 和图 5 – 6），发现两者的变化趋势非常相关，以 20 年为整体进行考察，相关系数为 0.75；根据区际产业转移趋势的两阶段进行考察，1992—2004 年间，产业结构高度化与区际产业转移之间的相关系数高达 0.90，2005—2011 年间，两者相关系数达 -0.88。说明，区际产业转移通过要素流动的传导机制，是推动这一时期总量经济产业结构高度化发展的因素之一。1992—2004 年，中西部地区向东部地区的产业集中转移，适应当时经济发展背景和国际市场需求、技术等的变化，在要素供给上支持了东部沿海地区，使其顺利承接了劳动密集型和劳动技术中度密集型的国际产业转移，对总量经济产业结构高度化发展具有推动作用；2005—2011 年，东部地区向中西部地区的产业分散转移，同样也是产业通过要素传导机制对变化着的宏观经济背景及国际国内市场需求做出的适时调

整，有利于我国劳动密集型产业比较优势的延续以及东部沿海地区适应国际分工水平化趋势而积极进行的产业升级进程，对推动总量经济产业结构高度化发挥着重要作用。

（二）第三产业的发展与出口结构升级是推动产业结构高度化的主要因素

根据表5－20所示因子载荷数据，第一主成分上第三产业增加值的GDP比重指标的载荷最大，为0.94，机电产品出口比例指标载荷排第二，为0.921；第二主成分上基础产业超前系数指标载荷最大。进一步考察这三个指标和产业结构高度化综合评价得分的相关关系，相关系数分别为0.961、0.958和0.313，因此，本书认为，第三产业发展和出口结构升级这两个指标是影响这一时期产业结构高度化评价的最主要因素。这一结论与我国20年间产业结构高度化演进的现实也是吻合的。

根据产业结构演进的一般规律，随着经济的发展，第一产业增加值比重将持续降低，第二产业增加值比重达到一定程度后会下降，第三产业增加值比重将持续上升。[143] 1992—2011年，我国第三产业增加值的GDP比重总体呈上升趋势，其中，1996—2002年期间上升速度较快，2003年以来上升速度减缓（见图5－8）。

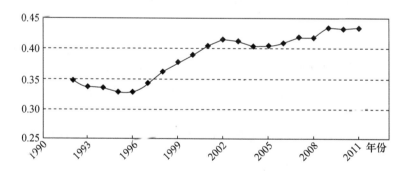

图5－8　1992—2011年第三产业增加值的GDP比重

出口商品结构是开放经济下一国产业结构发展水平的真实写照。1992—2011年，我国机械及运输设备的出口比例呈现稳步上升趋势（见图5－9）。1992—2003年，机械及运输设备出口比例上升速度较快，2004年以来上升速度明显放缓。这一变化趋势体现了我国出口商品结构升级与产业结构高度化升级的耦合关系。

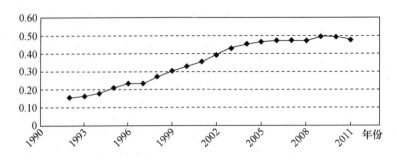

图 5 – 9 1992—2011 年机械及运输设备出口比例

（三）产业结构合理化和高度化演进的趋势并不完全同步，产业结构高度化存在阶段性的虚高现象

产业结构的高度化和合理化关系密切。产业结构合理化是产业结构调整的量变阶段，正是不同产业协调发展产生的聚合效应，使得潜在经济增长速度尽可能完全地发挥出来；产业结构高度化推动产业结构在更高层次上实现合理化，提升经济的潜在增长速度，是经济增长的质变阶段。在产业结构优化的全过程中，产业结构合理化促进产业结构高度化，产业结构高度化带动产业结构合理化。[144] 产业结构的高度化发展必须有产业结构合理化的支撑，体现为产业分工细化、产业规模扩大、产业间关联复杂且密切、产业结构紧凑且高度聚合、产业技术矩阵水平提高、产业链条延长等。

当产业结构合理化发展水平没有积累到足以引发产业结构高度化演变时，利用外部力量改变产值或劳动力的部门构成将造成产业结构超前转换，出现产业结构虚高。可持续的真实的产业结构高度化是与产业结构合理化相伴随的。

从 1992—2011 年 20 年间我国产业结构演变状况看，产业结构高度化和合理化发展趋势并不完全同步。1992—2003 年，产业结构合理化水平始终为负数且总体呈下降趋势，同一时期产业结构高度化水平由 1992 年的 -1.4002 上升到 2002 年的 0.3874，两者的发展变化并不同步且方向相反。①

---

① 1992—2002 年间，产业结构高度化和合理化的变化波动存在方向上的背离和同一交替出现特点：1992—1995 年间产业结构合理化水平的下降，对应着产业结构高度化从 1992—1993 年的上升转变为 1994—1995 年的骤降；1995—1999 年产业结构合理化水平的上升对应着高度化水平从 1995—1999 年的稳步上升，这一阶段合理化和高度化变化趋势是吻合的；2000—2003 年产业结构合理化水平的小幅下降，对应着高度化水平在 1999—2000 年的停滞，而 2000—2002 年的高度化水平上升并没有合理化水平的支撑。

说明这一时期我国产业结构高度化存在较严重的虚高现象，产业结构在外在表现上的成长升级演进太快，超过了人均收入水平上升所带来的技术进步、需求结构变动的速度，没有结构变动过程中协调机制的支撑，在经济增长方面体现为总量的高速扩张，从投入产出角度看，软投入组合的贡献为负，经济增长的质量并不高；2003 年之后产业结构合理化水平呈稳定上升趋势，对应着同一时期产业结构高度化水平的稳步上升，这一时期的产业结构高度化变化趋势和合理化相吻合，说明这一时期的经济增长质量较前期有所改善。

第六章 区际产业转移绩效比较分析：
产业结构优化视角

区际产业转移是区域间产业分工形成的重要因素，也是转出地和转入地从而全国层面产业结构调整和产业升级的重要途径。本书第三章已经在理论上对区际产业转移和产业结构优化的关系进行了论证，在本书第五章对产业结构优化的实证分析中，我们也得出无论是产业结构合理化还是产业结构高度化发展演进都与区际产业转移存在不同程度互动关系的结论。那么，具体到每个区域的产业转出或承接，其对总量经济产业结构优化升级的作用如何？这一章区分东部、中部、西部三大地区，研究各区域在1992—2011年的不同阶段，转出或承接区际产业转移对总量经济产业结构合理化和高度化的作用方向和程度，以进一步从产业结构优化视角考量区际产业转移的绩效。

第一节 产业结构合理化与区际产业转移

一 模型与方法

在本书第四章、第五章实证研究的基础上，同时为了避免模型存在多重共线性，我们分别构建产业结构合理化与东部、中部、西部地区产业转移关系的时间序列计量模型，如下：

$$y_t = \beta_0 + \beta_1 x_{it} + \mu, \quad i = 1, 2, 3, \quad t = 1992, 1993, \cdots, 2011 \qquad (6-1)$$

其中，y_t 代表产业结构合理化，t 代表样本时间，样本时间长度为1992—2011年20年；x_{it} 代表东部、中部、西部区际产业转移，下标 i 分别代表东中西三大区域，$i = 1, 2, 3$，其中 1 代表东部地区，2 代表中部地区，3 代表西部地区，μ 为随机扰动项。通过对图 6-1 所示 4 个序列的图形观察，本书发现，在 2003 年、2004 年左右，4 个序列数据均呈现较大波动，趋势逆转明显。这一时期正是我国"西部大开发"、"振兴东北老工业基地"、"中部崛起"等区域经济协调发展战略和政策实施的初期阶段，从政策实施的滞后效应看，这一阶段有可能是政策绩效体现的初始阶段。同时，这一时期也是学界讨论非常热烈的关于中国劳动力无限供给的刘易斯拐点是否到来的关键时点，关系到中国在国际分工中受惠于"人口红利"的比较优势能否延续的重要问题。[145]此外，本书第四章、第五章对区际产业转移和产业结构优化演进的实证分析已经得出区际产业转移和产业结构优化演进与中国经济改革进程有一定的契合，具有较强的阶段性特征。因此，为了客观地认识区际产业转移对产业结构优化的影响，有必要将两者的关系分阶段进行研究。一些经济学家将1978年以来的改革开放进程划分为四个阶段[6]，参照他们的划分方式，同时考虑本书第四章实证分析结果，将本书研究的时间序列分为两个阶段，分别是1992—2004年和2005—2011年，构建相应回归模型如下：

$$y_{t_1} = \beta_0 + \beta_i x_{iu_1} + \mu，i = 1，2，3，t_1 = 1992，1993，\cdots，2004 \quad (6-2)$$

$$y_{t_2} = \beta_0 + \beta_i x_{iu_2} + \mu，i = 1，2，3，t_2 = 2005，2006，\cdots，2011 \quad (6-3)$$

通过本书第五章对产业结构优化的实证分析，我们得出在1992—2011年间影响我国产业结构合理化评价的主要因素有产业就业—产值结构、产业空间结构、技术进步水平和污染控制水平。从理论上讲，这四个变量通过要素流动的传导机制，有一定的关联度，但本书研究的重点是与产业空间结构因素直接相关的区际产业转移。因此，建模中采用一元回归方程，而遗漏变量可能会使随机误差项中含有可能与解释变量相关的变量，导致解释变量与扰动项的相关，在这种情况下，OLS和WLS估计量都有偏差且不一致[146]，因此本书选用二阶段最小二乘（two stage least square，TSLS）估计方法对方程进行回归。

采用二阶段最小二乘法进行回归，工具变量的选取非常重要。作为工具变量的一组变量应满足两个条件：一是这一组变量与解释变量相关；二是这一组变量与扰动项不相关。

对于工具变量的选取，考虑到区际产业转移对产业结构影响的滞后效应，同时当期区际产业转移趋势往往受到前期产业转移的影响，本书首先考虑采用解释变量的滞后项作为其中的一个工具变量。用Q统计图估计了东部、中部、西产业转移序列的滞后阶数为滞后一期，而$x(-1)$与解释变量x相关，与当期扰动项不相关，因此可以选用$x(-1)$作为一个工具变量；考虑到上一期产业结构变化会对本期产业结构产生影响，而本实证研究采用的产业结构优化变量值来自第五章对产业结构优化测度的主成分分析，本身就是包含诸多影响因素的组合因素，它与解释变量 x 相关，但与当期扰动项不相关，因此选用 $y(-1)$，即上一期的被解释变量作为另一个工具变量 $y(-1)$。

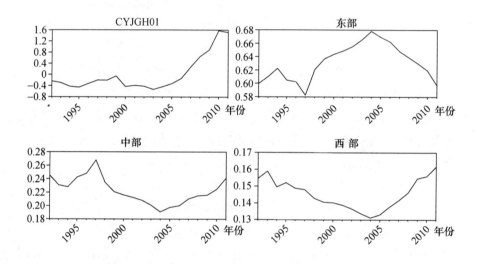

图6-1　产业结构合理化与东中西部地区产业转移序列

二　变量与数据说明

采用本书第五章产业结构优化实证分析得到的 1992—2011 年产业结构合理化综合评价得分表征被解释变量 y；用本书第四章区际产业转移实证分析得到的 1992—2011 年各年份东部、中部、西部地区 27 个 2 位数工业行业产业平均集中度数据表征 20 年间区际产业转移，作为解释变量 x，这也是众多相关研究多使用的方法，如文枚（2004）、罗勇、曹丽莉（2005）等。详细数据见表 6-1，表中 X_1 代表东部地区产业平均集中度，X_2 代表中部地区产业平均集中度，X_3 代表西部地区产业平均集中度。

三　实证结果与解释

（一）1992—2004 年

使用 Eviews 6.0 计量分析软件，对公式（6-2）进行回归，归输出主要结果如表 6-2 所示。

表 6-1　　　　　　　　　　　实证分析数据

年份	Y	X_1	X_2	X_3
1992	-0.2388	0.5995	0.2449	0.1546
1993	-0.2951	0.6102	0.2309	0.1589
1994	-0.4281	0.6225	0.2281	0.1495
1995	-0.4629	0.6050	0.2423	0.1521
1996	-0.3301	0.6024	0.2480	0.1488
1997	-0.2020	0.5823	0.2679	0.1480
1998	-0.2106	0.6209	0.2350	0.1429
1999	-0.0573	0.6368	0.2210	0.1406
2000	-0.4322	0.6437	0.2162	0.1402
2001	-0.3909	0.6487	0.2125	0.1388
2002	-0.4206	0.6553	0.2082	0.1366
2003	-0.5361	0.6655	0.2010	0.1336
2004	-0.4410	0.6781	0.1908	0.1311
2005	-0.3293	0.6693	0.1977	0.1330
2006	-0.1434	0.6623	0.2001	0.1376
2007	0.2776	0.6481	0.2104	0.1415
2008	0.6520	0.6388	0.2151	0.1461
2009	0.8912	0.6296	0.2159	0.1545
2010	1.5799	0.6195	0.2247	0.1559
2011	1.5178	0.5973	0.2411	0.1615

资料来源：数据根据本书第四章、第五章实证分析得到的数据整理得出。

根据回归结果，东部、中部地区回归系数分别为 -3.12、5.04，在 10% 的显著性水平下通过检验，F 统计量及 DW 统计量都很好，但 R^2 过小；西部地区回归系数未通过显著性检验。考察这一时期产业结构合理化与东部、中部、西部地区产业平均集中度数据之间的相关关系，相关系数分别为 -0.1453、0.0781、-0.0362。说明这一时期的区际产业转移，即中、西部地区向东部地区的产业集中对总量经济产业结构合理化的效应不明显。这一时期除了建材工业之外的其他九大工业均在向东部地区集中转移，而产业结构合理化水平在总体下降的趋势下，有三个阶段的波动。产业结构合理化水平在这一时期的下降与第二产业就业产值偏离度的扩大相关度较大,两者相关系数为 – 0.55,产值结构在市场化改革带来的体制机制红利及开放带来的国际市场需求扩大等作用下升级速度较快,而就业结构由于第一产业劳动生产率低下,升级严重滞后。

表 6 – 2 产业结构合理化与区际产业转移回归结果 (1992—2004 年)

变量	相关系数	标准差	t 统计量	概率
东部地区	– 3.127307	1.607254	– 1.945746	0.0803
中部地区	5.039957	2.351991	2.142847	0.0578
西部地区	4.990781	5.633618	0.885893	0.3965

(二) 2005—2011 年

使用 Eviews 6.0 计量分析软件,对公式 (6 – 3) 进行回归,回归结果如表 6 – 3 所示。

表 6 – 3 产业结构合理化与区际产业转移回归结果 (2005—2011 年)

变量	相关系数	标准差	t 统计量	概率
东部地区	– 29.31294	3.823065	– 7.667391	0.0006
中部地区	49.20814	8.560950	5.747977	0.0022
西部地区	71.23546	8.271918	8.611722	0.0003

回归结果显示,产业结构合理化与东部、中部、西部地区产业转移的回归系数分别为 – 29.31、49.21、71.24,回归系数的符号和数值与理论预期基本相符,回归结果均在 1% 的显著性水平上通过检验,体现拟合优度的 R^2 值均大于 0.85,F 统计量均在 1% 的水平上通过检验,DW 值均在 2 附近,各项指标都显示回归质量较好。说明 2005—2011 年,东部地区产业份额每增加 1 个百分点,总量经济产业结构合理化水平下降 29.31 个百分点,中部地区产业份额每增加 1 个百分点,总量经济产业结构合理化水平上升 49.21 个百分点,西部地区产业份额每增加 1 个百分点,总量经济产业结构合理化上升 71.24 个百分点。可见,西部地区承接产业转移对全国产业结构合理化的提升效应最大,中部地区次之;而东部地区在这一时期的产业转出,也有利于产业结构的合理化演进。

第二节　产业结构高度化与区际产业转移

一　模型与方法

为了避免模型存在多重共线性，分别构建产业结构高度化与东部、中部、西部地区产业转移关系的时间序列计量模型，如下：

$$y_t = \beta_0 + \beta_1 x_{it} + \mu, \ i = 1, 2, 3, \ t = 1992, 1993, \cdots, 2011 \qquad (6-4)$$

其中，y_t 为产业结构高度化，t 代表样本时间，样本时间长度为 1992—2011 年 20 年；x_{it} 代表东、中部、西部区际产业转移，下标 i 分别代表东中西三大区域，$i = 1, 2, 3$，其中 1 代表东部地区，2 代表中部地区，3 代表西部地区，μ 为随机扰动项。出于同产业结构合理化与区际产业转移实证分析模型构建同样的原因，本书对产业结构高度化与区际产业转移的关系做两阶段的分别研究，即第一阶段（1992—2004 年）和第二阶段（2005—2011 年）。构建的回归模型如下：

$$y_{t_1} = \beta_0 + \beta_i x_{it_1} + \mu, i = 1,2,3, t_1 = 1992,1993,\cdots,2004 \qquad (6-5)$$

$$y_{t_2} = \beta_0 + \beta_i x_{it_2} + \mu, i = 1,2,3, t_2 = 2005,2006,\cdots,2011 \qquad (6-6)$$

二　变量与数据说明

采用本书第五章实证分析得到的 1992—2011 年各年产业结构高度化综合评价得分作为被解释变量 y 的各年取值；用本书第四章区际产业转移实证分析得到的 1992—2011 年各年东、中、西部地区 27 个两位数工业行业地区产业平均集中度数据表征 20 年间的区际产业转移，作为解释变量 x 的各年份取值。详细数据见表 6-4，表中 X_1 代表东部地区产业平均集中度，X_2 代表中部地区产业平均集中度，X_3 代表西部地区产业平均集中度。

表 6-4　　　　　　　　　　实证分析数据

年份	Y	X_1	X_2	X_3
1992	-1.4002	0.5995	0.2449	0.1546
1993	-1.0087	0.6102	0.2309	0.1589
1994	-1.0202	0.6225	0.2281	0.1495
1995	-1.6650	0.6050	0.2423	0.1521

年份	Y	X_1	X_2	X_3
1996	-0.9234	0.6024	0.2480	0.1488
1997	-0.6833	0.5823	0.2679	0.1480
1998	-0.4712	0.6209	0.2350	0.1429
1999	-0.2192	0.6368	0.2210	0.1406
2000	-0.2061	0.6437	0.2162	0.1402
2001	0.1779	0.6487	0.2125	0.1388
2002	0.3874	0.6553	0.2082	0.1366
2003	0.2577	0.6655	0.2010	0.1336
2004	0.2122	0.6781	0.1908	0.1311
2005	0.5546	0.6693	0.1977	0.1330
2006	0.6562	0.6623	0.2001	0.1376
2007	0.8384	0.6481	0.2104	0.1415
2008	0.9010	0.6388	0.2151	0.1461
2009	1.2619	0.6296	0.2159	0.1545
2010	1.1751	0.6195	0.2247	0.1559
2011	1.1749	0.5973	0.2411	0.1615

资料来源：数据根据本书第四章、第五章实证分析得到的数据整理得出。

三　实证结果与解释

（一）1992—2004 年

使用 Eviews 6.0 计量分析软件，对公式（6-5）进行回归，输出回归结果如表 6-5 所示。

表6-5　产业结构高度化与区际产业转移回归结果（1992—2004 年）

变量	相关系数	标准差	t统计量	概率
东部地区	20.54596	4.596444	4.469969	0.0012
中部地区	-27.45689	7.718623	-3.557227	0.0052
西部地区	-73.73887	12.15284	-6.067625	0.0001

回归结果显示，1992—2004 年，产业结构高度化与东部、中部、西部地区产业转移的回归系数分别为 20.55、-27.46、-73.74，回归系数

的符号和数值与理论预期基本相符，回归结果均在 1% 的显著性水平上通过检验，体现拟合优度的 R^2 值分别为 0.66、0.67、0.79，F 统计量均在 1% 的水平上通过检验，DW 值均在 2 附近，除了 R^2 不是非常理想外，其他各项指标都显示回归质量良好。说明 1992—2004 年，东部地区产业份额每增加 1 个百分点，总量经济产业结构高度化水平上升 20.55 个百分点；中部地区产业份额每下降 1 个百分点，总量经济产业结构高度化水平上升 27.46 个百分点；西部地区产业份额每下降 1 个百分点，总量产业结构高度化上升 73.74 个百分点。

可见，1992—2004 年西部地区向东部地区转出产业对总量经济产业结构高度化演进的提升效应最大，中部地区次之，而这一时期产业向东部地区的集中，有利于总量经济产业结构的高度化演进。根据本书第四章区际产业转移实证分析结果，1992—2004 年，西北、西南地区电子工业、机械工业向东部地区集中转移规模较大，其中电子工业分别转出产业份额 5.57 个和 5.33 个百分点，是这一时期电子工业的第一、第二大转出区域；这一时期西北、西南地区机械工业分别转出产业份额 2.26 个和 4.43 个百分点，是机械工业的主要转出区域。这一时期中部地区向东部地区转出电子工业份额达 4.93 个百分点，转出机械工业产业份额高达 5.65 个百分点。可见，本章这一结论的得出与第四章区际产业转移实证分析的结论有很好的契合性，与各区域产业发展现实也是吻合的。

（二）2005—2011 年

使用 Eviews6.0 计量分析软件，对公式（6 – 6）进行回归，主要回归结果如表 6 – 6 所示。

表 6 – 6　　　产业结构高度化与区际产业转移（1992—2004 年）

变量	相关系数	标准差	t 统计量	概率
东部地区	– 10.32145	2.304037	– 4.479721	0.0065
中部地区	18.24561	5.246637	3.477583	0.0177
西部地区	24.46527	3.550357	6.890933	0.0010

回归结果显示，2005—2011 年，产业结构高度化与东部、中部、西部地区产业转移的回归系数分别为 – 10.32、18.25、24.47，回归系数的符号和数值与理论预期基本相符，回归系数结果高度显著，分别在 1%、

5% 和 1% 的显著性水平上通过检验，体现拟合优度的 R^2 值分别为 0.79、0.74、0.91，F 统计量均在至少 5% 的水平上通过检验，DW 值均在 2 附近，各项指标都显示回归质量良好。说明 2005—2011 年，东部地区产业份额每减少 1 个百分点，总量经济产业结构高度化水平上升 10.32 个百分点，中部地区产业份额每上升 1 个百分点，总量经济产业结构高度化水平上升 18.25 个百分点，西部地区产业份额每上升 1 个百分点，总量经济产业结构高度化上升 24.47 个百分点。可见，这一时期东部地区向中西部地区的产业分散转移，有利于总量经济产业结构的高度化演进，而西部地区承接产业对总量经济产业结构高度化演进的提升效应最大，中部地区次之。

第三节　本章结论

一　区际产业转移对产业结构合理化演进的绩效具有阶段性特征

根据本章实证分析结果，1992—2004 年，体现为中西部地区向东部地区产业集中转移为特征的区际产业转移与总量经济产业结构合理化演进没有显著线性关系。产业结构合理化水平在这一时期呈波动中总体下降趋势，与区际产业转移关系密切的产业空间结构指标值与产业结构合理化得分的相关系数仅为 - 0.02，因此，在影响产业结构调整的诸多因素中，区际产业转移的作用非常微弱且总体上在加剧产业结构不合理程度；2005—2011 年，体现为东部地区向中、西部地区产业分散的区际产业转移对促进产业结构合理化的绩效非常明显。就具体区域的贡献看，西部地区最大，中部地区次之，东部地区最小。

二　区际产业转移对总量经济产业结构高度化演进的绩效作用方向稳定，但强度有差异

根据本章实证分析结果，1992—2011 年 20 年间区际产业转移对总量经济产业结构高度化演进的促进作用始终。就现有的数据看，第一阶段的区际产业转移对产业结构高度化演进的作用强度比第二阶段大；第二阶段区际产业转移对总量经济产业结构高度化演进的作用总体小于对合理化演进的作用，这种差别主要体现在东部、中部地区。西部地区在这一时期承接区际产业转移对总量经济产业结构部高度化和合理化的作用都非常显

著，强度基本相当。

三　西部地区在两阶段的产业转出和承接对产业结构优化的绩效最显著

根据本章实证分析结果，1992—2004 年 20 年间三大区域中，西部地区在不同阶段的产业转出和承接对总量经济产业结构优化的绩效最为显著。而就产业转移的规模来讲，西部地区无论是在第一阶段的产业转出还是在第二阶段的产业承接中，都不是贡献最大的区域。

1992—2004 年，西部地区转出产业对总量经济结构高度化演进的绩效是中部地区的 2.7 倍，是东部地区的 3.65 倍；2005- 2011 年，西部地区承接区际产业转移对推动总量经济产业结构高度化演进的绩效是中部地区的 1.33 倍，是东部地区的 2.45 倍，对推动总量经济产业结构合理化演进的绩效是中部地区的 1.45 倍，是东部地区的 2.45 倍；而就产业转移的规模来讲，西部地区无论是在第一阶段的产业转出还是在第二阶段的产业承接中，都不是贡献最大的区域，甚至在第二阶段产业承接中，西部地区承接产业份额仅为中部地区的 2/3。

这从一个侧面说明了我国产业空间结构极不合理的现实，而其突出表现就是西部地区产业发展的滞后；另一方面，根据蔡昉的研究，2000—2007 年，尽管西部地区全要素生产率年均增长率为 4.13，是六大区域中最低的，西部地区的劳动生产率水平也是最低的，但是，从发展趋势上看，西部地区劳动生产率提高速度是最快的，其单位劳动力成本下降趋势也是最快的，所以西部地区很有潜力实现在劳动力成本的比较优势。在这方面，本书的结论与蔡昉的观点是吻合的。

第七章　结论与政策建议

第一节　结论

如同国际产业转移是产业结构调整国际化的载体，区际产业转移在我国产业结构调整优化和转变经济增长方式过程中也发挥着重要作用。本书基于区域经济理论、经济增长理论、产业经济理论和新经济地理理论，立足于国内外产业分工结构变化及我国区域经济差距扩大、产业结构亟待调整升级的现实背景，从区际产业转移和产业结构优化关系的理论分析入手，对1992年党的十四大明确提出建立社会主义市场经济体制以来20年间我国区际产业转移和总量经济产业结构优化的动态变化和互动关系分别了进行实证分析，得出如下主要结论：

第一，20年间中国工业空间分布的地理集中度呈倒"U"形动态变化，符合NEG"中心—外围"的产业空间分布结构。中国工业空间分布总体以2005年为界，由之前的逐步向东部集中转变为之后的逐步由东部向中西部分散转移。而工业总体的"中心—外围"结构在我们研究的时间区间内一直存在，2005年之前，中部、西部外围向东部的集中一直在强化，体现为东部地区工业份额在这一时期持续上升。2005年之后，工业总体呈现由东部地区向中部、西部地区的分散转移趋势，然而分散转移的速度和规模不及2005年之前集中的速度和规模。

以八大区域层面进行考察，发现东部沿海地区作为中国工业中心的地位仍未撼动，然而中部地区呈现发展成为工业"中心—外围"空间结构第二中心的趋势；中部地区受惠于自2005年以来的区际产业转移，自2006年起工业份额超过北部沿海地区，至2011年工业份额上升为20.44%，已经接近现在的工业中心东部沿海地区（22.02%）；西南、西北、东北地区在区际产业转移中受惠微小，并且区域内部工业差距扩大。

第二，技术密集型工业和劳动密集型工业开始分散转移的时间早于资本要素密集工业，而前者分散的速度和程度较后者更为迅速和显著。从区际产业分散转移的趋势来看，基本符合 NEG 的观点。

第三，区际产业转移的区位选择符合地理毗邻效应和梯度转移原则。

（1）就东部、中部、西部三大区域层面的分析，2005 年之后，中部地区承接了 60.42% 的东部产业转移，中部地区在地理上与产业转出地东部地区相邻。

（2）就八大区域层面的分析，2005 年之前，就地理位置而言，吸引工业份额最大的北部沿海地区与转出贡献最大的东北地区和京津地区相邻；2005 年之后，承接产业转移份额最多的中部地区与转出产业份额最多的东部沿海地区相邻，同时也与北部沿海地区、南部沿海地区相邻，而承接份额较少的西北、东北地区与以上产业转出地区均在地理上不毗邻。

（3）就省级层面的分析，每个区域内部也存在着工业空间分布的"中心—外围"结构。各区域基本都有与整体区域工业空间分布动态变化不一致的所谓负贡献省份，比较典型的是南部沿海的福建省，东部沿海的江苏省，也有对区域整体工业分布贡献非常大的省份，例如南部沿海的广东省、东部沿海的浙江省、东北地区的辽宁省。在贡献最大省份转出某产业的同时，区域中的负贡献省份该产业份额在上升，就此本书推测，这可能出现了地理毗邻所导致的产业在区域内的转移。

（4）我国区域经济发展的梯度由高到低依次为东部、中部、西部，东部地区产业梯度转移受益最大的无疑是与东部地区经济梯度差距最小的中部地区，这也可以看作是市场需求的毗邻效应。西部地区在地理位置、市场潜力均不占优势，在承接区际产业转移的区域博弈中处于劣势。

第四，1992—2011 年，总量经济产业结构合理化水平呈偏右 "U" 形动态变化，与区际产业转移的互动关系具有阶段性特征；总量经济产业结构高度化水平 20 间总体呈现持续上升趋势，与区际产业转移互动关系较稳定和显著；20 年间，总量经济产业结构合理化和高度化发展演进的趋势并不完全统一，产业结构高级化演进存在阶段性的虚高现象。

第五，与区际产业转移密切相关的产业空间结构是影响我国总量经济产业结构合理化的重要因素，其作用仅次于第二产业就业产值不协调因素。

第六，区际产业转移对产业结构合理化演进的绩效具有阶段性特征。1992—2004 年，体现为中西部地区向东部地区产业集中为特征的区际产业转移与全国产业结构合理化演进没有显著线性关系；2005—2011 年间，体现为东部地区向中、西部地区产业分散的区际产业转移对促进产业结构合理化的绩效非常明显。

第七，区际产业转移对产业结构高度化演进的绩效作用方向稳定，但强度有差异。1992—2011 年，区际产业转移对总量经济产业结构高度化演进的促进作用始终。第一阶段的区际产业转移对产业结构高度化演进的促进作用强度比第二阶段大；第二阶段区际产业转移对产业结构高度化演进的促进作用总体小于对合理化演进的促进作用。而西部地区在这一时期的承接产业转移对总量经济产业结构高度化和合理化的作用都非常显著，强度基本相当。

第八，1992—2011 年三大区域中，西部地区在不同阶段的产业转出和承接对总量经济产业结构优化的促进作用最为显著。而就产业转移的规模来讲，西部地区无论是在第一阶段的产业转出还是在第二阶段的产业承接中，都不是贡献最大的区域。因而西部地区产业份额变化对总量经济产业结构优化的弹性最大。

第二节　政策建议

市场机制对资源的空间配置效率充足，通过市场机制作用下要素流动的传导作用，区际产业转移推动着产业结构优化的演进，然而仅靠市场的调节，将是一个漫长的过程，且不能保证空间公平。而区域不平衡发展是影响中国产业结构优化和经济可持续增长的"瓶颈"。因此，进行结构调整实现区域经济协调发展必须有政府的干预与调控，通过相关政策措施对市场机制进行补充。根据实证结论，本书提出如下政策建议。

一　调整产业空间结构，促进产业向西部转移

从本书的实证研究中，我们发现产业空间结构是影响总量经济产业结构优化的重要因素，西部地区产业份额的增减对总量经济产业结构优化影响的弹性最大。以 1992—2011 年的数据考察，10 大支柱产业中，西部地区只有能源工业和化学工业在持续承接主要来自东北地区及东部沿海地区

的转移，冶金、建材、纺织、机械、汽车、电子工业在西部地区的产业份额 20 年间总体均为净转出①，医药和轻工工业呈微弱的净转入。同时 2005 年以来，西部地区总体仅承接了不到 40% 的东部产业转移，在产业转移与承接的区域博弈中，始终处于弱势。范剑勇在其博士学位论文中考察了美国 19 世纪后半叶到 20 世纪二三十年代制造业中心从位于东北部、大西洋中部沿海地区向中西部地区转移的条件和过程进行了研究，认为美国中西部地区制造业中心地位的获得伴随着中西部地区内部运输系统的改善及地区市场容量的扩张，而 1850—1890 年，美国铁路运输系统的不统一②成为中西部地区用以保护区内幼稚工业免遭东部地区制造业强大竞争的天然屏障，在这种天然的保护下，中西部地区制造业迅速发展。[147] 我国现阶段区际产业转移能否从美国早期制造业中心转移的史实中获得启示？在经济一体化已经成为我国区域经济不可逆的发展趋势背景下，西部地区似乎找不到一百多年前美国中西部制造业崛起类似天然屏障的保护，那么调整产业空间结构，促进产业向西部转移除了西部地区提高自我发展能力外，必须有政府强大政策措施的引导和支持。

（一）结合西部地区禀赋特征，实施微观产业政策，协调区域分工

资源禀赋与产业发展相结合是我国转变经济增长方式的主要内涵，国家"十二五"规划在促进区域协调发展方面提出实施"两大战略"，即区域发展总体战略和主体功能区战略。③ 2010 年 8 月，《国务院关于中西部地区承接产业转移的指导意见》也提出了中西部地区应因地制宜优势特色产业。我们计算了 2005 年和 2011 年西部地区 27 个工业行业的区位商来衡量西部地区产业发展的优势，发现 2011 年有 9 个行业的区位商大于 1，在全国有一定的竞争优势，分别是石油天然气开采业、烟草制品业、煤炭开采和洗选业、有色金属矿采选业、其他矿采选业、饮料制造业、有

---

① 净转出指第一阶段转出的产业份额大于第二阶段承接的产业份额。

② 美国 19 世纪 60—80 年代初期由于多个投资主体参与铁路建设，铁路运输轨距没有有效统一，使得铁路间转乘成本非常高。

③ 主体功能区深化细化了区域发展总体战略和区域政策，更有力地支持区域协调发展。对于人口密集、开发强度高、资源环境负荷过重的环渤海、长江三角洲、珠江三角洲地区优化开发，率先转变经济发展方式，促进产业转移；对资源环境承载能力较强、集聚人口和经济条件较好的中西部 18 个区域重点开发，引导生产要素向这类区域集中，促进工业化城镇化，加快经济发展；对西部地区一些不具备大规模高强度工业化城镇化开发条件的区域限制开发，以更好地保护这类区域的生态产品生产力，使国家支持生态环境保护和改善民生的政策能更集中地落实到这类区域。

色金属冶炼及压延制品业、非金属矿采选业。这些行业都是对西部地区自然资源高度依赖发展起来的资源指向型工业。根据本书第四章的实证分析结果，我们也可以得到类似的结果。这些行业从东部地区的转移属于为满足东部地区外向型出口产业对资源、原材料需求的综合资源利用型产业转移，而附加值较高的产业近年来有一部分甚至从西部地区转出，西部地区产业发展层次有降低趋势。因此政府应结合西部地区禀赋特征，针对不同的产业采取有差别的产业扶持政策，引导东部产业向西部地区转移，协调区域分工；西部地方政府应结合自身条件和产业发展的一般规律，培育内生能力，科学制定承接产业转移规划，积极引导关联产业的转入，在已有优势产业的基础上延长产业链条、培育产业集群，培养和加强竞争优势。

（二）加大西部地区基础设施建设投资力度，提高西部地区交通运输效率

发达国家的历史经验表明，基础设施建设对于顺利实现工业化作用重大[88,96]，强调社会基础资本尤其是运输方面的社会基础资本在经济起飞中的重要性，张培刚也论述了基础设施建设对工业化可能产生的"瓶颈"问题。[148]地理位置劣势是制约西部地区经济发展和影响承接产业转移的重要因素。在全国运输体系中，西部地区交通运输系统密度最低、运输效率最低下，这与西部地区地理因素相关。我们无力改变自然地理，但我们可以改变经济地理。从这个意义上说加大基础设施建设投资力度，提高交通运输效率，对西部地区承接区际产业转移，谋求发展意义尤其重大。

（三）加快西部地区城镇化建设进程，提高市场规模

本地市场放大效应（home market magnification effects）①是集聚形成的机制之一。[89,106,149]美国早期制造业集中转变的史实也表明市场规模扩大对制造业集中的作用。1840年美国中西部地区人口数就已经超过新英格兰地区，至1870年，中西部地区人口总数已超过新英格兰和大西洋中部沿海地区人口总和，较大的人口规模为制造业提供了充足的本地市场需求。[111]这对于我国现阶段促进产业向西部地区转移提供了良好借鉴。加快西部地区城镇化建设进程，因地制宜地发展乡镇企业，吸引农村剩余劳动力进入本地城镇，增加居民收入，拉动本地市场需求，提高市场规模，

---

① 本地市场效应认为，拥有一个较大规模的本地市场，会使市场需求份额增加，导致一个更大比例的产出份额增加，结果是众多产业因某一地区的需求规模优势而在该地区集聚起来。

进一步吸引相关产业转入。

（四）推进向西开放进程，拓展西部周边国家外部市场

随着改革开放的深入，近年来，我国与西部周边国家和地区的经济合作步伐明显加快，中国—东盟自由贸易区已经全面启动，我国和上海合作组织国家的合作也开始向经济领域扩展，2013年以来，建设"丝绸之路经济带"战略构想的提出，使西部地区由对外开放的腹地转变为向西开放的前沿，对远离东南沿海经济集聚中心的西部地区经济发展来说是一个历史机遇。向西开放及丝绸之路经济带建设将启动中、西亚市场潜力，进一步挖掘西南地区同东南亚国家的经济联系和西部地区同中亚国家的经济联系，如果同这些国家经济合作的潜力被挖掘，那么西部地区将毗邻一个新的大市场，一直以来困扰西部地区发展的地理劣势将转变为地理优势。

（五）加强体制、机制创新，引导民间资金向西部转移

体制机制落后是产业向西部地区转移滞缓的影响因素之一。[150]在本书第四章的实证研究中，我们也发现，西部地区承接的产业以资源指向型工业为主，这些正是国有比重较大的行业。纺织工业、电子工业等民营化程度较深入、市场竞争比较充分的行业转入西部地区的份额微乎其微。西部地区企业所有制结构中国有比重较大，对承接产业转移来讲既是劣势又是优势。过高的国有比重，会显著地降低经济效率，而如果这些企业加强体制、机制创新，扬长避短，积极引入民间资金，降低国有比重，将提高经营效率。[151]民间资金的转移往往代表着市场的力量，如果民间资金选择了西部，那么通过区际产业转移协调地区差距将会水到渠成。

二 促进现代农业发展，提高农业产出效率，协调就业产值结构

农业产出效率低下是导致我国三次产业就业产值结构不协调的根本原因。工业化的顺利演进需要强大农业基础做支撑，只有农业产出效率提高，才可能为工业及服务业提供源源不断的劳动力资源、原材料资源，工业化过程也是农业实现产业化、机械化和现代化的过程。[55]因此，应通过为农业提供先进的农业机械、支持生物农业技术研发、培养农业经营管理人才等渠道，促进现代农业发展、提高农业产出效率，实现产业结构优化升级。

三 大力发展第三产业

第三产业就业及产值比重提高是产业结构高度化的主要标志之一。1999年以来，我国已进入重新重工业化发展阶段，重工业生产资本对劳

动的替代效应较为显著，会挤压对劳动的吸纳作用，容易造成就业困难问题。[134] 因此，大力发展第三产业不仅有利于农业剩余劳动力的顺利转出，而且在一定程度上解决了重新重工业化对就业的挤压，有利于产业结构优化升级。

附　　录

附表 1　　　　　　　　　地区产业份额——煤炭开采和洗选业

地区＼年份	1992	1993	1994	1995	1996	1997	1998	1999	2000	2001
北京	0.0072	0.0068	0.0071			0.0072		0.0090	0.0114	0.0177
天津	0.0000	0.0000	0.0003			0.0001		0.0045	0.0038	0.0015
河北	0.0584	0.0629	0.0678			0.0677		0.0665	0.0662	0.0618
山西	0.2128	0.1952	0.1915			0.1965		0.1932	0.1859	0.1970
内蒙古	0.0314	0.0326	0.0290			0.0371		0.0380	0.0444	0.0420
辽宁	0.0686	0.0641	0.0654			0.0501		0.0497	0.0548	0.0484
吉林	0.0217	0.0212	0.0202			0.0155		0.0163	0.0157	0.0144
黑龙江	0.0987	0.0768	0.0661			0.0615		0.0606	0.0592	0.0502
上海	0.0000	0.0000	0.0000			0.0000		0.0000	0.0083	0.0079
江苏	0.0382	0.0424	0.0417			0.0329		0.0336	0.0357	0.0316
浙江	0.0044	0.0058	0.0051			0.0031		0.0039	0.0041	0.0038
安徽	0.0472	0.0602	0.0595			0.0633		0.0609	0.0607	0.0598
福建	0.0073	0.0081	0.0092			0.0069		0.0062	0.0060	0.0063
江西	0.0234	0.0241	0.0256			0.0208		0.0173	0.0155	0.0140
山东	0.1047	0.1197	0.1260			0.1378		0.1644	0.1536	0.1711
河南	0.0844	0.0841	0.0892			0.1068		0.1144	0.1203	0.1197
湖北	0.0067	0.0065	0.0070			0.0108		0.0052	0.0036	0.0035
湖南	0.0308	0.0315	0.0311			0.0331		0.0252	0.0256	0.0233
广东	0.0108	0.0121	0.0112			0.0048		0.0035	0.0026	0.0014
广西	0.0099	0.0094	0.0095			0.0064		0.0055	0.0054	0.0046
海南	0.0001	0.0002	0.0001			0.0000		0.0001	0.0001	0.0000
四川	0.0529	0.0566	0.0555			0.0369		0.0285	0.0265	0.0242
贵州	0.0150	0.0170	0.0173			0.0157		0.0144	0.0151	0.0149
云南	0.0121	0.0107	0.0104			0.0102		0.0096	0.0097	0.0088

续表

年份 地区	1992	1993	1994	1995	1996	1997	1998	1999	2000	2001
西藏	0.0001	0.0000	0.0000			0.0000		0.0001	0.0001	0.0001
陕西	0.0185	0.0171	0.0160			0.0217		0.0158	0.0154	0.0244
甘肃	0.0106	0.0104	0.0114			0.0113		0.0130	0.0126	0.0136
青海	0.0016	0.0010	0.0014			0.0015		0.0011	0.0009	0.0009
宁夏	0.0112	0.0126	0.0130			0.0123		0.0148	0.0140	0.0122
新疆	0.0115	0.0108	0.0124			0.0113		0.0102	0.0099	0.0099
重庆						0.0167		0.0145	0.0132	0.0112

年份 地区	2002	2003	2004	2005	2006	2007	2008	2009	2010	2011
北京	0.0253	0.0220	0.0297	0.0205	0.0202	0.0220	0.0176	0.0228	0.0260	0.0238
天津	0.0008	0.0008	0.0060	0.0028	0.0034	0.0056	0.0160	0.0161	0.0291	0.0321
河北	0.0587	0.0559	0.0539	0.0512	0.0496	0.0479	0.0505	0.0477	0.0501	0.0479
山西	0.1988	0.2225	0.2270	0.2321	0.2362	0.2359	0.2295	0.2086	0.2144	0.2233
内蒙古	0.0421	0.0466	0.0484	0.0575	0.0681	0.0804	0.0938	0.1089	0.1151	0.1286
辽宁	0.0424	0.0396	0.0332	0.0320	0.0286	0.0250	0.0238	0.0223	0.0209	0.0184
吉林	0.0112	0.0114	0.0087	0.0112	0.0118	0.0130	0.0122	0.0143	0.0137	0.0139
黑龙江	0.0443	0.0406	0.0330	0.0350	0.0311	0.0279	0.0281	0.0255	0.0289	0.0246
上海	0.0071	0.0000	0.0000	0.0000	0.0000	0.0000	0.0000	0.0000	0.0000	0.0000
江苏	0.0310	0.0288	0.0245	0.0236	0.0210	0.0188	0.0165	0.0145	0.0126	0.0107
浙江	0.0032	0.0027	0.0008	0.0016	0.0010	0.0008	0.0005	0.0004	0.0003	0.0003
安徽	0.0602	0.0534	0.0548	0.0499	0.0486	0.0438	0.0458	0.0449	0.0423	0.0365
福建	0.0068	0.0068	0.0073	0.0085	0.0088	0.0081	0.0079	0.0078	0.0068	0.0072
江西	0.0146	0.0129	0.0118	0.0128	0.0136	0.0123	0.0107	0.0097	0.0091	0.0069
山东	0.1908	0.1841	0.1940	0.1644	0.1678	0.1469	0.1263	0.1150	0.1110	0.1011
河南	0.1176	0.1201	0.1146	0.1422	0.1357	0.1368	0.1148	0.1188	0.0889	0.0868
湖北	0.0033	0.0028	0.0020	0.0022	0.0017	0.0018	0.0025	0.0029	0.0027	0.0022
湖南	0.0233	0.0267	0.0244	0.0264	0.0239	0.0249	0.0255	0.0282	0.0294	0.0313
广东	0.0013	0.0013	0.0021	0.0006	0.0000	0.0000	0.0000	0.0000	0.0000	0.0000
广西	0.0031	0.0027	0.0025	0.0025	0.0020	0.0016	0.0010	0.0009	0.0010	0.0010
海南	0.0000	0.0000	0.0000	0.0000	0.0000	0.0000	0.0000	0.0000	0.0000	0.0000
四川	0.0249	0.0227	0.0247	0.0277	0.0302	0.0372	0.0403	0.0466	0.0478	0.0465
贵州	0.0133	0.0143	0.0162	0.0185	0.0180	0.0200	0.0242	0.0246	0.0297	0.0351

年份 地区	2002	2003	2004	2005	2006	2007	2008	2009	2010	2011
云南	0.0076	0.0078	0.0071	0.0077	0.0077	0.0088	0.0127	0.0110	0.0112	0.0122
西藏	0.0000	0.0000	0.0000	0.0000	0.0000	0.0000	0.0000	0.0000	0.0000	
陕西	0.0255	0.0271	0.0338	0.0316	0.0329	0.0412	0.0538	0.0613	0.0637	0.0646
甘肃	0.0113	0.0117	0.0094	0.0087	0.0077	0.0081	0.0082	0.0087	0.0080	0.0083
青海	0.0013	0.0015	0.0012	0.0013	0.0013	0.0016	0.0031	0.0032	0.0040	0.0046
宁夏	0.0112	0.0147	0.0126	0.0122	0.0125	0.0123	0.0135	0.0128	0.0120	0.0129
新疆	0.0088	0.0079	0.0056	0.0047	0.0057	0.0059	0.0064	0.0081	0.0068	0.0061
重庆	0.0099	0.0104	0.0107	0.0105	0.0109	0.0115	0.0148	0.0146	0.0146	0.0129

附表2　　　　地区产业份额——石油和天然气开采业

年份 地区	1992	1993	1994	1995	1996	1997	1998	1999	2000	2001
北京	0.0000	0.0000	0.0000			0.0000		0.0000	0.0000	0.0000
天津	0.0205	0.0310	0.0445			0.0393		0.0477	0.0488	0.0474
河北	0.0535	0.0638	0.0580			0.0470		0.0482	0.0288	0.0287
山西	0.0000	0.0000	0.0000			0.0000		0.0000	0.0000	0.0000
内蒙古	0.0000	0.0080	0.0075			0.0051		0.0048	0.0055	0.0038
辽宁	0.0895	0.1004	0.0959			0.0798		0.0771	0.0830	0.0869
吉林	0.0251	0.0306	0.0243			0.0254		0.0229	0.0216	0.0203
黑龙江	0.3480	0.2885	0.3171			0.2762		0.3066	0.2963	0.2863
上海	0.0000	0.0000	0.0000			0.0000		0.0041	0.0045	0.0054
江苏	0.0083	0.0087	0.0075			0.0067		0.0080	0.0086	0.0087
浙江	0.0000	0.0000	0.0000			0.0000		0.0000	0.0000	0.0000
安徽	0.0000	0.0000	0.0000			0.0000		0.0000	0.0000	0.0000
福建	0.0000	0.0000	0.0000			0.0000		0.0000	0.0000	0.0000
江西	0.0000	0.0000	0.0000			0.0000		0.0000	0.0000	0.0000
山东	0.1877	0.1561	0.1588			0.1302		0.1118	0.1428	0.1433
河南	0.0712	0.0654	0.0533			0.0450		0.0404	0.0404	0.0422
湖北	0.0223	0.0207	0.0219			0.0152		0.0132	0.0123	0.0134
湖南	0.0000	0.0000	0.0000			0.0000		0.0000	0.0000	0.0000
广东	0.0044	0.0045	0.0087			0.0982		0.0790	0.0883	0.0754
广西	0.0000	0.0000	0.0001			0.0000		0.0000	0.0000	0.0000

续表

年份 地区	1992	1993	1994	1995	1996	1997	1998	1999	2000	2001
海南	0.0000	0.0000	0.0000			0.0000		0.0000	0.0000	0.0002
四川	0.0323	0.0296	0.0306			0.0290		0.0275	0.0193	0.0244
贵州	0.0000	0.0000	0.0000			0.0000		0.0000	0.0000	0.0000
云南	0.0007	0.0055	0.0058			0.0043		0.0050	0.0000	0.0000
西藏	0.0000	0.0000	0.0000			0.0000		0.0000	0.0000	0.0000
陕西	0.0079	0.0132	0.0076			0.0111		0.0520	0.0553	0.0723
甘肃	0.0244	0.0394	0.0337			0.0419		0.0160	0.0140	0.0228
青海	0.0055	0.0083	0.0143			0.0114		0.0148	0.0171	0.0165
宁夏	0.0025	0.0013	0.0015			0.0043		0.0064	0.0067	0.0084
新疆	0.0962	0.1251	0.1089			0.1297		0.1140	0.1064	0.0928
重庆						0.0001		0.0006	0.0004	0.0006

年份 地区	2002	2003	2004	2005	2006	2007	2008	2009	2010	2011
北京	0.0000	0.0000	0.0016	0.0013	0.0023	0.0029	0.0084	0.0208	0.0169	0.0149
天津	0.0593	0.0660	0.0684	0.0755	0.0851	0.0859	0.0941	0.1211	0.1443	0.1408
河北	0.0272	0.0432	0.0404	0.0419	0.0448	0.0439	0.0285	0.0227	0.0230	0.0233
山西	0.0000	0.0000	0.0000	0.0000	0.0000	0.0001	0.0009	0.0021	0.0019	0.0021
内蒙古	0.0035	0.0039	0.0049	0.0065	0.0079	0.0080	0.0078	0.0092	0.0087	0.0087
辽宁	0.0864	0.0767	0.0628	0.0565	0.0540	0.0535	0.0500	0.0519	0.0354	0.0365
吉林	0.0214	0.0255	0.0298	0.0327	0.0353	0.0369	0.0383	0.0391	0.0359	0.0350
黑龙江	0.2680	0.2485	0.2247	0.2268	0.2132	0.2002	0.1973	0.1562	0.1623	0.1687
上海	0.0053	0.0045	0.0040	0.0032	0.0025	0.0022	0.0017	0.0015	0.0011	0.0009
江苏	0.0087	0.0082	0.0078	0.0078	0.0088	0.0085	0.0081	0.0064	0.0068	0.0071
浙江	0.0000	0.0000	0.0000	0.0000	0.0000	0.0000	0.0000	0.0000		0.0000
安徽	0.0000	0.0000	0.0000	0.0000	0.0000	0.0000	0.0000	0.0000		0.0000
福建	0.0000	0.0000	0.0000	0.0000	0.0000	0.0000	0.0000	0.0000		0.0000
江西	0.0000	0.0000	0.0000	0.0000	0.0000	0.0000	0.0000	0.0000		0.0000
山东	0.1363	0.1316	0.1527	0.1277	0.1230	0.1121	0.1224	0.0956	0.1031	0.1023
河南	0.0409	0.0443	0.0436	0.0433	0.0433	0.0452	0.0423	0.0430	0.0412	0.0382
湖北	0.0117	0.0128	0.0111	0.0129	0.0130	0.0142	0.0152	0.0177	0.0182	0.0175
湖南	0.0000	0.0000	0.0000	0.0000	0.0000	0.0000	0.0000	0.0000		0.0000
广东	0.0784	0.0726	0.0766	0.0764	0.0713	0.0692	0.0729	0.0681	0.0605	0.0558

续表

年份 地区	2002	2003	2004	2005	2006	2007	2008	2009	2010	2011
广西	0.0000	0.0000	0.0000	0.0000	0.0000	0.0000	0.0000	0.0000		0.0000
海南	0.0003	0.0004	0.0006	0.0008	0.0009	0.0009	0.0010	0.0009	0.0009	0.0009
四川	0.0260	0.0321	0.0307	0.0292	0.0313	0.0352	0.0407	0.0558	0.0517	0.0480
贵州	0.0000	0.0000	0.0000	0.0000	0.0000	0.0000	0.0000	0.0000		0.0000
云南	0.0000	0.0000	0.0000	0.0000	0.0000	0.0000	0.0000	0.0000		0.0000
西藏	0.0000	0.0000	0.0000	0.0000	0.0000	0.0000	0.0000	0.0000		0.0000
陕西	0.0809	0.0870	0.0945	0.0991	0.0977	0.1108	0.1071	0.1255	0.1199	0.1246
甘肃	0.0363	0.0292	0.0153	0.0142	0.0155	0.0162	0.0160	0.0263	0.0278	0.0349
青海	0.0169	0.0175	0.0184	0.0185	0.0179	0.0178	0.0164	0.0151	0.0175	0.0194
宁夏	0.0000	0.0000	0.0002	0.0002	0.0003	0.0003	0.0002	0.0002	0.0002	0.0002
新疆	0.0912	0.0950	0.1111	0.1247	0.1314	0.1353	0.1272	0.1138	0.1154	0.1196
重庆	0.0011	0.0008	0.0007	0.0008	0.0005	0.0007	0.0035	0.0069	0.0074	0.0008

附表3　　　　　　地区产业份额——黑色金属矿选材业

年份 地区	1992	1993	1994	1995	1996	1997	1998	1999	2000	2001
北京	0.0157	0.0178	0.0138			0.0123		0.0107	0.0073	0.0082
天津	0.0000	0.0000	0.0003			0.0000		0.0000	0.0000	0.0000
河北	0.2338	0.2476	0.2399			0.2788		0.3252	0.3260	0.3405
山西	0.0374	0.0513	0.0457			0.0334		0.0284	0.0311	0.0467
内蒙古	0.0184	0.0251	0.0228			0.0233		0.0169	0.0164	0.0136
辽宁	0.0672	0.0770	0.0897			0.0862		0.0721	0.0614	0.0727
吉林	0.0054	0.0105	0.0065			0.0097		0.0266	0.0231	0.0247
黑龙江	0.0017	0.0016	0.0015			0.0005		0.0005	0.0005	0.0005
上海	0.0000	0.0000	0.0000			0.0000		0.0000	0.0000	0.0000
江苏	0.0202	0.0161	0.0159			0.0262		0.0158	0.0147	0.0227
浙江	0.0133	0.0139	0.0153			0.0145		0.0138	0.0087	0.0064
安徽	0.0204	0.0235	0.0943			0.0931		0.0699	0.0676	0.0576
福建	0.0261	0.0231	0.0171			0.0158		0.0133	0.0163	0.0192
江西	0.0086	0.0158	0.0136			0.0048		0.0025	0.0031	0.0023
山东	0.0744	0.0920	0.0945			0.0614		0.0925	0.0981	0.0797
河南	0.0128	0.0127	0.0158			0.0221		0.0213	0.0173	0.0166

续表

年份 地区	1992	1993	1994	1995	1996	1997	1998	1999	2000	2001
湖北	0.0217	0.0348	0.0380			0.0646		0.0807	0.1032	0.1009
湖南	0.0869	0.0844	0.0669			0.0585		0.0255	0.0157	0.0122
广东	0.0563	0.0707	0.0514			0.0480		0.0587	0.0517	0.0473
广西	0.0443	0.0459	0.0375			0.0476		0.0345	0.0315	0.0207
海南	0.0505	0.0391	0.0391			0.0232		0.0247	0.0217	0.0148
四川	0.1149	0.0399	0.0272			0.0179		0.0149	0.0192	0.0218
贵州	0.0061	0.0058	0.0043			0.0058		0.0026	0.0018	0.0019
云南	0.0222	0.0265	0.0224			0.0265		0.0166	0.0170	0.0202
西藏	0.0059	0.0047	0.0056			0.0018		0.0086	0.0081	0.0065
陕西	0.0271	0.0060	0.0077			0.0060		0.0033	0.0031	0.0027
甘肃	0.0025	0.0034	0.0031			0.0077		0.0051	0.0068	0.0069
青海	0.0003	0.0004	0.0003			0.0005		0.0003	0.0002	0.0016
宁夏	0.0002	0.0001	0.0000			0.0000		0.0000	0.0000	0.0000
新疆	0.0057	0.0099	0.0098			0.0065		0.0115	0.0188	0.0209
重庆						0.0030		0.0036	0.0096	0.0102

年份 地区	2002	2003	2004	2005	2006	2007	2008	2009	2010	2011
北京	0.0071	0.0134	0.0139	0.0120	0.0082	0.0079	0.0078	0.0047	0.0318	0.0269
天津	0.0000	0.0000	0.0000	0.0000	0.0000	0.0000	0.0003	0.0004	0.0079	0.0096
河北	0.3421	0.3243	0.3120	0.2939	0.2933	0.2728	0.2892	0.2653	0.2741	0.2781
山西	0.0491	0.0587	0.0641	0.0632	0.0516	0.0480	0.0298	0.0172	0.0271	0.0304
内蒙古	0.0142	0.0240	0.0356	0.0535	0.0634	0.0613	0.0574	0.0714	0.0584	0.0613
辽宁	0.0707	0.1247	0.0874	0.1064	0.1142	0.1293	0.1531	0.1874	0.1675	0.1731
吉林	0.0216	0.0182	0.0202	0.0240	0.0199	0.0211	0.0265	0.0261	0.0206	0.0234
黑龙江	0.0004	0.0009	0.0040	0.0033	0.0033	0.0030	0.0030	0.0034	0.0049	0.0040
上海	0.0000	0.0000	0.0000	0.0000	0.0000	0.0000	0.0000	0.0000	0.0000	0.0000
江苏	0.0447	0.0358	0.0333	0.0272	0.0236	0.0240	0.0185	0.0166	0.0102	0.0099
浙江	0.0063	0.0104	0.0171	0.0194	0.0124	0.0111	0.0067	0.0025	0.0028	0.0023
安徽	0.0529	0.0400	0.0277	0.0317	0.0296	0.0334	0.0285	0.0255	0.0313	0.0359
福建	0.0181	0.0172	0.0296	0.0322	0.0270	0.0302	0.0331	0.0326	0.0391	0.0426
江西	0.0015	0.0041	0.0151	0.0199	0.0263	0.0301	0.0246	0.0275	0.0219	0.0214
山东	0.0771	0.1151	0.0708	0.0843	0.1026	0.0948	0.0773	0.0753	0.0727	0.0487

续表

年份 地区	2002	2003	2004	2005	2006	2007	2008	2009	2010	2011
河南	0.0143	0.0182	0.0322	0.0228	0.0345	0.0328	0.0295	0.0305	0.0263	0.0237
湖北	0.0910	0.0629	0.0459	0.0295	0.0321	0.0344	0.0326	0.0406	0.0359	0.0409
湖南	0.0154	0.0111	0.0150	0.0194	0.0207	0.0204	0.0187	0.0209	0.0177	0.0204
广东	0.0398	0.0220	0.0219	0.0275	0.0257	0.0281	0.0265	0.0275	0.0302	0.0283
广西	0.0126	0.0109	0.0107	0.0153	0.0112	0.0173	0.0142	0.0112	0.0182	0.0156
海南	0.0127	0.0100	0.0177	0.0171	0.0100	0.0056	0.0076	0.0046	0.0048	0.0044
四川	0.0229	0.0198	0.0429	0.0317	0.0297	0.0313	0.0484	0.0502	0.0446	0.0511
贵州	0.0049	0.0026	0.0037	0.0034	0.0017	0.0019	0.0018	0.0016	0.0013	0.0017
云南	0.0256	0.0099	0.0317	0.0188	0.0195	0.0219	0.0220	0.0256	0.0206	0.0190
西藏	0.0035	0.0029	0.0022	0.0016	0.0016	0.0018	0.0013	0.0007	0.0005	0.0004
陕西	0.0039	0.0067	0.0108	0.0090	0.0087	0.0064	0.0061	0.0061	0.0062	0.0072
甘肃	0.0097	0.0025	0.0050	0.0066	0.0056	0.0077	0.0093	0.0060	0.0038	0.0034
青海	0.0024	0.0021	0.0030	0.0024	0.0019	0.0014	0.0012	0.0008	0.0015	0.0015
宁夏	0.0000	0.0000	0.0000	0.0000	0.0001	0.0002	0.0002	0.0000	0.0003	0.0002
新疆	0.0225	0.0172	0.0150	0.0181	0.0168	0.0172	0.0191	0.0145	0.0146	0.0132
重庆	0.0132	0.0145	0.0115	0.0061	0.0048	0.0048	0.0055	0.0033	0.0031	0.0012

附表4　　　　地区产业份额——有色金属矿采选业

年份 地区	1992	1993	1994	1995	1996	1997	1998	1999	2000	2001
北京		0.0005	0.0012			0.0016		0.0005	0.0011	0.0005
天津		0.0000	0.0005			0.0000		0.0000	0.0000	0.0158
河北		0.0365	0.0302			0.0406		0.0297	0.0235	0.0231
山西		0.0406	0.0324			0.0051		0.0058	0.0039	0.0045
内蒙古		0.0296	0.0274			0.0312		0.0252	0.0243	0.0234
辽宁		0.0646	0.0687			0.0525		0.0441	0.0362	0.0395
吉林		0.0193	0.0175			0.0165		0.0102	0.0108	0.0097
黑龙江		0.0207	0.0191			0.0185		0.0123	0.0118	0.0086
上海		0.0002	0.0001			0.0000		0.0000	0.0000	0.0000
江苏		0.0068	0.0053			0.0050		0.0061	0.0054	0.0043
浙江		0.0183	0.0148			0.0122		0.0143	0.0132	0.0155
安徽		0.0130	0.0160			0.0237		0.0141	0.0121	0.0120

续表

年份\地区	1992	1993	1994	1995	1996	1997	1998	1999	2000	2001
福建		0.0026	0.0027			0.0043		0.0066	0.0083	0.0094
江西		0.1093	0.1093			0.0941		0.0281	0.0291	0.0356
山东		0.1297	0.1538			0.1519		0.2191	0.2247	0.2327
河南		0.0712	0.0933			0.1279		0.1782	0.1762	0.1862
湖北		0.0113	0.0128			0.0263		0.0282	0.0261	0.0241
湖南		0.0596	0.0639			0.0906		0.0518	0.0541	0.0514
广东		0.0566	0.0417			0.0307		0.0296	0.0244	0.0179
广西		0.0882	0.0923			0.0729		0.1112	0.1111	0.0822
海南		0.0030	0.0012			0.0018		0.0036	0.0039	0.0039
四川		0.0236	0.0195			0.0146		0.0181	0.0229	0.0152
贵州		0.0076	0.0103			0.0076		0.0045	0.0051	0.0038
云南		0.0836	0.0580			0.0540		0.0474	0.0553	0.0536
西藏		0.0000	0.0000			0.0020		0.0030	0.0035	0.0045
陕西		0.0551	0.0615			0.0620		0.0547	0.0601	0.0526
甘肃		0.0194	0.0203			0.0361		0.0312	0.0335	0.0361
青海		0.0099	0.0084			0.0129		0.0159	0.0129	0.0211
宁夏		0.0003	0.0003			0.0001		0.0001	0.0000	0.0000
新疆		0.0188	0.0176			0.0027		0.0058	0.0057	0.0068
重庆						0.0007		0.0006	0.0011	0.0062

年份\地区	2002	2003	2004	2005	2006	2007	2008	2009	2010	2011
北京	0.0001	0.0000	0.0000	0.0000	0.0000	0.0000	0.0000	0.0000	0.0000	0.0000
天津	0.0161	0.0345	0.0438	0.0348	0.0295	0.0000	0.0000	0.0000	0.0000	0.0000
河北	0.0178	0.0086	0.0076	0.0080	0.0110	0.0098	0.0114	0.0122	0.0109	0.0104
山西	0.0053	0.0032	0.0033	0.0030	0.0063	0.0052	0.0065	0.0035	0.0032	0.0039
内蒙古	0.0224	0.0254	0.0329	0.0386	0.0621	0.0766	0.0792	0.0835	0.0922	0.0887
辽宁	0.0419	0.0400	0.0487	0.0446	0.0427	0.0424	0.0519	0.0697	0.0621	0.0499
吉林	0.0095	0.0078	0.0078	0.0083	0.0073	0.0097	0.0135	0.0176	0.0188	0.0201
黑龙江	0.0085	0.0078	0.0078	0.0094	0.0062	0.0066	0.0042	0.0027	0.0024	0.0022
上海	0.0000	0.0000	0.0000	0.0000	0.0000	0.0000	0.0000	0.0000	0.0000	0.0000
江苏	0.0049	0.0045	0.0053	0.0024	0.0049	0.0034	0.0021	0.0023	0.0018	0.0018
浙江	0.0150	0.0164	0.0114	0.0162	0.0130	0.0121	0.0109	0.0082	0.0072	0.0051

续表

地区＼年份	2002	2003	2004	2005	2006	2007	2008	2009	2010	2011
安徽	0.0116	0.0109	0.0124	0.0099	0.0106	0.0115	0.0136	0.0136	0.0156	0.0142
福建	0.0115	0.0133	0.0120	0.0111	0.0152	0.0168	0.0191	0.0167	0.0178	0.0195
江西	0.0335	0.0271	0.0560	0.0457	0.0520	0.0575	0.0508	0.0464	0.0509	0.0596
山东	0.2556	0.3019	0.2505	0.2133	0.1447	0.1455	0.1507	0.1610	0.1460	0.1394
河南	0.1860	0.1704	0.1891	0.1999	0.2114	0.2348	0.2384	0.2340	0.2331	0.2379
湖北	0.0270	0.0227	0.0130	0.0089	0.0123	0.0101	0.0125	0.0132	0.0124	0.0140
湖南	0.0602	0.0615	0.0622	0.0726	0.0730	0.0705	0.0659	0.0724	0.0785	0.0945
广东	0.0328	0.0298	0.0269	0.0254	0.0254	0.0329	0.0339	0.0340	0.0329	0.0359
广西	0.0414	0.0389	0.0216	0.0230	0.0257	0.0357	0.0393	0.0385	0.0349	0.0451
海南	0.0026	0.0045	0.0048	0.0035	0.0029	0.0056	0.0030	0.0029	0.0025	0.0017
四川	0.0183	0.0219	0.0293	0.0186	0.0260	0.0334	0.0367	0.0379	0.0447	0.0573
贵州	0.0052	0.0047	0.0039	0.0044	0.0036	0.0051	0.0081	0.0021	0.0032	0.0029
云南	0.0456	0.0387	0.0415	0.0499	0.0736	0.0587	0.0478	0.0342	0.0336	0.0325
西藏	0.0031	0.0014	0.0007	0.0011	0.0017	0.0032	0.0031	0.0026	0.0027	0.0036
陕西	0.0581	0.0547	0.0641	0.0844	0.0600	0.0291	0.0323	0.0390	0.0357	0.0266
甘肃	0.0343	0.0273	0.0205	0.0194	0.0241	0.0259	0.0155	0.0125	0.0124	0.0118
青海	0.0187	0.0163	0.0134	0.0306	0.0352	0.0382	0.0349	0.0276	0.0305	0.0082
宁夏	0.0000	0.0000	0.0000	0.0000	0.0000	0.0000	0.0000	0.0000	0.0000	0.0000
新疆	0.0058	0.0059	0.0097	0.0127	0.0196	0.0193	0.0136	0.0106	0.0121	0.0122
重庆	0.0071	0.0000	0.0000	0.0001	0.0001	0.0006	0.0013	0.0010	0.0018	0.0009

附表5　　　　　　　　地区产业份额——非金属矿采选业

地区＼年份	1992	1993	1994	1995	1996	1997	1998	1999	2000	2001
北京	0.0061	0.0806	0.0070			0.0026				
天津	0.0016	0.0141	0.0122			0.0109				
河北	0.0228	0.0354	0.0335			0.0403				
山西	0.0165	0.0098	0.0103			0.0140				
内蒙古	0.0224	0.0215	0.0187			0.0155				
辽宁	0.0645	0.0587	0.0627			0.0535				
吉林	0.0181	0.0138	0.0138			0.0140				

续表

地区＼年份	1992	1993	1994	1995	1996	1997	1998	1999	2000	2001
黑龙江	0.0307	0.0163	0.0186			0.0271				
上海	0.0007	0.0008	0.0007			0.0005				
江苏	0.0931	0.0883	0.0857			0.0778				
浙江	0.0680	0.0569	0.0530			0.0337				
安徽	0.0629	0.0531	0.0670			0.1383				
福建	0.0246	0.0265	0.0329			0.0271				
江西	0.0264	0.0236	0.0322			0.0239				
山东	0.1242	0.1372	0.1710			0.1150				
河南	0.0309	0.0196	0.0212			0.0316				
湖北	0.0698	0.0546	0.0754			0.1002				
湖南	0.0441	0.0342	0.0369			0.0468				
广东	0.1060	0.0905	0.0856			0.0775				
广西	0.0180	0.0264	0.0343			0.0297				
海南	0.0006	0.0035	0.0028			0.0019				
四川	0.0449	0.0644	0.0680			0.0476				
贵州	0.0161	0.0076	0.0064			0.0179				
云南	0.0319	0.0187	0.0097			0.0106				
西藏	0.0012	0.0005	0.0006			0.0018				
陕西	0.0102	0.0092	0.0085			0.0062				
甘肃	0.0225	0.0129	0.0140			0.0150				
青海	0.0088	0.0084	0.0073			0.0034				
宁夏	0.0022	0.0013	0.0009			0.0010				
新疆	0.0100	0.0118	0.0091			0.0078				
重庆						0.0068				

地区＼年份	2002	2003	2004	2005	2006	2007	2008	2009	2010	2011
北京			0.0052	0.0027	0.0034	0.0031	0.0019	0.0014	0.0012	0.0002
天津			0.0094	0.0138	0.0079	0.0070	0.0062	0.0053	0.0038	0.0030
河北			0.0367	0.0365	0.0361	0.0252	0.0274	0.0213	0.0226	0.0284
山西			0.0111	0.0122	0.0099	0.0089	0.0017	0.0011	0.0010	0.0008
内蒙古			0.0240	0.0309	0.0334	0.0424	0.0409	0.0410	0.0492	0.0536

续表

地区＼年份	2002	2003	2004	2005	2006	2007	2008	2009	2010	2011
辽宁			0.0262	0.0369	0.0483	0.0503	0.0555	0.0741	0.0895	0.0925
吉林			0.0051	0.0058	0.0088	0.0211	0.0276	0.0249	0.0238	0.0220
黑龙江			0.0086	0.0084	0.0058	0.0047	0.0048	0.0046	0.0056	0.0080
上海			0.0000	0.0001	0.0001	0.0000	0.0000	0.0000	0.0000	0.0000
江苏			0.0891	0.0742	0.0708	0.0655	0.0758	0.0537	0.0509	0.0458
浙江			0.0985	0.0679	0.0621	0.0543	0.0438	0.0410	0.0342	0.0285
安徽			0.0164	0.0179	0.0182	0.0214	0.0262	0.0273	0.0339	0.0375
福建			0.0340	0.0352	0.0354	0.0358	0.0322	0.0325	0.0308	0.0356
江西			0.0194	0.0244	0.0310	0.0343	0.0355	0.0343	0.0356	0.0269
山东			0.2201	0.2431	0.2300	0.2173	0.1798	0.1622	0.1192	0.1014
河南			0.0539	0.0999	0.0862	0.1064	0.0875	0.0868	0.0860	0.0859
湖北			0.0489	0.0605	0.0641	0.0625	0.0626	0.0662	0.0739	0.0766
湖南			0.0539	0.0596	0.0571	0.0574	0.0668	0.0675	0.0709	0.0841
广东			0.0640	0.0545	0.0533	0.0574	0.0804	0.0858	0.0901	0.0792
广西			0.0143	0.0133	0.0136	0.0191	0.0200	0.0223	0.0257	0.0300
海南			0.0033	0.0032	0.0027	0.0020	0.0019	0.0010	0.0009	0.0006
四川			0.0319	0.0337	0.0359	0.0432	0.0537	0.0699	0.0758	0.0891
贵州			0.0657	0.0081	0.0283	0.0093	0.0090	0.0093	0.0093	0.0152
云南			0.0199	0.0209	0.0291	0.0262	0.0261	0.0237	0.0209	0.0188
西藏			0.0003	0.0002	0.0002	0.0002	0.0001	0.0001	0.0001	0.0001
陕西			0.0052	0.0058	0.0032	0.0031	0.0043	0.0070	0.0071	0.0074
甘肃			0.0096	0.0098	0.0075	0.0058	0.0049	0.0044	0.0047	0.0040
青海			0.0060	0.0048	0.0037	0.0033	0.0032	0.0027	0.0027	0.0033
宁夏			0.0000	0.0001	0.0001	0.0000	0.0001	0.0004	0.0003	0.0002
新疆			0.0048	0.0051	0.0052	0.0043	0.0034	0.0028	0.0046	0.0048
重庆			0.0145	0.0105	0.0088	0.0085	0.0167	0.0257	0.0256	0.0165

附表6　　　　　　　　　　地区产业份额——农副食品加工业

年份 地区	1992	1993	1994	1995	1996	1997	1998	1999	2000	2001
北京		0.0253	0.0213			0.0242		0.0169	0.0146	0.0135
天津		0.0116	0.0243			0.0167		0.0204	0.0179	0.0207
河北		0.0275	0.0254			0.0369		0.0319	0.0346	0.0346
山西		0.0090	0.0082			0.0062		0.0057	0.0056	0.0044
内蒙古		0.0170	0.0154			0.0155		0.0119	0.0125	0.0136
辽宁		0.0433	0.0475			0.0397		0.0406	0.0460	0.0425
吉林		0.0256	0.0224			0.0139		0.0188	0.0171	0.0181
黑龙江		0.0348	0.0367			0.0456		0.0318	0.0279	0.0237
上海		0.0299	0.0251			0.0233		0.0239	0.0207	0.0210
江苏		0.0866	0.0881			0.0857		0.0972	0.0978	0.0977
浙江		0.0440	0.0437			0.0350		0.0442	0.0477	0.0464
安徽		0.0495	0.0561			0.0734		0.0306	0.0256	0.0226
福建		0.0282	0.0309			0.0378		0.0383	0.0324	0.0317
江西		0.0216	0.0249			0.0213		0.0199	0.0174	0.0157
山东		0.1305	0.1421			0.1439		0.1942	0.2181	0.2348
河南		0.0477	0.0518			0.0636		0.0693	0.0762	0.0778
湖北		0.0375	0.0422			0.0510		0.0561	0.0517	0.0454
湖南		0.0290	0.0305			0.0294		0.0208	0.0221	0.0235
广东		0.1186	0.0967			0.0928		0.0925	0.0843	0.0861
广西		0.0516	0.0472			0.0406		0.0439	0.0414	0.0376
海南		0.0069	0.0055			0.0049		0.0056	0.0062	0.0056
四川		0.0628	0.0585			0.0420		0.0302	0.0321	0.0327
贵州		0.0054	0.0050			0.0038		0.0041	0.0037	0.0039
云南		0.0181	0.0160			0.0155		0.0156	0.0153	0.0142
西藏		0.0001	0.0002			0.0001		0.0001	0.0001	0.0001
陕西		0.0115	0.0108			0.0098		0.0105	0.0101	0.0095
甘肃		0.0073	0.0070			0.0059		0.0051	0.0045	0.0054
青海		0.0019	0.0020			0.0008		0.0012	0.0009	0.0007
宁夏		0.0025	0.0018			0.0016		0.0015	0.0008	0.0007
新疆		0.0144	0.0130			0.0109		0.0120	0.0098	0.0103
重庆						0.0079		0.0051	0.0049	0.0051

续表

年份 地区	2002	2003	2004	2005	2006	2007	2008	2009	2010	2011
北京	0.0127	0.0141	0.0142	0.0128	0.0107	0.0106	0.0097	0.0086	0.0081	0.0073
天津	0.0184	0.0175	0.0156	0.0122	0.0116	0.0110	0.0121	0.0118	0.0109	0.0117
河北	0.0352	0.0455	0.0496	0.0465	0.0472	0.0434	0.0430	0.0388	0.0392	0.0396
山西	0.0047	0.0056	0.0052	0.0050	0.0049	0.0051	0.0043	0.0048	0.0055	0.0061
内蒙古	0.0158	0.0174	0.0169	0.0207	0.0216	0.0220	0.0229	0.0273	0.0282	0.0288
辽宁	0.0415	0.0415	0.0457	0.0516	0.0600	0.0599	0.0681	0.0745	0.0798	0.0781
吉林	0.0181	0.0269	0.0259	0.0286	0.0308	0.0322	0.0402	0.0423	0.0458	0.0500
黑龙江	0.0253	0.0258	0.0270	0.0293	0.0274	0.0263	0.0283	0.0294	0.0344	0.0378
上海	0.0185	0.0184	0.0196	0.0142	0.0118	0.0119	0.0122	0.0087	0.0075	0.0067
江苏	0.0966	0.0800	0.0736	0.0665	0.0656	0.0662	0.0642	0.0662	0.0645	0.0581
浙江	0.0444	0.0423	0.0427	0.0381	0.0350	0.0310	0.0266	0.0234	0.0222	0.0192
安徽	0.0207	0.0219	0.0201	0.0207	0.0212	0.0254	0.0287	0.0330	0.0374	0.0424
福建	0.0325	0.0320	0.0376	0.0351	0.0345	0.0329	0.0324	0.0332	0.0357	0.0344
江西	0.0136	0.0097	0.0115	0.0122	0.0132	0.0140	0.0158	0.0172	0.0191	0.0190
山东	0.2480	0.2579	0.2711	0.2797	0.2756	0.2662	0.2472	0.2401	0.2133	0.1918
河南	0.0784	0.0789	0.0739	0.0841	0.0859	0.0923	0.0856	0.0784	0.0798	0.0843
湖北	0.0380	0.0317	0.0214	0.0219	0.0244	0.0270	0.0317	0.0389	0.0440	0.0534
湖南	0.0248	0.0223	0.0223	0.0245	0.0266	0.0291	0.0333	0.0367	0.0404	0.0458
广东	0.0843	0.0819	0.0773	0.0700	0.0649	0.0641	0.0625	0.0543	0.0518	0.0509
广西	0.0423	0.0394	0.0351	0.0327	0.0357	0.0340	0.0341	0.0316	0.0322	0.0336
海南	0.0058	0.0052	0.0050	0.0037	0.0038	0.0038	0.0034	0.0029	0.0027	0.0022
四川	0.0343	0.0371	0.0435	0.0474	0.0459	0.0503	0.0516	0.0549	0.0523	0.0531
贵州	0.0040	0.0036	0.0029	0.0028	0.0027	0.0026	0.0023	0.0025	0.0024	0.0029
云南	0.0116	0.0108	0.0103	0.0086	0.0087	0.0079	0.0075	0.0075	0.0070	0.0068
西藏	0.0001	0.0000	0.0001	0.0001	0.0001	0.0000	0.0001	0.0001	0.0001	0.0000
陕西	0.0083	0.0099	0.0093	0.0085	0.0088	0.0093	0.0100	0.0112	0.0117	0.0122
甘肃	0.0055	0.0064	0.0057	0.0058	0.0049	0.0048	0.0046	0.0049	0.0051	0.0050
青海	0.0008	0.0010	0.0007	0.0005	0.0004	0.0003	0.0007	0.0006	0.0006	0.0006
宁夏	0.0007	0.0013	0.0015	0.0015	0.0019	0.0015	0.0013	0.0014	0.0014	0.0013
新疆	0.0096	0.0080	0.0078	0.0070	0.0070	0.0072	0.0067	0.0063	0.0068	0.0061
重庆	0.0055	0.0060	0.0070	0.0078	0.0073	0.0079	0.0090	0.0087	0.0101	0.0106

附表7　　　　　　　　　　　地区产业份额——食品制造业

年份 地区	1992	1993	1994	1995	1996	1997	1998	1999	2000	2001
北京	0.0315	0.0296	0.0288			0.0342		0.0398	0.0496	0.0394
天津	0.0170	0.0196	0.0194			0.0497		0.0365	0.0326	0.0329
河北	0.0298	0.0343	0.0358			0.0512		0.0707	0.0691	0.0805
山西	0.0126	0.0106	0.0105			0.0088		0.0068	0.0062	0.0069
内蒙古	0.0184	0.0104	0.0100			0.0130		0.0136	0.0168	0.0243
辽宁	0.0446	0.0408	0.0374			0.0305		0.0253	0.0280	0.0270
吉林	0.0270	0.0228	0.0202			0.0163		0.0202	0.0278	0.0277
黑龙江	0.0522	0.0344	0.0314			0.0347		0.0340	0.0358	0.0394
上海	0.0383	0.0574	0.0539			0.0564		0.0748	0.0752	0.0787
江苏	0.0928	0.0895	0.0972			0.0823		0.0784	0.0718	0.0700
浙江	0.0531	0.0763	0.0730			0.0747		0.0520	0.0513	0.0473
安徽	0.0401	0.0209	0.0219			0.0284		0.0118	0.0149	0.0150
福建	0.0271	0.0451	0.0506			0.0446		0.0383	0.0368	0.0332
江西	0.0204	0.0135	0.0115			0.0105		0.0072	0.0067	0.0065
山东	0.1092	0.1105	0.1316			0.1019		0.1180	0.1242	0.1266
河南	0.0399	0.0480	0.0543			0.0709		0.0765	0.0760	0.0773
湖北	0.0369	0.0276	0.0234			0.0344		0.0309	0.0274	0.0235
湖南	0.0226	0.0139	0.0168			0.0149		0.0132	0.0126	0.0136
广东	0.1021	0.1499	0.1354			0.1364		0.1545	0.1474	0.1453
广西	0.0459	0.0341	0.0377			0.0269		0.0176	0.0149	0.0125
海南	0.0096	0.0212	0.0159			0.0101		0.0104	0.0105	0.0095
四川	0.0627	0.0449	0.0383			0.0193		0.0194	0.0172	0.0158
贵州	0.0052	0.0017	0.0016			0.0015		0.0024	0.0025	0.0032
云南	0.0171	0.0102	0.0089			0.0056		0.0036	0.0026	0.0029
西藏	0.0001	0.0000	0.0001			0.0001		0.0000	0.0000	0.0000
陕西	0.0128	0.0115	0.0119			0.0137		0.0173	0.0142	0.0145
甘肃	0.0100	0.0081	0.0082			0.0079		0.0060	0.0072	0.0065
青海	0.0026	0.0013	0.0017			0.0008		0.0005	0.0003	0.0003
宁夏	0.0036	0.0038	0.0039			0.0042		0.0049	0.0051	0.0055
新疆	0.0147	0.0081	0.0087			0.0061		0.0076	0.0083	0.0072
重庆						0.0099		0.0081	0.0068	0.0066

续表

年份 地区	2002	2003	2004	2005	2006	2007	2008	2009	2010	2011
北京	0.0358	0.0329	0.0401	0.0367	0.0314	0.0232	0.0192	0.0181	0.0170	0.0158
天津	0.0291	0.0258	0.0225	0.0225	0.0189	0.0167	0.0190	0.0253	0.0293	0.0483
河北	0.0800	0.0648	0.0623	0.0615	0.0618	0.0594	0.0422	0.0409	0.0379	0.0429
山西	0.0090	0.0102	0.0110	0.0089	0.0067	0.0086	0.0087	0.0068	0.0071	0.0072
内蒙古	0.0328	0.0497	0.0624	0.0648	0.0658	0.0633	0.0632	0.0606	0.0570	0.0467
辽宁	0.0257	0.0210	0.0209	0.0239	0.0289	0.0296	0.0351	0.0400	0.0428	0.0383
吉林	0.0329	0.0070	0.0077	0.0075	0.0125	0.0162	0.0180	0.0176	0.0183	0.0196
黑龙江	0.0435	0.0442	0.0393	0.0372	0.0337	0.0325	0.0345	0.0372	0.0363	0.0347
上海	0.0779	0.0741	0.0655	0.0577	0.0504	0.0475	0.0431	0.0401	0.0390	0.0350
江苏	0.0629	0.0664	0.0608	0.0512	0.0461	0.0409	0.0392	0.0360	0.0363	0.0345
浙江	0.0454	0.0495	0.0485	0.0440	0.0409	0.0402	0.0387	0.0375	0.0346	0.0316
安徽	0.0193	0.0152	0.0199	0.0217	0.0277	0.0244	0.0241	0.0175	0.0208	0.0248
福建	0.0340	0.0433	0.0505	0.0442	0.0430	0.0446	0.0451	0.0448	0.0489	0.0502
江西	0.0064	0.0101	0.0107	0.0105	0.0130	0.0150	0.0185	0.0195	0.0213	0.0192
山东	0.1399	0.1360	0.1499	0.1795	0.1871	0.1942	0.1917	0.1880	0.1649	0.1457
河南	0.0725	0.0815	0.0737	0.0833	0.0918	0.1001	0.1044	0.1076	0.1058	0.1108
湖北	0.0226	0.0279	0.0235	0.0211	0.0203	0.0221	0.0255	0.0279	0.0340	0.0380
湖南	0.0153	0.0207	0.0288	0.0312	0.0351	0.0349	0.0349	0.0363	0.0384	0.0448
广东	0.1274	0.1299	0.1143	0.1067	0.1007	0.0976	0.0967	0.0972	0.0990	0.0920
广西	0.0086	0.0075	0.0068	0.0070	0.0074	0.0073	0.0088	0.0097	0.0111	0.0126
海南	0.0076	0.0076	0.0052	0.0041	0.0037	0.0036	0.0042	0.0034	0.0035	0.0024
四川	0.0190	0.0242	0.0216	0.0276	0.0268	0.0299	0.0336	0.0350	0.0392	0.0463
贵州	0.0044	0.0051	0.0059	0.0050	0.0051	0.0044	0.0054	0.0044	0.0050	0.0054
云南	0.0027	0.0036	0.0043	0.0034	0.0040	0.0041	0.0049	0.0049	0.0060	0.0067
西藏	0.0000	0.0001	0.0001	0.0002	0.0001	0.0001	0.0001	0.0001	0.0001	0.0001
陕西	0.0148	0.0122	0.0136	0.0150	0.0152	0.0155	0.0138	0.0165	0.0179	0.0193
甘肃	0.0065	0.0048	0.0049	0.0042	0.0036	0.0036	0.0039	0.0037	0.0041	0.0039
青海	0.0002	0.0004	0.0004	0.0004	0.0005	0.0005	0.0010	0.0012	0.0016	0.0013
宁夏	0.0056	0.0041	0.0044	0.0046	0.0041	0.0044	0.0044	0.0045	0.0041	0.0045
新疆	0.0103	0.0124	0.0131	0.0082	0.0082	0.0090	0.0094	0.0098	0.0097	0.0082
重庆	0.0076	0.0076	0.0076	0.0063	0.0055	0.0066	0.0087	0.0080	0.0090	0.0093

附表 8 地区产业份额——饮料制造业

年份 地区	1992	1993	1994	1995	1996	1997	1998	1999	2000	2001
北京	0.0257	0.0267	0.0184			0.0371		0.0372	0.0405	0.0355
天津	0.0218	0.0205	0.0092			0.0164		0.0215	0.0242	0.0251
河北	0.0350	0.0361	0.0187			0.0410		0.0519	0.0511	0.0496
山西	0.0165	0.0164	0.0070			0.0107		0.0103	0.0102	0.0100
内蒙古	0.0142	0.0131	0.0065			0.0151		0.0151	0.0132	0.0123
辽宁	0.0357	0.0312	0.0176			0.0288		0.0271	0.0264	0.0257
吉林	0.0284	0.0237	0.0116			0.0184		0.0170	0.0188	0.0200
黑龙江	0.0355	0.0309	0.0147			0.0328		0.0312	0.0276	0.0200
上海	0.0328	0.0260	0.0171			0.0345		0.0375	0.0363	0.0392
江苏	0.0656	0.0664	0.0367			0.0827		0.0737	0.0744	0.0790
浙江	0.0653	0.0617	0.0305			0.0531		0.0786	0.0782	0.0817
安徽	0.0467	0.0467	0.0260			0.0670		0.0519	0.0446	0.0393
福建	0.0337	0.0434	0.0181			0.0319		0.0280	0.0261	0.0279
江西	0.0195	0.0176	0.0098			0.0136		0.0109	0.0107	0.0093
山东	0.1297	0.1291	0.5707			0.1166		0.1083	0.1105	0.1076
河南	0.0480	0.0486	0.0260			0.0609		0.0529	0.0484	0.0451
湖北	0.0340	0.0299	0.0153			0.0458		0.0439	0.0447	0.0461
湖南	0.0212	0.0220	0.0093			0.0179		0.0151	0.0158	0.0169
广东	0.1187	0.1421	0.0563			0.0989		0.1120	0.1129	0.1107
广西	0.0186	0.0216	0.0102			0.0153		0.0118	0.0104	0.0109
海南	0.0047	0.0108	0.0061			0.0123		0.0077	0.0083	0.0082
四川	0.0776	0.0716	0.0372			0.0875		0.0933	0.1003	0.1092
贵州	0.0262	0.0221	0.0083			0.0106		0.0119	0.0142	0.0152
云南	0.0092	0.0085	0.0037			0.0076		0.0052	0.0057	0.0062
西藏	0.0001	0.0001	0.0001			0.0001		0.0009	0.0008	0.0009
陕西	0.0159	0.0136	0.0055			0.0110		0.0124	0.0147	0.0159
甘肃	0.0082	0.0079	0.0041			0.0112		0.0109	0.0098	0.0102
青海	0.0018	0.0023	0.0009			0.0014		0.0016	0.0019	0.0016
宁夏	0.0011	0.0011	0.0003			0.0012		0.0013	0.0016	0.0021
新疆	0.0086	0.0086	0.0039			0.0079		0.0075	0.0083	0.0082
重庆						0.0110		0.0112	0.0095	0.0105

续表

年份 地区	2002	2003	2004	2005	2006	2007	2008	2009	2010	2011
北京	0.0386	0.0360	0.0369	0.0336	0.0298	0.0244	0.0218	0.0210	0.0181	0.0166
天津	0.0245	0.0224	0.0221	0.0212	0.0185	0.0187	0.0161	0.0132	0.0117	0.0128
河北	0.0455	0.0495	0.0491	0.0368	0.0343	0.0346	0.0337	0.0300	0.0302	0.0299
山西	0.0096	0.0098	0.0126	0.0119	0.0133	0.0135	0.0109	0.0093	0.0098	0.0113
内蒙古	0.0118	0.0106	0.0126	0.0125	0.0151	0.0167	0.0181	0.0214	0.0203	0.0191
辽宁	0.0272	0.0253	0.0262	0.0268	0.0259	0.0294	0.0345	0.0373	0.0387	0.0368
吉林	0.0182	0.0203	0.0214	0.0223	0.0255	0.0295	0.0355	0.0369	0.0309	0.0315
黑龙江	0.0277	0.0301	0.0229	0.0242	0.0237	0.0194	0.0194	0.0180	0.0214	0.0195
上海	0.0368	0.0361	0.0404	0.0341	0.0298	0.0264	0.0280	0.0218	0.0185	0.0170
江苏	0.0815	0.0767	0.0771	0.0758	0.0724	0.0679	0.0653	0.0661	0.0663	0.0642
浙江	0.0854	0.0897	0.0722	0.0643	0.0622	0.0640	0.0604	0.0540	0.0470	0.0383
安徽	0.0345	0.0308	0.0299	0.0288	0.0294	0.0297	0.0286	0.0301	0.0330	0.0346
福建	0.0283	0.0310	0.0310	0.0319	0.0327	0.0352	0.0390	0.0398	0.0412	0.0443
江西	0.0088	0.0099	0.0112	0.0112	0.0128	0.0138	0.0159	0.0146	0.0142	0.0139
山东	0.1068	0.1118	0.1269	0.1342	0.1294	0.1191	0.1042	0.1025	0.0970	0.0853
河南	0.0416	0.0387	0.0485	0.0569	0.0636	0.0737	0.0797	0.0741	0.0747	0.0763
湖北	0.0448	0.0408	0.0399	0.0373	0.0444	0.0451	0.0483	0.0521	0.0620	0.0699
湖南	0.0161	0.0181	0.0147	0.0175	0.0180	0.0206	0.0255	0.0287	0.0330	0.0336
广东	0.1067	0.1079	0.1033	0.1031	0.0922	0.0848	0.0782	0.0809	0.0710	0.0715
广西	0.0105	0.0099	0.0119	0.0131	0.0162	0.0184	0.0200	0.0201	0.0217	0.0241
海南	0.0079	0.0085	0.0076	0.0065	0.0055	0.0040	0.0023	0.0021	0.0019	0.0014
四川	0.1127	0.1129	0.0974	0.1160	0.1204	0.1226	0.1249	0.1358	0.1465	0.1592
贵州	0.0176	0.0186	0.0220	0.0198	0.0207	0.0204	0.0241	0.0240	0.0248	0.0274
云南	0.0057	0.0067	0.0080	0.0089	0.0096	0.0132	0.0110	0.0106	0.0106	0.0100
西藏	0.0008	0.0008	0.0008	0.0008	0.0008	0.0010	0.0010	0.0011	0.0011	0.0011
陕西	0.0169	0.0162	0.0205	0.0207	0.0227	0.0248	0.0243	0.0231	0.0220	0.0217
甘肃	0.0100	0.0085	0.0104	0.0085	0.0095	0.0088	0.0096	0.0094	0.0091	0.0085
青海	0.0017	0.0013	0.0012	0.0011	0.0015	0.0013	0.0012	0.0014	0.0017	0.0016
宁夏	0.0025	0.0030	0.0038	0.0038	0.0032	0.0030	0.0021	0.0026	0.0023	0.0021
新疆	0.0091	0.0080	0.0076	0.0066	0.0061	0.0059	0.0059	0.0064	0.0071	0.0064
重庆	0.0104	0.0103	0.0098	0.0100	0.0108	0.0099	0.0105	0.0115	0.0120	0.0102

附表9　　　　　　　　地区产业份额——烟草制品业

年份\地区	1992	1993	1994	1995	1996	1997	1998	1999	2000	2001
北京	0.0064	0.0052	0.0052			0.0053		0.0050	0.0058	0.0063
天津	0.0070	0.0071	0.0056			0.0024		0.0022	0.0022	0.0027
河北	0.0282	0.0261	0.0202			0.0162		0.0153	0.0156	0.0183
山西	0.0048	0.0048	0.0036			0.0048		0.0043	0.0042	0.0039
内蒙古	0.0081	0.0078	0.0067			0.0060		0.0035	0.0035	0.0041
辽宁	0.0092	0.0082	0.0072			0.0061		0.0057	0.0048	0.0059
吉林	0.0172	0.0165	0.0134			0.0072		0.0090	0.0098	0.0121
黑龙江	0.0191	0.0191	0.0187			0.0177		0.0114	0.0093	0.0095
上海	0.0472	0.0465	0.0445			0.0459		0.0545	0.0585	0.0689
江苏	0.0212	0.0223	0.0199			0.0261		0.0302	0.0331	0.0424
浙江	0.0257	0.0219	0.0178			0.0200		0.0342	0.0380	0.0411
安徽	0.0514	0.0478	0.0463			0.0468		0.0384	0.0348	0.0382
福建	0.0278	0.0291	0.0257			0.0258		0.0308	0.0349	0.0337
江西	0.0104	0.0123	0.0095			0.0092		0.0156	0.0180	0.0192
山东	0.0549	0.0565	0.0552			0.0479		0.0419	0.0384	0.0455
河南	0.0713	0.0664	0.0571			0.0669		0.0490	0.0490	0.0558
湖北	0.0631	0.0561	0.0535			0.0579		0.0658	0.0667	0.0557
湖南	0.0863	0.0784	0.0818			0.0944		0.0946	0.0927	0.0880
广东	0.0580	0.0601	0.0493			0.0459		0.0525	0.0517	0.0446
广西	0.0253	0.0237	0.0224			0.0178		0.0163	0.0144	0.0142
海南	0.0037	0.0038	0.0032			0.0026		0.0012	0.0025	0.0021
四川	0.0486	0.0513	0.0321			0.0364		0.0391	0.0398	0.0349
贵州	0.0644	0.0468	0.0426			0.0571		0.0651	0.0619	0.0557
云南	0.1924	0.2410	0.3208			0.2753		0.2558	0.2576	0.2459
西藏	0.0000	0.0000	0.0000			0.0000		0.0000	0.0000	0.0000
陕西	0.0342	0.0294	0.0264			0.0274		0.0261	0.0229	0.0222
甘肃	0.0084	0.0069	0.0057			0.0057		0.0051	0.0070	0.0098
青海	0.0006	0.0006	0.0006			0.0004		0.0000	0.0000	0.0000
宁夏	0.0012	0.0008	0.0006			0.0007		0.0005	0.0005	0.0004
新疆	0.0040	0.0037	0.0034			0.0029		0.0024	0.0017	0.0014
重庆						0.0213		0.0245	0.0210	0.0175

续表

年份 地区	2002	2003	2004	2005	2006	2007	2008	2009	2010	2011
北京	0.0064	0.0065	0.0057	0.0059	0.0059	0.0065	0.0066	0.0066	0.0063	0.0063
天津	0.0039	0.0039	0.0036	0.0025	0.0036	0.0035	0.0037	0.0039	0.0045	0.0048
河北	0.0194	0.0186	0.0176	0.0191	0.0191	0.0205	0.0203	0.0204	0.0200	0.0200
山西	0.0046	0.0045	0.0042	0.0043	0.0042	0.0047	0.0047	0.0048	0.0045	0.0046
内蒙古	0.0047	0.0051	0.0056	0.0068	0.0074	0.0084	0.0083	0.0085	0.0088	0.0088
辽宁	0.0092	0.0113	0.0108	0.0108	0.0105	0.0097	0.0093	0.0089	0.0087	0.0086
吉林	0.0124	0.0121	0.0116	0.0138	0.0140	0.0149	0.0152	0.0160	0.0165	0.0173
黑龙江	0.0095	0.0061	0.0093	0.0098	0.0094	0.0098	0.0101	0.0114	0.0110	0.0127
上海	0.0721	0.0727	0.0761	0.0702	0.0715	0.0748	0.0735	0.0782	0.0922	0.0994
江苏	0.0497	0.0541	0.0642	0.0600	0.0666	0.0642	0.0613	0.0601	0.0593	0.0593
浙江	0.0526	0.0538	0.0594	0.0523	0.0534	0.0529	0.0481	0.0479	0.0481	0.0477
安徽	0.0411	0.0410	0.0411	0.0417	0.0408	0.0420	0.0391	0.0403	0.0387	0.0380
福建	0.0399	0.0356	0.0312	0.0309	0.0318	0.0339	0.0321	0.0312	0.0292	0.0307
江西	0.0202	0.0213	0.0194	0.0201	0.0182	0.0182	0.0172	0.0168	0.0160	0.0161
山东	0.0430	0.0486	0.0460	0.0440	0.0430	0.0414	0.0602	0.0390	0.0592	0.0402
河南	0.0494	0.0485	0.0476	0.0503	0.0497	0.0496	0.0471	0.0494	0.0481	0.0503
湖北	0.0454	0.0426	0.0451	0.0538	0.0554	0.0583	0.0578	0.0610	0.0619	0.0681
湖南	0.0809	0.0814	0.0900	0.0912	0.0928	0.0944	0.0936	0.0919	0.0909	0.0903
广东	0.0499	0.0536	0.0595	0.0603	0.0602	0.0609	0.0571	0.0588	0.0551	0.0528
广西	0.0134	0.0161	0.0181	0.0194	0.0192	0.0200	0.0208	0.0213	0.0203	0.0207
海南	0.0020	0.0019	0.0020	0.0020	0.0022	0.0022	0.0023	0.0023	0.0023	0.0025
四川	0.0335	0.0301	0.0281	0.0270	0.0288	0.0190	0.0292	0.0441	0.0295	0.0299
贵州	0.0497	0.0479	0.0378	0.0402	0.0386	0.0371	0.0366	0.0372	0.0357	0.0372
云南	0.2377	0.2270	0.2129	0.2096	0.2014	0.1985	0.1902	0.1838	0.1767	0.1742
西藏	0.0000	0.0000	0.0000	0.0000	0.0000	0.0000	0.0000	0.0000	0.0000	0.0000
陕西	0.0202	0.0221	0.0204	0.0213	0.0206	0.0221	0.0215	0.0214	0.0207	0.0224
甘肃	0.0104	0.0133	0.0131	0.0126	0.0114	0.0116	0.0138	0.0130	0.0134	0.0140
青海	0.0000	0.0000	0.0000	0.0000	0.0000	0.0000	0.0000	0.0000	0.0000	0.0000
宁夏	0.0005	0.0005	0.0005	0.0005	0.0005	0.0006	0.0000	0.0000	0.0008	0.0010
新疆	0.0021	0.0024	0.0028	0.0032	0.0036	0.0037	0.0038	0.0042	0.0040	0.0044
重庆	0.0162	0.0171	0.0163	0.0164	0.0164	0.0166	0.0165	0.0174	0.0174	0.0176

附表 10　　　　　　　　地区产业份额——纺织业

年份 地区	1992	1993	1994	1995	1996	1997	1998	1999	2000	2001
北京	0.0166	0.0157	0.0157			0.0104		0.0080	0.0083	0.0083
天津	0.0189	0.0186	0.0179			0.0164		0.0155	0.0141	0.0124
河北	0.0455	0.0368	0.0390			0.0479		0.0452	0.0453	0.0434
山西	0.0093	0.0074	0.0070			0.0067		0.0053	0.0059	0.0046
内蒙古	0.0082	0.0074	0.0078			0.0118		0.0104	0.0134	0.0129
辽宁	0.0319	0.0278	0.0262			0.0197		0.0151	0.0157	0.0152
吉林	0.0075	0.0057	0.0055			0.0052		0.0049	0.0051	0.0045
黑龙江	0.0119	0.0102	0.0092			0.0082		0.0069	0.0064	0.0054
上海	0.0793	0.0696	0.0633			0.0533		0.0488	0.0443	0.0421
江苏	0.2234	0.2466	0.2525			0.2343		0.2438	0.2404	0.2402
浙江	0.1321	0.1569	0.1520			0.1213		0.1644	0.1697	0.1908
安徽	0.0291	0.0290	0.0307			0.0420		0.0250	0.0241	0.0215
福建	0.0107	0.0103	0.0109			0.0183		0.0204	0.0227	0.0243
江西	0.0112	0.0103	0.0114			0.0106		0.0078	0.0081	0.0067
山东	0.1022	0.0964	0.1030			0.1127		0.1167	0.1248	0.1314
河南	0.0340	0.0352	0.0348			0.0461		0.0422	0.0387	0.0383
湖北	0.0449	0.0397	0.0455			0.0588		0.0488	0.0475	0.0395
湖南	0.0152	0.0134	0.0137			0.0135		0.0096	0.0104	0.0091
广东	0.0761	0.0808	0.0740			0.0959		0.1107	0.1039	0.1037
广西	0.0095	0.0087	0.0081			0.0064		0.0043	0.0045	0.0043
海南	0.0005	0.0006	0.0004			0.0009		0.0010	0.0008	0.0009
四川	0.0375	0.0362	0.0330			0.0174		0.0126	0.0139	0.0131
贵州	0.0019	0.0017	0.0019			0.0014		0.0008	0.0008	0.0005
云南	0.0044	0.0034	0.0031			0.0024		0.0014	0.0013	0.0011
西藏	0.0000	0.0000	0.0000			0.0001		0.0000	0.0000	0.0000
陕西	0.0183	0.0156	0.0154			0.0123		0.0101	0.0098	0.0083
甘肃	0.0042	0.0033	0.0032			0.0036		0.0031	0.0029	0.0032
青海	0.0011	0.0010	0.0010			0.0010		0.0004	0.0004	0.0002
宁夏	0.0010	0.0008	0.0007			0.0005		0.0004	0.0001	0.0001
新疆	0.0136	0.0107	0.0131			0.0145		0.0121	0.0125	0.0098
重庆						0.0065		0.0042	0.0047	0.0043

续表

年份 地区	2002	2003	2004	2005	2006	2007	2008	2009	2010	2011
北京	0.0069	0.0076	0.0057	0.0055	0.0043	0.0038	0.0030	0.0027	0.0025	0.0026
天津	0.0112	0.0098	0.0071	0.0065	0.0046	0.0042	0.0034	0.0026	0.0029	0.0026
河北	0.0387	0.0368	0.0336	0.0336	0.0335	0.0312	0.0316	0.0328	0.0342	0.0389
山西	0.0040	0.0034	0.0027	0.0023	0.0020	0.0014	0.0009	0.0008	0.0011	0.0011
内蒙古	0.0131	0.0133	0.0105	0.0116	0.0123	0.0135	0.0134	0.0149	0.0149	0.0140
辽宁	0.0139	0.0139	0.0119	0.0120	0.0112	0.0111	0.0120	0.0134	0.0132	0.0120
吉林	0.0045	0.0039	0.0030	0.0021	0.0023	0.0023	0.0024	0.0027	0.0025	0.0026
黑龙江	0.0043	0.0040	0.0034	0.0026	0.0021	0.0019	0.0015	0.0013	0.0011	0.0013
上海	0.0370	0.0362	0.0337	0.0280	0.0234	0.0195	0.0162	0.0134	0.0145	0.0119
江苏	0.2417	0.2368	0.2488	0.2389	0.2393	0.2303	0.2281	0.2136	0.2092	0.1864
浙江	0.2116	0.2191	0.2385	0.2319	0.2268	0.2237	0.2095	0.2042	0.1955	0.1770
安徽	0.0198	0.0171	0.0146	0.0129	0.0122	0.0128	0.0134	0.0157	0.0173	0.0215
福建	0.0270	0.0344	0.0364	0.0374	0.0385	0.0379	0.0372	0.0387	0.0393	0.0511
江西	0.0065	0.0074	0.0074	0.0085	0.0095	0.0121	0.0142	0.0166	0.0189	0.0202
山东	0.1361	0.1443	0.1514	0.1754	0.1867	0.1965	0.2061	0.2101	0.2006	0.2073
河南	0.0330	0.0290	0.0292	0.0317	0.0348	0.0419	0.0465	0.0453	0.0463	0.0581
湖北	0.0348	0.0324	0.0241	0.0239	0.0243	0.0247	0.0260	0.0304	0.0332	0.0405
湖南	0.0106	0.0101	0.0096	0.0108	0.0110	0.0115	0.0129	0.0136	0.0147	0.0168
广东	0.1034	0.1016	0.0920	0.0877	0.0831	0.0793	0.0817	0.0840	0.0923	0.0851
广西	0.0036	0.0031	0.0030	0.0032	0.0037	0.0034	0.0036	0.0035	0.0042	0.0054
海南	0.0007	0.0007	0.0010	0.0009	0.0007	0.0005	0.0002	0.0001	0.0001	0.0001
四川	0.0123	0.0122	0.0122	0.0136	0.0150	0.0166	0.0186	0.0213	0.0219	0.0250
贵州	0.0004	0.0004	0.0003	0.0003	0.0003	0.0003	0.0002	0.0002	0.0002	0.0002
云南	0.0008	0.0006	0.0006	0.0006	0.0006	0.0006	0.0005	0.0006	0.0004	0.0004
西藏	0.0000	0.0000	0.0000	0.0000	0.0000	0.0000	0.0000	0.0000	0.0000	0.0000
陕西	0.0075	0.0067	0.0057	0.0053	0.0050	0.0042	0.0040	0.0040	0.0044	0.0046
甘肃	0.0032	0.0017	0.0011	0.0008	0.0008	0.0007	0.0006	0.0005	0.0005	0.0006
青海	0.0002	0.0003	0.0004	0.0003	0.0003	0.0002	0.0004	0.0006	0.0007	0.0005
宁夏	0.0010	0.0027	0.0024	0.0028	0.0029	0.0030	0.0029	0.0033	0.0031	0.0031
新疆	0.0084	0.0066	0.0058	0.0050	0.0047	0.0072	0.0040	0.0034	0.0042	0.0038
重庆	0.0038	0.0041	0.0038	0.0037	0.0040	0.0041	0.0047	0.0059	0.0059	0.0053

附表 11 　　　　　　　地区产业份额——纺织服装、鞋、帽制造业

年份 地区	1992	1993	1994	1995	1996	1997	1998	1999	2000	2001
北京	0.0412	0.0403	0.0446			0.0223				
天津	0.0330	0.0274	0.0321			0.0280				
河北	0.0310	0.0297	0.0268			0.0356				
山西	0.0056	0.0041	0.0028			0.0027				
内蒙古	0.0064	0.0043	0.0042			0.0051				
辽宁	0.0499	0.0400	0.0411			0.0346				
吉林	0.0130	0.0082	0.0083			0.0047				
黑龙江	0.0093	0.0065	0.0052			0.0036				
上海	0.0979	0.0852	0.0922			0.0902				
江苏	0.1541	0.1811	0.1812			0.1744				
浙江	0.1113	0.1442	0.1397			0.1268				
安徽	0.0145	0.0155	0.0180			0.0218				
福建	0.0551	0.0417	0.0486			0.0569				
江西	0.0145	0.0055	0.0053			0.0099				
山东	0.0539	0.0560	0.0608			0.0573				
河南	0.0178	0.0126	0.0122			0.0115				
湖北	0.0457	0.0444	0.0460			0.0621				
湖南	0.0109	0.0081	0.0066			0.0068				
广东	0.1844	0.2069	0.1958			0.2223				
广西	0.0063	0.0064	0.0058			0.0040				
海南	0.0014	0.0015	0.0011			0.0015				
四川	0.0201	0.0140	0.0093			0.0050				
贵州	0.0029	0.0018	0.0012			0.0015				
云南	0.0037	0.0031	0.0024			0.0012				
西藏	0.0001	0.0000	0.0000			0.0000				
陕西	0.0084	0.0057	0.0045			0.0053				
甘肃	0.0033	0.0031	0.0020			0.0015				
青海	0.0010	0.0003	0.0002			0.0009				
宁夏	0.0007	0.0005	0.0004			0.0003				
新疆	0.0025	0.0019	0.0015			0.0012				
重庆						0.0012				

续表

地区＼年份	2002	2003	2004	2005	2006	2007	2008	2009	2010	2011
北京			0.0188	0.0162	0.0137	0.0116	0.0104	0.0088	0.0088	0.0083
天津			0.0153	0.0179	0.0117	0.0095	0.0085	0.0153	0.0149	0.0171
河北			0.0227	0.0182	0.0178	0.0181	0.0172	0.0176	0.0182	0.0213
山西			0.0010	0.0010	0.0008	0.0010	0.0011	0.0011	0.0011	0.0017
内蒙古			0.0019	0.0016	0.0016	0.0017	0.0022	0.0024	0.0027	0.0028
辽宁			0.0202	0.0222	0.0286	0.0327	0.0502	0.0459	0.0477	0.0399
吉林			0.0022	0.0028	0.0026	0.0031	0.0033	0.0037	0.0044	0.0053
黑龙江			0.0006	0.0007	0.0008	0.0006	0.0006	0.0008	0.0008	0.0009
上海			0.0811	0.0713	0.0659	0.0571	0.0500	0.0447	0.0376	0.0325
江苏			0.2263	0.2112	0.2304	0.2251	0.2289	0.2204	0.2127	0.2071
浙江			0.1768	0.1921	0.1796	0.1733	0.1532	0.1333	0.1340	0.1090
安徽			0.0061	0.0065	0.0069	0.0088	0.0112	0.0148	0.0217	0.0324
福建			0.0859	0.0892	0.0899	0.0923	0.0914	0.0938	0.0937	0.0924
江西			0.0141	0.0159	0.0159	0.0171	0.0173	0.0209	0.0250	0.0305
山东			0.0913	0.1017	0.1081	0.1130	0.1078	0.1180	0.0998	0.0971
河南			0.0071	0.0076	0.0109	0.0131	0.0182	0.0192	0.0249	0.0344
湖北			0.0178	0.0187	0.0182	0.0199	0.0230	0.0260	0.0317	0.0392
湖南			0.0042	0.0046	0.0061	0.0076	0.0089	0.0103	0.0137	0.0165
广东			0.1991	0.1929	0.1820	0.1830	0.1828	0.1855	0.1869	0.1849
广西			0.0004	0.0005	0.0008	0.0012	0.0014	0.0020	0.0030	0.0046
海南			0.0000	0.0000	0.0000	0.0000	0.0007	0.0005	0.0005	0.0004
四川			0.0029	0.0032	0.0038	0.0057	0.0066	0.0092	0.0099	0.0134
贵州			0.0006	0.0006	0.0004	0.0004	0.0004	0.0003	0.0003	0.0003
云南			0.0002	0.0001	0.0002	0.0002	0.0001	0.0002	0.0002	0.0001
西藏			0.0000	0.0000	0.0000	0.0000	0.0000	0.0000	0.0000	0.0000
陕西			0.0008	0.0007	0.0009	0.0010	0.0011	0.0017	0.0018	0.0017
甘肃			0.0003	0.0002	0.0002	0.0002	0.0002	0.0002	0.0002	0.0003
青海			0.0003	0.0004	0.0007	0.0011	0.0006	0.0007	0.0005	0.0006
宁夏			0.0001	0.0004	0.0001	0.0001	0.0001	0.0001	0.0001	0.0001
新疆			0.0002	0.0001	0.0001	0.0001	0.0002	0.0001	0.0001	0.0002
重庆			0.0015	0.0013	0.0013	0.0015	0.0025	0.0025	0.0032	0.0049

附表 12　　　　　　　　　地区产业份额——造纸及纸制品业

年份 地区	1992	1993	1994	1995	1996	1997	1998	1999	2000	2001
北京	0.0180	0.0163	0.0162			0.0115		0.0114	0.0107	0.0110
天津	0.0179	0.0193	0.0208			0.0149		0.0212	0.0180	0.0183
河北	0.0500	0.0492	0.0490			0.0668		0.0579	0.0504	0.0510
山西	0.0086	0.0070	0.0071			0.0076		0.0067	0.0027	0.0024
内蒙古	0.0091	0.0076	0.0066			0.0054		0.0041	0.0058	0.0056
辽宁	0.0572	0.0487	0.0433			0.0332		0.0213	0.0172	0.0169
吉林	0.0377	0.0299	0.0253			0.0180		0.0132	0.0120	0.0104
黑龙江	0.0391	0.0338	0.0270			0.0241		0.0208	0.0191	0.0200
上海	0.0526	0.0436	0.0405			0.0362		0.0463	0.0408	0.0393
江苏	0.0667	0.0658	0.0673			0.0744		0.0979	0.1189	0.1234
浙江	0.0651	0.0661	0.0663			0.0747		0.1024	0.1068	0.1151
安徽	0.0299	0.0324	0.0347			0.0441		0.0160	0.0128	0.0121
福建	0.0507	0.0556	0.0549			0.0444		0.0438	0.0509	0.0513
江西	0.0204	0.0222	0.0252			0.0155		0.0110	0.0088	0.0082
山东	0.0951	0.1147	0.1312			0.1411		0.1507	0.1505	0.1516
河南	0.0448	0.0464	0.0514			0.0511		0.0646	0.0601	0.0589
湖北	0.0343	0.0327	0.0363			0.0447		0.0355	0.0333	0.0322
湖南	0.0464	0.0424	0.0388			0.0366		0.0235	0.0241	0.0287
广东	0.1186	0.1328	0.1378			0.1360		0.1641	0.1692	0.1627
广西	0.0269	0.0279	0.0275			0.0242		0.0166	0.0191	0.0162
海南	0.0022	0.0017	0.0017			0.0013		0.0008	0.0006	0.0008
四川	0.0614	0.0580	0.0511			0.0389		0.0275	0.0268	0.0263
贵州	0.0057	0.0053	0.0044			0.0045		0.0039	0.0024	0.0020
云南	0.0106	0.0117	0.0120			0.0132		0.0118	0.0120	0.0105
西藏	0.0000	0.0000	0.0000			0.0000		0.0000	0.0000	0.0000
陕西	0.0148	0.0141	0.0146			0.0134		0.0101	0.0099	0.0079
甘肃	0.0055	0.0051	0.0043			0.0039		0.0028	0.0031	0.0031
青海	0.0004	0.0004	0.0004			0.0004		0.0003	0.0002	0.0002
宁夏	0.0041	0.0040	0.0039			0.0049		0.0044	0.0053	0.0057
新疆	0.0061	0.0054	0.0054			0.0054		0.0040	0.0036	0.0031
重庆						0.0097		0.0053	0.0048	0.0050

续表

年份 地区	2002	2003	2004	2005	2006	2007	2008	2009	2010	2011
北京	0.0123	0.0109	0.0105	0.0099	0.0095	0.0103	0.0091	0.0077	0.0065	0.0055
天津	0.0158	0.0150	0.0137	0.0121	0.0102	0.0081	0.0084	0.0101	0.0123	0.0121
河北	0.0476	0.0430	0.0390	0.0386	0.0369	0.0350	0.0329	0.0346	0.0335	0.0385
山西	0.0023	0.0021	0.0018	0.0022	0.0023	0.0017	0.0014	0.0010	0.0011	0.0012
内蒙古	0.0045	0.0042	0.0040	0.0049	0.0039	0.0047	0.0049	0.0075	0.0081	0.0084
辽宁	0.0152	0.0140	0.0125	0.0139	0.0157	0.0179	0.0201	0.0244	0.0278	0.0295
吉林	0.0074	0.0071	0.0063	0.0053	0.0056	0.0066	0.0081	0.0075	0.0083	0.0101
黑龙江	0.0202	0.0149	0.0120	0.0102	0.0082	0.0063	0.0062	0.0057	0.0060	0.0057
上海	0.0367	0.0359	0.0354	0.0328	0.0313	0.0297	0.0271	0.0237	0.0251	0.0232
江苏	0.1285	0.1197	0.1175	0.1139	0.1139	0.1196	0.1224	0.1160	0.1072	0.0994
浙江	0.1193	0.1201	0.1197	0.1159	0.1174	0.1137	0.1099	0.1021	0.1006	0.0924
安徽	0.0118	0.0117	0.0122	0.0114	0.0117	0.0122	0.0151	0.0171	0.0178	0.0216
福建	0.0478	0.0485	0.0494	0.0476	0.0468	0.0461	0.0462	0.0484	0.0512	0.0561
江西	0.0076	0.0053	0.0072	0.0111	0.0131	0.0130	0.0129	0.0144	0.0163	0.0177
山东	0.1709	0.2015	0.2136	0.2234	0.2222	0.2127	0.1921	0.1978	0.1791	0.1782
河南	0.0589	0.0575	0.0567	0.0632	0.0719	0.0844	0.0863	0.0827	0.0783	0.0855
湖北	0.0313	0.0290	0.0210	0.0197	0.0191	0.0181	0.0186	0.0223	0.0228	0.0292
湖南	0.0261	0.0293	0.0288	0.0322	0.0293	0.0305	0.0339	0.0395	0.0442	0.0475
广东	0.1600	0.1601	0.1708	0.1602	0.1589	0.1579	0.1682	0.1512	0.1587	0.1410
广西	0.0142	0.0134	0.0127	0.0126	0.0132	0.0132	0.0140	0.0143	0.0163	0.0198
海南	0.0007	0.0007	0.0008	0.0081	0.0106	0.0102	0.0088	0.0066	0.0080	0.0055
四川	0.0259	0.0229	0.0210	0.0218	0.0208	0.0228	0.0252	0.0327	0.0369	0.0407
贵州	0.0018	0.0016	0.0013	0.0014	0.0011	0.0010	0.0014	0.0021	0.0023	0.0031
云南	0.0099	0.0084	0.0095	0.0075	0.0062	0.0059	0.0054	0.0057	0.0050	0.0047
西藏	0.0000	0.0000	0.0000	0.0000	0.0000	0.0000	0.0000	0.0000	0.0000	0.0000
陕西	0.0065	0.0067	0.0069	0.0057	0.0059	0.0059	0.0062	0.0068	0.0064	0.0066
甘肃	0.0030	0.0022	0.0015	0.0015	0.0019	0.0014	0.0010	0.0011	0.0011	0.0009
青海	0.0002	0.0001	0.0000	0.0001	0.0000	0.0000	0.0000	0.0000	0.0000	0.0000
宁夏	0.0057	0.0059	0.0054	0.0048	0.0042	0.0038	0.0050	0.0051	0.0043	0.0036
新疆	0.0033	0.0032	0.0030	0.0030	0.0028	0.0024	0.0018	0.0017	0.0019	0.0014
重庆	0.0045	0.0050	0.0058	0.0049	0.0050	0.0051	0.0074	0.0101	0.0130	0.0109

附表 13　　　　地区产业份额——石油加工、炼焦及核燃料加工业

地区＼年份	1992	1993	1994	1995	1996	1997	1998	1999	2000	2001
北京	0.0729	0.0639	0.0615			0.0545		0.0531	0.0589	0.0523
天津	0.0187	0.0303	0.0352			0.0331		0.0337	0.0304	0.0151
河北	0.0266	0.0335	0.0328			0.0294		0.0254	0.0369	0.0318
山西	0.0009	0.0124	0.0138			0.0229		0.0270	0.0177	0.0197
内蒙古	0.0001	0.0088	0.0073			0.0064		0.0067	0.0058	0.0057
辽宁	0.1710	0.1708	0.1731			0.1719		0.1578	0.1549	0.1589
吉林	0.0174	0.0168	0.0107			0.0112		0.0084	0.0085	0.0111
黑龙江	0.0913	0.0836	0.0825			0.0778		0.0670	0.0825	0.0814
上海	0.0506	0.0456	0.0434			0.0472		0.0531	0.0455	0.0779
江苏	0.0643	0.0564	0.0588			0.0596		0.0681	0.0564	0.0579
浙江	0.0367	0.0361	0.0379			0.0470		0.0515	0.0569	0.0503
安徽	0.0281	0.0240	0.0216			0.0237		0.0207	0.0193	0.0150
福建	0.0000	0.0165	0.0142			0.0165		0.0194	0.0202	0.0167
江西	0.0234	0.0185	0.0161			0.0169		0.0198	0.0172	0.0153
山东	0.1291	0.1211	0.1277			0.1047		0.1060	0.1059	0.0821
河南	0.0225	0.0244	0.0294			0.0280		0.0282	0.0305	0.0297
湖北	0.0398	0.0375	0.0349			0.0414		0.0379	0.0370	0.0317
湖南	0.0426	0.0308	0.0399			0.0329		0.0392	0.0325	0.0300
广东	0.1076	0.0977	0.0880			0.0904		0.0978	0.1009	0.1017
广西	0.0010	0.0025	0.0035			0.0043		0.0038	0.0034	0.0034
海南	0.0000	0.0000	0.0000			0.0000		0.0003	0.0006	0.0007
四川	0.0009	0.0026	0.0021			0.0020		0.0014	0.0011	0.0014
贵州	0.0000	0.0002	0.0003			0.0004		0.0000	0.0000	0.0000
云南	0.0000	0.0001	0.0001			0.0003		0.0004	0.0003	0.0004
西藏	0.0000	0.0000	0.0000			0.0000		0.0000	0.0000	0.0000
陕西	0.0065	0.0112	0.0103			0.0141		0.0140	0.0145	0.0165
甘肃	0.0322	0.0320	0.0329			0.0349		0.0300	0.0259	0.0414
青海	0.0001	0.0001	0.0001			0.0002		0.0001	0.0000	0.0000
宁夏	0.0001	0.0061	0.0049			0.0055		0.0051	0.0012	0.0046
新疆	0.0157	0.0167	0.0171			0.0221		0.0232	0.0346	0.0469
重庆						0.0007		0.0007	0.0006	0.0006

地区＼年份	2002	2003	2004	2005	2006	2007	2008	2009	2010	2011
北京	0.0583	0.0335	0.0308	0.0494	0.0357	0.0337	0.0333	0.0317	0.0282	0.0245
天津	0.0312	0.0323	0.0289	0.0312	0.0300	0.0291	0.0220	0.0217	0.0323	0.0341
河北	0.0340	0.0354	0.0408	0.0418	0.0425	0.0436	0.0516	0.0544	0.0524	0.0561
山西	0.0280	0.0451	0.0555	0.0522	0.0481	0.0556	0.0690	0.0538	0.0500	0.0459
内蒙古	0.0048	0.0059	0.0074	0.0074	0.0076	0.0078	0.0108	0.0130	0.0130	0.0145
辽宁	0.1587	0.1592	0.1489	0.1414	0.1416	0.1273	0.1238	0.1206	0.1075	0.1058
吉林	0.0099	0.0078	0.0052	0.0056	0.0051	0.0049	0.0054	0.0050	0.0047	0.0048
黑龙江	0.0732	0.0696	0.0604	0.0576	0.0521	0.0488	0.0432	0.0460	0.0430	0.0392
上海	0.0795	0.0837	0.0751	0.0689	0.0607	0.0545	0.0532	0.0455	0.0465	0.0447
江苏	0.0487	0.0538	0.0481	0.0516	0.0510	0.0505	0.0467	0.0481	0.0512	0.0512
浙江	0.0512	0.0503	0.0564	0.0584	0.0554	0.0496	0.0488	0.0449	0.0463	0.0479
安徽	0.0148	0.0148	0.0147	0.0131	0.0123	0.0119	0.0112	0.0115	0.0113	0.0109
福建	0.0144	0.0144	0.0124	0.0103	0.0111	0.0098	0.0093	0.0158	0.0219	0.0181
江西	0.0146	0.0141	0.0143	0.0131	0.0129	0.0118	0.0121	0.0124	0.0124	0.0115
山东	0.0926	0.0937	0.1046	0.1092	0.1196	0.1294	0.1335	0.1390	0.1387	0.1462
河南	0.0275	0.0293	0.0285	0.0278	0.0290	0.0271	0.0311	0.0343	0.0325	0.0329
湖北	0.0311	0.0281	0.0277	0.0263	0.0244	0.0221	0.0199	0.0217	0.0208	0.0203
湖南	0.0293	0.0286	0.0267	0.0243	0.0226	0.0236	0.0210	0.0180	0.0175	0.0187
广东	0.0907	0.0887	0.0885	0.0799	0.0876	0.0908	0.0839	0.0884	0.0944	0.0883
广西	0.0033	0.0034	0.0029	0.0030	0.0036	0.0044	0.0036	0.0040	0.0088	0.0182
海南	0.0010	0.0007	0.0005	0.0004	0.0059	0.0192	0.0175	0.0175	0.0163	0.0158
四川	0.0022	0.0050	0.0053	0.0067	0.0076	0.0096	0.0144	0.0132	0.0146	0.0132
贵州	0.0001	0.0005	0.0011	0.0012	0.0015	0.0018	0.0027	0.0030	0.0023	0.0021
云南	0.0004	0.0007	0.0018	0.0031	0.0030	0.0055	0.0080	0.0072	0.0072	0.0068
西藏	0.0000	0.0000	0.0000	0.0000	0.0000	0.0000	0.0000	0.0000	0.0000	0.0000
陕西	0.0167	0.0214	0.0261	0.0279	0.0407	0.0392	0.0403	0.0433	0.0434	0.0451
甘肃	0.0353	0.0343	0.0420	0.0405	0.0398	0.0415	0.0365	0.0354	0.0307	0.0325
青海	0.0000	0.0000	0.0000	0.0000	0.0000	0.0001	0.0004	0.0009	0.0007	0.0015
宁夏	0.0038	0.0038	0.0049	0.0054	0.0055	0.0048	0.0053	0.0078	0.0075	0.0053
新疆	0.0443	0.0416	0.0397	0.0415	0.0422	0.0406	0.0400	0.0400	0.0426	0.0426
重庆	0.0006	0.0005	0.0008	0.0009	0.0010	0.0012	0.0016	0.0018	0.0014	0.0014

附表 14　　　　　地区产业份额——化学原料及化学制品制造业

年份\地区	1992	1993	1994	1995	1996	1997	1998	1999	2000	2001
北京	0.0241	0.0295	0.0282			0.0200		0.0217	0.0226	0.0205
天津	0.0379	0.0338	0.0324			0.0288		0.0356	0.0340	0.0517
河北	0.0444	地区	0.0427			0.0512		0.0489	0.0461	0.0421
山西	0.0225	0.0224	0.0215			0.0219		0.0195	0.0176	0.0165
内蒙古	0.0070	0.0065	0.0061			0.0080		0.0079	0.0073	0.0071
辽宁	0.0684	0.0667	0.0616			0.0545		0.0485	0.0532	0.0471
吉林	0.0377	0.0370	0.0424			0.0447		0.0436	0.0466	0.0312
黑龙江	0.0153	0.0153	0.0121			0.0129		0.0084	0.0099	0.0094
上海	0.0752	0.0700	0.0701			0.0626		0.0710	0.0721	0.0712
江苏	0.1622	0.1594	0.1632			0.1519		0.1752	0.1818	0.1796
浙江	0.0503	0.0491	0.0483			0.0548		0.0661	0.0651	0.0697
安徽	0.0268	0.0264	0.0279			0.0359		0.0212	0.0201	0.0189
福建	0.0209	0.0220	0.0203			0.0173		0.0186	0.0184	0.0170
江西	0.0134	0.0138	0.0138			0.0145		0.0101	0.0092	0.0099
山东	0.0735	0.0831	0.0945			0.0834		0.0870	0.0859	0.1005
河南	0.0405	0.0389	0.0415			0.0448		0.0423	0.0378	0.0374
湖北	0.0382	0.0353	0.0383			0.0470		0.0408	0.0334	0.0325
湖南	0.0355	0.0359	0.0298			0.0307		0.0229	0.0250	0.0227
广东	0.0679	0.0730	0.0754			0.0775		0.0899	0.0963	0.1076
广西	0.0198	0.0203	0.0168			0.0170		0.0142	0.0137	0.0138
海南	0.0010	0.0012	0.0009			0.0032		0.0020	0.0027	0.0025
四川	0.0553	0.0530	0.0513			0.0355		0.0295	0.0272	0.0274
贵州	0.0092	0.0092	0.0083			0.0101		0.0112	0.0099	0.0100
云南	0.0150	0.0155	0.0161			0.0181		0.0179	0.0159	0.0164
西藏	0.0000	0.0000	0.0000			0.0000		0.0000	0.0000	0.0000
陕西	0.0137	0.0124	0.0113			0.0111		0.0094	0.0092	0.0094
甘肃	0.0165	0.0169	0.0156			0.0166		0.0127	0.0136	0.0054
青海	0.0020	0.0019	0.0018			0.0015		0.0020	0.0021	0.0021
宁夏	0.0024	0.0037	0.0043			0.0043		0.0047	0.0072	0.0048
新疆	0.0035	0.0032	0.0034			0.0038		0.0030	0.0032	0.0031
重庆						0.0163		0.0141	0.0130	0.0126

续表

年份 地区	2002	2003	2004	2005	2006	2007	2008	2009	2010	2011
北京	0.0204	0.0292	0.0308	0.0145	0.0126	0.0119	0.0090	0.0069	0.0075	0.0061
天津	0.0365	0.0340	0.0311	0.0208	0.0196	0.0183	0.0171	0.0154	0.0190	0.0191
河北	0.0405	0.0383	0.0367	0.0358	0.0357	0.0355	0.0323	0.0303	0.0312	0.0303
山西	0.0180	0.0168	0.0163	0.0155	0.0153	0.0159	0.0138	0.0113	0.0106	0.0102
内蒙古	0.0081	0.0076	0.0080	0.0094	0.0102	0.0125	0.0143	0.0170	0.0163	0.0178
辽宁	0.0414	0.0383	0.0349	0.0347	0.0360	0.0362	0.0338	0.0380	0.0440	0.0379
吉林	0.0279	0.0295	0.0308	0.0302	0.0283	0.0259	0.0239	0.0231	0.0225	0.0238
黑龙江	0.0092	0.0084	0.0082	0.0072	0.0075	0.0064	0.0068	0.0058	0.0068	0.0070
上海	0.0684	0.0620	0.0601	0.0640	0.0652	0.0606	0.0548	0.0458	0.0477	0.0416
江苏	0.1883	0.1797	0.1885	0.1924	0.1930	0.1931	0.1938	0.1921	0.1914	0.1930
浙江	0.0756	0.0729	0.0802	0.0759	0.0768	0.0800	0.0779	0.0733	0.0733	0.0748
安徽	0.0181	0.0169	0.0177	0.0176	0.0171	0.0183	0.0198	0.0225	0.0239	0.0255
福建	0.0185	0.0217	0.0239	0.0204	0.0189	0.0174	0.0160	0.0154	0.0163	0.0167
江西	0.0092	0.0079	0.0084	0.0092	0.0103	0.0123	0.0165	0.0194	0.0257	0.0260
山东	0.1073	0.1232	0.1303	0.1581	0.1690	0.1670	0.1716	0.1939	0.1730	0.1672
河南	0.0361	0.0331	0.0322	0.0350	0.0346	0.0396	0.0419	0.0370	0.0369	0.0417
湖北	0.0310	0.0300	0.0232	0.0259	0.0249	0.0258	0.0292	0.0317	0.0334	0.0363
湖南	0.0239	0.0234	0.0223	0.0231	0.0228	0.0243	0.0272	0.0302	0.0324	0.0350
广东	0.1138	0.1234	0.1132	0.1010	0.0990	0.0962	0.0920	0.0870	0.0854	0.0813
广西	0.0125	0.0115	0.0104	0.0113	0.0117	0.0114	0.0111	0.0106	0.0114	0.0112
海南	0.0026	0.0022	0.0024	0.0021	0.0028	0.0030	0.0026	0.0018	0.0018	0.0018
四川	0.0286	0.0286	0.0315	0.0330	0.0302	0.0303	0.0306	0.0337	0.0337	0.0346
贵州	0.0105	0.0100	0.0089	0.0120	0.0089	0.0091	0.0092	0.0077	0.0070	0.0078
云南	0.0168	0.0154	0.0157	0.0154	0.0145	0.0135	0.0153	0.0128	0.0118	0.0125
西藏	0.0000	0.0000	0.0000	0.0000	0.0000	0.0000	0.0000	0.0000	0.0000	0.0000
陕西	0.0092	0.0088	0.0074	0.0083	0.0086	0.0083	0.0077	0.0068	0.0071	0.0078
甘肃	0.0058	0.0051	0.0056	0.0059	0.0059	0.0055	0.0054	0.0051	0.0054	0.0052
青海	0.0018	0.0017	0.0023	0.0027	0.0031	0.0035	0.0045	0.0044	0.0032	0.0040
宁夏	0.0045	0.0038	0.0044	0.0045	0.0041	0.0042	0.0051	0.0040	0.0036	0.0042
新疆	0.0037	0.0043	0.0041	0.0037	0.0041	0.0051	0.0061	0.0066	0.0066	0.0077
重庆	0.0120	0.0122	0.0106	0.0104	0.0093	0.0091	0.0106	0.0105	0.0112	0.0121

附表 15   地区产业份额——医药制造业

年份 地区	1992	1993	1994	1995	1996	1997	1998	1999	2000	2001
北京	0.0276	0.0263	0.0245			0.0241		0.0288	0.0318	0.0312
天津	0.0294	0.0281	0.0288			0.0307		0.0394	0.0368	0.0366
河北	0.0466	0.0476	0.0541			0.0655		0.0723	0.0623	0.0693
山西	0.0139	0.0137	0.0120			0.0124		0.0134	0.0156	0.0133
内蒙古	0.0076	0.0076	0.0069			0.0045		0.0053	0.0052	0.0058
辽宁	0.0593	0.0607	0.0641			0.0361		0.0390	0.0339	0.0301
吉林	0.0424	0.0400	0.0320			0.0349		0.0355	0.0381	0.0415
黑龙江	0.0355	0.0347	0.0287			0.0289		0.0381	0.0419	0.0381
上海	0.0710	0.0725	0.0756			0.0770		0.0749	0.0712	0.0679
江苏	0.0955	0.1071	0.1048			0.0877		0.0896	0.0892	0.0893
浙江	0.0477	0.0498	0.0572			0.0551		0.0737	0.0852	0.0882
安徽	0.0246	0.0245	0.0253			0.0308		0.0157	0.0132	0.0137
福建	0.0146	0.0162	0.0168			0.0151		0.0143	0.0132	0.0134
江西	0.0319	0.0353	0.0337			0.0221		0.0232	0.0240	0.0218
山东	0.0605	0.0624	0.0667			0.0844		0.0574	0.0570	0.0620
河南	0.0394	0.0394	0.0457			0.0445		0.0380	0.0339	0.0347
湖北	0.0389	0.0368	0.0359			0.0525		0.0527	0.0523	0.0484
湖南	0.0216	0.0199	0.0175			0.0162		0.0152	0.0162	0.0161
广东	0.1630	0.1428	0.1436			0.1082		0.0956	0.1032	0.1018
广西	0.0173	0.0208	0.0219			0.0233		0.0196	0.0187	0.0198
海南	0.0047	0.0064	0.0049			0.0113		0.0120	0.0117	0.0113
四川	0.0498	0.0494	0.0456			0.0449		0.0421	0.0428	0.0401
贵州	0.0054	0.0040	0.0048			0.0113		0.0143	0.0176	0.0168
云南	0.0096	0.0094	0.0081			0.0121		0.0152	0.0146	0.0146
西藏	0.0000	0.0000	0.0000			0.0001		0.0014	0.0014	0.0015
陕西	0.0272	0.0295	0.0276			0.0351		0.0386	0.0345	0.0399
甘肃	0.0075	0.0076	0.0071			0.0056		0.0082	0.0086	0.0077
青海	0.0023	0.0026	0.0013			0.0007		0.0011	0.0016	0.0021
宁夏	0.0013	0.0015	0.0013			0.0014		0.0017	0.0020	0.0015
新疆	0.0035	0.0036	0.0034			0.0040		0.0036	0.0027	0.0022
重庆						0.0191		0.0203	0.0194	0.0193

年份 地区	2002	2003	2004	2005	2006	2007	2008	2009	2010	2011
北京	0.0363	0.0368	0.0369	0.0308	0.0299	0.0318	0.0335	0.0332	0.0317	0.0303
天津	0.0350	0.0370	0.0364	0.0329	0.0331	0.0289	0.0250	0.0263	0.0250	0.0221
河北	0.0686	0.0626	0.0531	0.0507	0.0453	0.0465	0.0454	0.0394	0.0400	0.0371
山西	0.0137	0.0133	0.0132	0.0115	0.0109	0.0105	0.0096	0.0086	0.0090	0.0076
内蒙古	0.0069	0.0078	0.0100	0.0110	0.0116	0.0120	0.0119	0.0140	0.0151	0.0181
辽宁	0.0264	0.0258	0.0261	0.0304	0.0310	0.0332	0.0341	0.0327	0.0332	0.0354
吉林	0.0419	0.0397	0.0364	0.0362	0.0392	0.0412	0.0436	0.0463	0.0506	0.0584
黑龙江	0.0362	0.0345	0.0291	0.0283	0.0247	0.0224	0.0219	0.0208	0.0196	0.0182
上海	0.0625	0.0606	0.0605	0.0511	0.0471	0.0428	0.0353	0.0374	0.0350	0.0300
江苏	0.1003	0.1062	0.1147	0.1094	0.1045	0.1010	0.1108	0.1172	0.1209	0.1211
浙江	0.0900	0.0962	0.0926	0.0995	0.0967	0.0906	0.0782	0.0705	0.0656	0.0569
安徽	0.0136	0.0124	0.0126	0.0119	0.0123	0.0141	0.0167	0.0180	0.0210	0.0236
福建	0.0137	0.0155	0.0161	0.0151	0.0160	0.0146	0.0138	0.0129	0.0126	0.0121
江西	0.0231	0.0294	0.0292	0.0289	0.0348	0.0343	0.0369	0.0367	0.0399	0.0391
山东	0.0687	0.0781	0.0979	0.1258	0.1260	0.1372	0.1422	0.1455	0.1376	0.1354
河南	0.0323	0.0345	0.0420	0.0433	0.0524	0.0591	0.0620	0.0608	0.0634	0.0725
湖北	0.0515	0.0443	0.0287	0.0347	0.0346	0.0353	0.0337	0.0333	0.0351	0.0373
湖南	0.0161	0.0194	0.0216	0.0228	0.0236	0.0252	0.0306	0.0309	0.0322	0.0328
广东	0.0903	0.0853	0.0799	0.0675	0.0741	0.0679	0.0633	0.0654	0.0682	0.0616
广西	0.0184	0.0179	0.0181	0.0174	0.0158	0.0151	0.0137	0.0140	0.0144	0.0152
海南	0.0110	0.0088	0.0085	0.0074	0.0063	0.0050	0.0052	0.0052	0.0056	0.0051
四川	0.0422	0.0393	0.0429	0.0422	0.0436	0.0496	0.0543	0.0530	0.0522	0.0603
贵州	0.0180	0.0178	0.0179	0.0198	0.0192	0.0172	0.0152	0.0160	0.0154	0.0152
云南	0.0157	0.0130	0.0129	0.0118	0.0118	0.0124	0.0122	0.0127	0.0120	0.0115
西藏	0.0014	0.0011	0.0013	0.0010	0.0010	0.0009	0.0007	0.0006	0.0005	0.0004
陕西	0.0350	0.0340	0.0337	0.0293	0.0267	0.0241	0.0226	0.0210	0.0195	0.0186
甘肃	0.0075	0.0071	0.0062	0.0067	0.0066	0.0053	0.0051	0.0046	0.0043	0.0042
青海	0.0021	0.0018	0.0018	0.0017	0.0019	0.0020	0.0016	0.0018	0.0018	0.0019
宁夏	0.0019	0.0019	0.0023	0.0030	0.0028	0.0026	0.0024	0.0024	0.0022	0.0021
新疆	0.0018	0.0015	0.0010	0.0009	0.0010	0.0011	0.0009	0.0010	0.0010	0.0009
重庆	0.0179	0.0164	0.0165	0.0171	0.0155	0.0161	0.0174	0.0176	0.0154	0.0147

附表 16　　　　　　　　地区产业份额——化学纤维制造业

年份 地区	1992	1993	1994	1995	1996	1997	1998	1999	2000	2001
北京	0.0152	0.0085	0.0080			0.0064		0.0038	0.0026	0.0025
天津	0.0361	0.0076	0.0125			0.0106		0.0068	0.0065	0.0065
河北	0.0184	0.0267	0.0261			0.0230		0.0222	0.0196	0.0241
山西	0.0166	0.0092	0.0091			0.0058		0.0026	0.0039	0.0045
内蒙古	0.0029	0.0021	0.0016			0.0006		0.0004	0.0003	0.0003
辽宁	0.0385	0.0311	0.0282			0.0237		0.0166	0.0158	0.0164
吉林	0.0219	0.0163	0.0220			0.0163		0.0213	0.0227	0.0257
黑龙江	0.0173	0.0167	0.0150			0.0159		0.0145	0.0143	0.0170
上海	0.1874	0.2053	0.1939			0.1622		0.1651	0.1887	0.0517
江苏	0.2490	0.2574	0.2616			0.2286		0.2354	0.2334	0.2832
浙江	0.0753	0.0725	0.0888			0.1081		0.1321	0.1371	0.1892
安徽	0.0091	0.0106	0.0110			0.0109		0.0136	0.0132	0.0090
福建	0.0196	0.0186	0.0184			0.0397		0.0415	0.0445	0.0559
江西	0.0161	0.0212	0.0204			0.0111		0.0106	0.0096	0.0108
山东	0.0461	0.0612	0.0737			0.0779		0.0964	0.0919	0.1226
河南	0.0416	0.0174	0.0193			0.0411		0.0389	0.0367	0.0448
湖北	0.0087	0.0097	0.0186			0.0251		0.0204	0.0166	0.0185
湖南	0.0149	0.0173	0.0104			0.0111		0.0136	0.0148	0.0162
广东	0.0955	0.1236	0.0999			0.1235		0.0952	0.0857	0.0597
广西	0.0106	0.0114	0.0111			0.0053		0.0054	0.0031	0.0028
海南	0.0074	0.0060	0.0029			0.0047		0.0091	0.0051	0.0047
四川	0.0354	0.0336	0.0309			0.0156		0.0145	0.0153	0.0148
贵州	0.0023	0.0025	0.0020			0.0013		0.0003	0.0004	0.0001
云南	0.0040	0.0043	0.0049			0.0066		0.0048	0.0034	0.0000
西藏	0.0000	0.0000	0.0000			0.0000		0.0000	0.0000	0.0001
陕西	0.0029	0.0025	0.0046			0.0043		0.0030	0.0023	0.0029
甘肃	0.0044	0.0042	0.0034			0.0020		0.0001	0.0001	0.0001
青海	0.0000	0.0000	0.0000			0.0000		0.0000	0.0000	0.0000
宁夏	0.0019	0.0013	0.0008			0.0007		0.0004	0.0004	0.0003
新疆	0.0013	0.0009	0.0010			0.0016		0.0012	0.0013	0.0015
重庆						0.0163		0.0104	0.0107	0.0138

续表

年份 地区	2002	2003	2004	2005	2006	2007	2008	2009	2010	2011
北京	0.0010	0.0007	0.0012	0.0027	0.0020	0.0010	0.0009	0.0007	0.0006	0.0003
天津	0.0063	0.0064	0.0027	0.0026	0.0008	0.0008	0.0018	0.0016	0.0013	0.0014
河北	0.0232	0.0209	0.0178	0.0171	0.0111	0.0106	0.0109	0.0110	0.0112	0.0108
山西	0.0025	0.0017	0.0019	0.0011	0.0009	0.0014	0.0010	0.0002	0.0002	0.0001
内蒙古	0.0001	0.0003	0.0004	0.0001	0.0002	0.0002	0.0000	0.0000	0.0000	0.0000
辽宁	0.0140	0.0101	0.0273	0.0230	0.0209	0.0204	0.0210	0.0170	0.0081	0.0057
吉林	0.0226	0.0206	0.0159	0.0163	0.0141	0.0185	0.0144	0.0170	0.0167	0.0130
黑龙江	0.0159	0.0145	0.0092	0.0047	0.0020	0.0022	0.0023	0.0020	0.0001	0.0014
上海	0.0484	0.0404	0.0390	0.0188	0.0152	0.0264	0.0113	0.0097	0.0084	0.0064
江苏	0.2965	0.3052	0.2669	0.3017	0.3118	0.3138	0.3167	0.3382	0.3397	0.3399
浙江	0.2140	0.2976	0.3743	0.3697	0.3872	0.3721	0.3895	0.3721	0.3751	0.3875
安徽	0.0116	0.0127	0.0112	0.0082	0.0079	0.0078	0.0091	0.0098	0.0113	0.0121
福建	0.0577	0.0511	0.0321	0.0503	0.0560	0.0550	0.0598	0.0655	0.0662	0.0717
江西	0.0097	0.0099	0.0112	0.0130	0.0109	0.0129	0.0084	0.0065	0.0074	0.0089
山东	0.1065	0.0842	0.0717	0.0564	0.0366	0.0355	0.0332	0.0371	0.0317	0.0291
河南	0.0432	0.0397	0.0380	0.0324	0.0329	0.0336	0.0297	0.0161	0.0241	0.0205
湖北	0.0162	0.0132	0.0105	0.0078	0.0074	0.0081	0.0084	0.0053	0.0067	0.0094
湖南	0.0187	0.0138	0.0114	0.0107	0.0079	0.0071	0.0066	0.0063	0.0062	0.0067
广东	0.0506	0.0306	0.0283	0.0306	0.0439	0.0408	0.0389	0.0356	0.0380	0.0293
广西	0.0025	0.0009	0.0002	0.0001	0.0000	0.0001	0.0001	0.0001	0.0000	0.0000
海南	0.0051	0.0041	0.0033	0.0022	0.0022	0.0018	0.0014	0.0012	0.0010	0.0015
四川	0.0150	0.0166	0.0168	0.0174	0.0164	0.0165	0.0180	0.0190	0.0195	0.0232
贵州	0.0003	0.0004	0.0005	0.0003	0.0002	0.0001	0.0000	0.0000	0.0000	0.0000
云南	0.0035	0.0027	0.0021	0.0034	0.0031	0.0026	0.0028	0.0032	0.0024	0.0019
西藏	0.0000	0.0000	0.0000	0.0000	0.0000	0.0000	0.0000	0.0000	0.0000	0.0000
陕西	0.0024	0.0002	0.0015	0.0013	0.0004	0.0004	0.0009	0.0029	0.0022	0.0018
甘肃	0.0001	0.0001	0.0018	0.0044	0.0035	0.0029	0.0028	0.0023	0.0014	0.0005
青海	0.0000	0.0000	0.0000	0.0000	0.0000	0.0000	0.0000	0.0000	0.0000	0.0000
宁夏	0.0003	0.0002	0.0002	0.0002	0.0001	0.0000	0.0000	0.0000	0.0000	0.0000
新疆	0.0010	0.0009	0.0022	0.0031	0.0042	0.0069	0.0090	0.0183	0.0192	0.0161
重庆	0.0111	0.0001	0.0007	0.0006	0.0006	0.0007	0.0011	0.0014	0.0015	0.0011

附表 17   地区产业份额——非金属矿物制品业

年份\地区	1992	1993	1994	1995	1996	1997	1998	1999	2000	2001
北京	0.0224	0.0215	0.0266			0.0182		0.0256	0.0251	0.0227
天津	0.0124	0.0106	0.0088			0.0094		0.0109	0.0107	0.0117
河北	0.0575	0.0547	0.0505			0.0601		0.0584	0.0577	0.0586
山西	0.0152	0.0146	0.0123			0.0143		0.0127	0.0135	0.0136
内蒙古	0.0110	0.0115	0.0091			0.0086		0.0060	0.0064	0.0066
辽宁	0.0616	0.0566	0.0540			0.0486		0.0459	0.0487	0.0489
吉林	0.0240	0.0194	0.0168			0.0165		0.0131	0.0139	0.0126
黑龙江	0.0248	0.0200	0.0171			0.0180		0.0129	0.0128	0.0111
上海	0.0319	0.0283	0.0283			0.0277		0.0347	0.0343	0.0416
江苏	0.1143	0.1123	0.1106			0.1058		0.1008	0.1066	0.1110
浙江	0.0601	0.0592	0.0614			0.0504		0.0575	0.0587	0.0623
安徽	0.0376	0.0349	0.0393			0.0648		0.0236	0.0215	0.0216
福建	0.0230	0.0270	0.0281			0.0314		0.0356	0.0372	0.0362
江西	0.0235	0.0232	0.0251			0.0211		0.0137	0.0131	0.0125
山东	0.0930	0.1051	0.1301			0.1082		0.1197	0.1234	0.1270
河南	0.0515	0.0519	0.0528			0.0679		0.0824	0.0826	0.0823
湖北	0.0411	0.0378	0.0409			0.0597		0.0489	0.0450	0.0404
湖南	0.0422	0.0409	0.0390			0.0447		0.0304	0.0299	0.0278
广东	0.1122	0.1262	0.1190			0.0939		0.1463	0.1376	0.1328
广西	0.0256	0.0295	0.0289			0.0238		0.0175	0.0178	0.0157
海南	0.0023	0.0031	0.0027			0.0018		0.0025	0.0026	0.0023
四川	0.0524	0.0541	0.0498			0.0410		0.0332	0.0337	0.0332
贵州	0.0086	0.0080	0.0064			0.0069		0.0068	0.0074	0.0076
云南	0.0117	0.0127	0.0103			0.0108		0.0133	0.0119	0.0101
西藏	0.0005	0.0004	0.0003			0.0005		0.0008	0.0008	0.0008
陕西	0.0151	0.0138	0.0124			0.0122		0.0105	0.0099	0.0098
甘肃	0.0117	0.0108	0.0093			0.0094		0.0099	0.0107	0.0118
青海	0.0019	0.0013	0.0011			0.0018		0.0018	0.0019	0.0019
宁夏	0.0029	0.0026	0.0021			0.0021		0.0023	0.0023	0.0027
新疆	0.0082	0.0080	0.0067			0.0072		0.0081	0.0082	0.0093
重庆						0.0130		0.0139	0.0141	0.0136

续表

年份 地区	2002	2003	2004	2005	2006	2007	2008	2009	2010	2011
北京	0.0256	0.0219	0.0247	0.0211	0.0200	0.0166	0.0142	0.0139	0.0122	0.0111
天津	0.0111	0.0114	0.0105	0.0104	0.0086	0.0088	0.0104	0.0079	0.0081	0.0071
河北	0.0561	0.0534	0.0526	0.0491	0.0501	0.0481	0.0456	0.0429	0.0405	0.0416
山西	0.0148	0.0137	0.0135	0.0109	0.0096	0.0088	0.0083	0.0079	0.0091	0.0092
内蒙古	0.0076	0.0084	0.0097	0.0098	0.0106	0.0119	0.0136	0.0170	0.0174	0.0171
辽宁	0.0431	0.0420	0.0359	0.0414	0.0481	0.0531	0.0632	0.0694	0.0723	0.0679
吉林	0.0114	0.0115	0.0111	0.0116	0.0129	0.0140	0.0160	0.0223	0.0225	0.0259
黑龙江	0.0098	0.0082	0.0081	0.0062	0.0061	0.0055	0.0057	0.0067	0.0090	0.0101
上海	0.0384	0.0398	0.0461	0.0388	0.0334	0.0269	0.0228	0.0191	0.0161	0.0134
江苏	0.1082	0.0909	0.0991	0.0904	0.0868	0.0846	0.0860	0.0805	0.0814	0.0786
浙江	0.0660	0.0702	0.0747	0.0690	0.0644	0.0586	0.0537	0.0474	0.0456	0.0444
安徽	0.0223	0.0228	0.0238	0.0204	0.0219	0.0220	0.0234	0.0245	0.0292	0.0358
福建	0.0389	0.0450	0.0533	0.0516	0.0526	0.0532	0.0466	0.0439	0.0416	0.0442
江西	0.0125	0.0149	0.0158	0.0177	0.0203	0.0240	0.0260	0.0292	0.0328	0.0335
山东	0.1375	0.1654	0.1683	0.1900	0.1873	0.1796	0.1719	0.1680	0.1465	0.1366
河南	0.0794	0.0832	0.0827	0.0942	0.1016	0.1166	0.1228	0.1203	0.1176	0.1265
湖北	0.0387	0.0339	0.0231	0.0250	0.0242	0.0247	0.0283	0.0315	0.0340	0.0384
湖南	0.0287	0.0261	0.0245	0.0265	0.0249	0.0280	0.0296	0.0321	0.0365	0.0413
广东	0.1273	0.1212	0.1189	0.1146	0.1175	0.1150	0.1060	0.0940	0.0953	0.0798
广西	0.0145	0.0146	0.0138	0.0142	0.0138	0.0146	0.0152	0.0164	0.0189	0.0210
海南	0.0021	0.0020	0.0019	0.0016	0.0015	0.0016	0.0021	0.0023	0.0026	0.0025
四川	0.0382	0.0355	0.0330	0.0339	0.0345	0.0362	0.0392	0.0487	0.0524	0.0547
贵州	0.0070	0.0066	0.0055	0.0052	0.0054	0.0049	0.0050	0.0054	0.0057	0.0068
云南	0.0096	0.0093	0.0082	0.0085	0.0094	0.0073	0.0067	0.0075	0.0076	0.0072
西藏	0.0010	0.0012	0.0009	0.0009	0.0008	0.0005	0.0004	0.0004	0.0004	0.0004
陕西	0.0104	0.0092	0.0089	0.0079	0.0084	0.0088	0.0099	0.0126	0.0128	0.0134
甘肃	0.0124	0.0094	0.0066	0.0055	0.0047	0.0042	0.0043	0.0049	0.0053	0.0052
青海	0.0022	0.0020	0.0018	0.0017	0.0013	0.0014	0.0015	0.0017	0.0021	0.0018
宁夏	0.0028	0.0029	0.0034	0.0026	0.0028	0.0026	0.0029	0.0029	0.0033	0.0027
新疆	0.0087	0.0082	0.0064	0.0058	0.0054	0.0055	0.0055	0.0062	0.0064	0.0068
重庆	0.0139	0.0152	0.0130	0.0137	0.0113	0.0122	0.0133	0.0126	0.0143	0.0151

附表 18　　　　地区产业份额——黑色金属冶炼及压延加工业

年份 地区	1992	1993	1994	1995	1996	1997	1998	1999	2000	2001
北京	0.0491	0.0458	0.0562			0.0515		0.0362	0.0381	0.0507
天津	0.0367	0.0391	0.0349			0.0259		0.0484	0.0431	0.0455
河北	0.0701	0.0745	0.0793			0.0991		0.1121	0.1147	0.1128
山西	0.0355	0.0343	0.0356			0.0411		0.0445	0.0448	0.0461
内蒙古	0.0260	0.0239	0.0223			0.0263		0.0321	0.0296	0.0266
辽宁	0.1448	0.1409	0.1312			0.1116		0.1058	0.1040	0.0963
吉林	0.0170	0.0163	0.0128			0.0144		0.0132	0.0156	0.0162
黑龙江	0.0159	0.0147	0.0132			0.0101		0.0072	0.0058	0.0061
上海	0.1452	0.1358	0.1391			0.1358		0.1266	0.1238	0.1188
江苏	0.0751	0.0775	0.0833			0.0806		0.0852	0.0977	0.1010
浙江	0.0186	0.0186	0.0201			0.0224		0.0234	0.0259	0.0237
安徽	0.0267	0.0291	0.0287			0.0326		0.0233	0.0231	0.0233
福建	0.0088	0.0090	0.0085			0.0124		0.0183	0.0164	0.0159
江西	0.0160	0.0145	0.0149			0.0136		0.0143	0.0151	0.0157
山东	0.0398	0.0396	0.0426			0.0474		0.0464	0.0478	0.0493
河南	0.0202	0.0260	0.0244			0.0273		0.0302	0.0300	0.0306
湖北	0.0678	0.0685	0.0683			0.0602		0.0518	0.0495	0.0468
湖南	0.0253	0.0242	0.0224			0.0227		0.0230	0.0214	0.0221
广东	0.0242	0.0238	0.0255			0.0263		0.0291	0.0301	0.0349
广西	0.0091	0.0090	0.0098			0.0100		0.0098	0.0088	0.0093
海南	0.0004	0.0006	0.0005			0.0005		0.0005	0.0008	0.0007
四川	0.0757	0.0827	0.0756			0.0543		0.0513	0.0495	0.0466
贵州	0.0095	0.0089	0.0055			0.0113		0.0124	0.0123	0.0113
云南	0.0124	0.0124	0.0128			0.0165		0.0115	0.0114	0.0102
西藏	0.0000	0.0000	0.0000			0.0000		0.0000	0.0000	0.0000
陕西	0.0084	0.0094	0.0089			0.0070		0.0046	0.0038	0.0038
甘肃	0.0090	0.0088	0.0101			0.0113		0.0122	0.0115	0.0107
青海	0.0051	0.0042	0.0051			0.0051		0.0045	0.0046	0.0038
宁夏	0.0021	0.0021	0.0024			0.0018		0.0019	0.0022	0.0019
新疆	0.0054	0.0057	0.0059			0.0059		0.0060	0.0071	0.0089
重庆						0.0150		0.0139	0.0118	0.0101

续表

年份 地区	2002	2003	2004	2005	2006	2007	2008	2009	2010	2011
北京	0.0451	0.0376	0.0297	0.0255	0.0215	0.0182	0.0133	0.0111	0.0084	0.0029
天津	0.0438	0.0430	0.0454	0.0391	0.0456	0.0503	0.0508	0.0614	0.0529	0.0548
河北	0.1247	0.1455	0.1543	0.1601	0.1585	0.1559	0.1750	0.1733	0.1742	0.1789
山西	0.0502	0.0562	0.0509	0.0488	0.0467	0.0515	0.0425	0.0359	0.0385	0.0404
内蒙古	0.0255	0.0236	0.0222	0.0251	0.0268	0.0232	0.0287	0.0334	0.0242	0.0250
辽宁	0.0962	0.0893	0.0877	0.0799	0.0771	0.0705	0.0695	0.0751	0.0774	0.0706
吉林	0.0153	0.0116	0.0105	0.0102	0.0101	0.0097	0.0107	0.0099	0.0103	0.0112
黑龙江	0.0050	0.0055	0.0048	0.0046	0.0046	0.0052	0.0051	0.0050	0.0052	0.0051
上海	0.0897	0.0798	0.0637	0.0624	0.0569	0.0478	0.0366	0.0302	0.0332	0.0283
江苏	0.1153	0.1235	0.1387	0.1414	0.1499	0.1526	0.1435	0.1473	0.1373	0.1304
浙江	0.0250	0.0260	0.0313	0.0291	0.0317	0.0344	0.0368	0.0349	0.0368	0.0354
安徽	0.0230	0.0218	0.0232	0.0220	0.0201	0.0225	0.0262	0.0252	0.0263	0.0277
福建	0.0160	0.0164	0.0164	0.0163	0.0169	0.0167	0.0169	0.0173	0.0183	0.0196
江西	0.0182	0.0178	0.0150	0.0158	0.0168	0.0167	0.0166	0.0160	0.0179	0.0188
山东	0.0626	0.0691	0.0762	0.0902	0.0884	0.0838	0.0806	0.0769	0.0729	0.0761
河南	0.0318	0.0327	0.0314	0.0349	0.0367	0.0437	0.0428	0.0393	0.0374	0.0384
湖北	0.0446	0.0380	0.0364	0.0332	0.0283	0.0275	0.0377	0.0401	0.0471	0.0479
湖南	0.0214	0.0210	0.0224	0.0228	0.0232	0.0247	0.0252	0.0208	0.0233	0.0245
广东	0.0318	0.0332	0.0318	0.0339	0.0359	0.0370	0.0334	0.0333	0.0380	0.0361
广西	0.0101	0.0108	0.0129	0.0139	0.0153	0.0173	0.0190	0.0186	0.0205	0.0218
海南	0.0004	0.0006	0.0004	0.0004	0.0004	0.0005	0.0003	0.0004	0.0001	0.0001
四川	0.0439	0.0393	0.0346	0.0327	0.0319	0.0311	0.0272	0.0324	0.0319	0.0332
贵州	0.0108	0.0104	0.0105	0.0087	0.0086	0.0086	0.0081	0.0077	0.0079	0.0085
云南	0.0110	0.0117	0.0128	0.0138	0.0123	0.0137	0.0145	0.0136	0.0149	0.0139
西藏	0.0000	0.0000	0.0000	0.0000	0.0000	0.0000	0.0000	0.0000	0.0000	0.0000
陕西	0.0049	0.0062	0.0064	0.0069	0.0073	0.0067	0.0066	0.0089	0.0084	0.0101
甘肃	0.0094	0.0087	0.0105	0.0113	0.0106	0.0114	0.0109	0.0116	0.0116	0.0132
青海	0.0032	0.0028	0.0022	0.0021	0.0027	0.0028	0.0034	0.0027	0.0028	0.0028
宁夏	0.0017	0.0020	0.0026	0.0015	0.0017	0.0024	0.0020	0.0017	0.0023	0.0027
新疆	0.0096	0.0071	0.0070	0.0067	0.0066	0.0070	0.0091	0.0089	0.0107	0.0109
重庆	0.0096	0.0088	0.0081	0.0068	0.0069	0.0066	0.0069	0.0070	0.0093	0.0108

附表 19　　　　　地区产业份额——有色金属冶炼及压延加工业

年份 地区	1992	1993	1994	1995	1996	1997	1998	1999	2000	2001
北京		0.0127	0.0106			0.0056		0.0047	0.0052	0.0069
天津		0.0231	0.0233			0.0124		0.0207	0.0182	0.0177
河北		0.0161	0.0165			0.0280		0.0251	0.0243	0.0260
山西		0.0228	0.0227			0.0355		0.0354	0.0395	0.0369
内蒙古		0.0114	0.0204			0.0142		0.0171	0.0164	0.0158
辽宁		0.0863	0.0834			0.0740		0.0586	0.0577	0.0508
吉林		0.0144	0.0116			0.0106		0.0077	0.0066	0.0079
黑龙江		0.0113	0.0082			0.0081		0.0052	0.0061	0.0059
上海		0.0757	0.0675			0.0417		0.0398	0.0409	0.0398
江苏		0.1005	0.1078			0.0983		0.1045	0.1039	0.1043
浙江		0.0576	0.0591			0.0620		0.0607	0.0628	0.0737
安徽		0.0335	0.0320			0.0324		0.0353	0.0332	0.0288
福建		0.0090	0.0096			0.0164		0.0181	0.0196	0.0198
江西		0.0321	0.0354			0.0366		0.0276	0.0318	0.0354
山东		0.0356	0.0331			0.0438		0.0537	0.0528	0.0510
河南		0.0517	0.0486			0.0588		0.0731	0.0745	0.0825
湖北		0.0355	0.0310			0.0355		0.0293	0.0285	0.0258
湖南		0.0472	0.0537			0.0557		0.0504	0.0514	0.0528
广东		0.0726	0.0558			0.0582		0.0817	0.0714	0.0691
广西		0.0178	0.0258			0.0421		0.0369	0.0376	0.0361
海南		0.0003	0.0003			0.0002		0.0003	0.0003	0.0005
四川		0.0352	0.0367			0.0241		0.0228	0.0220	0.0240
贵州		0.0267	0.0313			0.0280		0.0258	0.0255	0.0236
云南		0.0461	0.0481			0.0461		0.0435	0.0449	0.0438
西藏		0.0000	0.0000			0.0000		0.0000	0.0000	0.0000
陕西		0.0123	0.0113			0.0136		0.0119	0.0117	0.0107
甘肃		0.0836	0.0847			0.0649		0.0553	0.0599	0.0580
青海		0.0127	0.0151			0.0178		0.0211	0.0193	0.0159
宁夏		0.0107	0.0108			0.0113		0.0133	0.0139	0.0163
新疆		0.0056	0.0056			0.0086		0.0064	0.0059	0.0049
重庆						0.0156		0.0142	0.0141	0.0155

续表

年份 地区	2002	2003	2004	2005	2006	2007	2008	2009	2010	2011
北京	0.0086	0.0079	0.0078	0.0060	0.0042	0.0037	0.0032	0.0026	0.0025	0.0026
天津	0.0206	0.0152	0.0170	0.0121	0.0115	0.0096	0.0123	0.0121	0.0161	0.0172
河北	0.0280	0.0268	0.0234	0.0186	0.0137	0.0121	0.0115	0.0141	0.0134	0.0135
山西	0.0344	0.0386	0.0312	0.0300	0.0276	0.0237	0.0202	0.0133	0.0144	0.0145
内蒙古	0.0164	0.0217	0.0212	0.0218	0.0244	0.0322	0.0386	0.0456	0.0455	0.0451
辽宁	0.0535	0.0451	0.0354	0.0364	0.0345	0.0319	0.0355	0.0390	0.0331	0.0303
吉林	0.0077	0.0058	0.0084	0.0037	0.0039	0.0049	0.0049	0.0050	0.0039	0.0040
黑龙江	0.0052	0.0036	0.0037	0.0024	0.0018	0.0016	0.0019	0.0015	0.0015	0.0012
上海	0.0397	0.0379	0.0387	0.0323	0.0322	0.0239	0.0198	0.0156	0.0158	0.0139
江苏	0.1066	0.1057	0.1121	0.1052	0.1088	0.1062	0.1046	0.1119	0.1033	0.0832
浙江	0.0789	0.0857	0.0935	0.0946	0.0939	0.0778	0.0668	0.0622	0.0653	0.0575
安徽	0.0293	0.0285	0.0293	0.0345	0.0389	0.0353	0.0347	0.0360	0.0416	0.0440
福建	0.0186	0.0173	0.0163	0.0154	0.0152	0.0153	0.0159	0.0160	0.0172	0.0207
江西	0.0297	0.0379	0.0426	0.0479	0.0567	0.0713	0.0833	0.0821	0.0890	0.0966
山东	0.0458	0.0598	0.0776	0.0844	0.0814	0.0892	0.0961	0.1075	0.0991	0.1091
河南	0.0795	0.0819	0.0883	0.0898	0.0864	0.0961	0.1109	0.1008	0.0986	0.1038
湖北	0.0275	0.0222	0.0223	0.0222	0.0198	0.0205	0.0203	0.0184	0.0209	0.0233
湖南	0.0508	0.0459	0.0448	0.0472	0.0473	0.0480	0.0514	0.0540	0.0599	0.0692
广东	0.0727	0.0802	0.0778	0.0832	0.0820	0.0843	0.0867	0.0889	0.0822	0.0688
广西	0.0254	0.0230	0.0247	0.0226	0.0218	0.0207	0.0197	0.0192	0.0238	0.0232
海南	0.0006	0.0003	0.0002	0.0002	0.0001	0.0001	0.0001	0.0000	0.0000	0.0001
四川	0.0283	0.0277	0.0236	0.0245	0.0260	0.0267	0.0231	0.0227	0.0207	0.0229
贵州	0.0258	0.0262	0.0208	0.0169	0.0153	0.0121	0.0085	0.0083	0.0078	0.0083
云南	0.0465	0.0445	0.0446	0.0506	0.0588	0.0554	0.0429	0.0369	0.0356	0.0358
西藏	0.0000	0.0000	0.0000	0.0000	0.0000	0.0000	0.0000	0.0000	0.0000	0.0000
陕西	0.0122	0.0137	0.0129	0.0142	0.0132	0.0177	0.0186	0.0202	0.0230	0.0258
甘肃	0.0541	0.0475	0.0429	0.0428	0.0412	0.0418	0.0331	0.0315	0.0303	0.0275
青海	0.0160	0.0139	0.0107	0.0111	0.0100	0.0092	0.0094	0.0095	0.0108	0.0128
宁夏	0.0160	0.0142	0.0104	0.0101	0.0100	0.0088	0.0079	0.0079	0.0081	0.0081
新疆	0.0053	0.0046	0.0028	0.0025	0.0021	0.0024	0.0022	0.0016	0.0025	0.0035
重庆	0.0164	0.0166	0.0151	0.0168	0.0174	0.0177	0.0160	0.0155	0.0142	0.0136

附表 20　　　　　　　　　地区产业份额——金属制品业

年份 地区	1992	1993	1994	1995	1996	1997	1998	1999	2000	2001
北京	0.0296	0.0275	0.0316			0.0188		0.0207	0.0206	0.0203
天津	0.0412	0.0488	0.0391			0.0302		0.0459	0.0442	0.0427
河北	0.0418	0.0482	0.0460			0.0533		0.0415	0.0453	0.0432
山西	0.0170	0.0157	0.0151			0.0166		0.0125	0.0094	0.0091
内蒙古	0.0090	0.0098	0.0071			0.0061		0.0031	0.0027	0.0026
辽宁	0.0585	0.0625	0.0644			0.0548		0.0387	0.0397	0.0398
吉林	0.0162	0.0142	0.0117			0.0085		0.0041	0.0050	0.0047
黑龙江	0.0225	0.0202	0.0161			0.0206		0.0065	0.0064	0.0060
上海	0.0909	0.0746	0.0772			0.0872		0.1114	0.1032	0.0963
江苏	0.1602	0.1638	0.1686			0.1540		0.1639	0.1576	0.1579
浙江	0.0768	0.0745	0.0690			0.0646		0.0865	0.1026	0.1112
安徽	0.0214	0.0220	0.0218			0.0328		0.0081	0.0075	0.0058
福建	0.0185	0.0160	0.0164			0.0284		0.0212	0.0266	0.0239
江西	0.0098	0.0107	0.0106			0.0081		0.0034	0.0036	0.0040
山东	0.0842	0.0913	0.1011			0.0789		0.0801	0.0795	0.0841
河南	0.0223	0.0218	0.0212			0.0229		0.0216	0.0197	0.0191
湖北	0.0381	0.0366	0.0382			0.0537		0.0406	0.0332	0.0325
湖南	0.0186	0.0224	0.0186			0.0189		0.0089	0.0078	0.0092
广东	0.1212	0.1205	0.1260			0.1668		0.2328	0.2386	0.2398
广西	0.0105	0.0105	0.0105			0.0109		0.0045	0.0047	0.0056
海南	0.0014	0.0015	0.0011			0.0017		0.0038	0.0038	0.0036
四川	0.0481	0.0463	0.0451			0.0227		0.0120	0.0115	0.0114
贵州	0.0068	0.0059	0.0144			0.0053		0.0036	0.0035	0.0037
云南	0.0071	0.0073	0.0056			0.0044		0.0034	0.0033	0.0030
西藏	0.0000	0.0000	0.0000			0.0000		0.0000	0.0000	0.0000
陕西	0.0129	0.0117	0.0102			0.0094		0.0069	0.0058	0.0047
甘肃	0.0083	0.0078	0.0063			0.0059		0.0035	0.0045	0.0048
青海	0.0019	0.0017	0.0016			0.0013		0.0008	0.0005	0.0008
宁夏	0.0017	0.0016	0.0014			0.0028		0.0022	0.0024	0.0024
新疆	0.0035	0.0045	0.0039			0.0035		0.0033	0.0031	0.0027
重庆						0.0066		0.0046	0.0037	0.0054

续表

年份 地区	2002	2003	2004	2005	2006	2007	2008	2009	2010	2011
北京	0.0215	0.0187	0.0204	0.0182	0.0170	0.0169	0.0140	0.0115	0.0116	0.0108
天津	0.0407	0.0419	0.0396	0.0368	0.0317	0.0300	0.0387	0.0325	0.0337	0.0373
河北	0.0422	0.0401	0.0378	0.0467	0.0457	0.0421	0.0478	0.0522	0.0547	0.0692
山西	0.0081	0.0058	0.0050	0.0057	0.0053	0.0031	0.0026	0.0024	0.0024	0.0024
内蒙古	0.0021	0.0017	0.0019	0.0016	0.0017	0.0022	0.0026	0.0059	0.0077	0.0066
辽宁	0.0324	0.0336	0.0302	0.0349	0.0422	0.0457	0.0573	0.0606	0.0619	0.0601
吉林	0.0027	0.0023	0.0028	0.0027	0.0030	0.0044	0.0062	0.0084	0.0088	0.0097
黑龙江	0.0051	0.0055	0.0079	0.0042	0.0028	0.0025	0.0034	0.0032	0.0037	0.0037
上海	0.0953	0.0936	0.1094	0.0902	0.0786	0.0727	0.0648	0.0468	0.0450	0.0393
江苏	0.1635	0.1972	0.1760	0.1753	0.1787	0.1748	0.1811	0.1765	0.1760	0.1640
浙江	0.1278	0.1321	0.1278	0.1280	0.1289	0.1269	0.1176	0.1078	0.0979	0.0895
安徽	0.0069	0.0079	0.0120	0.0149	0.0134	0.0153	0.0187	0.0223	0.0248	0.0308
福建	0.0278	0.0254	0.0222	0.0259	0.0250	0.0254	0.0240	0.0221	0.0223	0.0240
江西	0.0046	0.0044	0.0056	0.0067	0.0086	0.0095	0.0088	0.0107	0.0127	0.0132
山东	0.0814	0.0790	0.0900	0.1011	0.0992	0.1062	0.0970	0.1079	0.0983	0.0974
河南	0.0166	0.0152	0.0188	0.0208	0.0262	0.0242	0.0263	0.0271	0.0309	0.0336
湖北	0.0272	0.0233	0.0145	0.0171	0.0162	0.0166	0.0201	0.0228	0.0268	0.0300
湖南	0.0098	0.0104	0.0097	0.0100	0.0107	0.0128	0.0136	0.0171	0.0203	0.0242
广东	0.2382	0.2247	0.2306	0.2238	0.2291	0.2289	0.2059	0.2025	0.2033	0.1875
广西	0.0048	0.0035	0.0019	0.0018	0.0027	0.0029	0.0043	0.0050	0.0052	0.0078
海南	0.0032	0.0030	0.0027	0.0023	0.0019	0.0017	0.0013	0.0011	0.0012	0.0011
四川	0.0124	0.0104	0.0129	0.0121	0.0138	0.0167	0.0233	0.0286	0.0268	0.0323
贵州	0.0038	0.0036	0.0030	0.0028	0.0022	0.0031	0.0040	0.0030	0.0021	0.0019
云南	0.0028	0.0018	0.0017	0.0017	0.0018	0.0016	0.0016	0.0029	0.0024	0.0023
西藏	0.0000	0.0000	0.0000	0.0000	0.0000	0.0000	0.0000	0.0000	0.0000	0.0000
陕西	0.0040	0.0029	0.0043	0.0031	0.0031	0.0030	0.0034	0.0045	0.0038	0.0047
甘肃	0.0049	0.0034	0.0018	0.0015	0.0017	0.0013	0.0015	0.0028	0.0037	0.0031
青海	0.0006	0.0004	0.0007	0.0009	0.0005	0.0008	0.0008	0.0010	0.0004	0.0002
宁夏	0.0018	0.0012	0.0014	0.0014	0.0012	0.0010	0.0011	0.0014	0.0012	0.0012
新疆	0.0016	0.0017	0.0024	0.0022	0.0019	0.0020	0.0025	0.0030	0.0024	0.0025
重庆	0.0060	0.0054	0.0050	0.0052	0.0053	0.0054	0.0057	0.0066	0.0080	0.0096

附表21 地区产业份额——通用设备制造业

年份 地区	1992	1993	1994	1995	1996	1997	1998	1999	2000	2001
北京		0.0330	0.0313			0.0167		0.0147	0.0146	0.0182
天津		0.0246	0.0223			0.0260		0.0256	0.0248	0.0262
河北		0.0350	0.0307			0.0369		0.0306	0.0294	0.0279
山西		0.0127	0.0115			0.0130		0.0088	0.0084	0.0093
内蒙古		0.0058	0.0054			0.0053		0.0026	0.0023	0.0019
辽宁		0.0920	0.0927			0.0795		0.0674	0.0653	0.0663
吉林		0.0110	0.0102			0.0085		0.0047	0.0055	0.0057
黑龙江		0.0284	0.0250			0.0223		0.0131	0.0123	0.0137
上海		0.0851	0.0860			0.0962		0.1121	0.1034	0.1045
江苏		0.1803	0.1809			0.2044		0.2284	0.2278	0.2237
浙江		0.0781	0.0766			0.0694		0.1116	0.1290	0.1404
安徽		0.0273	0.0315			0.0462		0.0192	0.0177	0.0158
福建		0.0143	0.0139			0.0129		0.0113	0.0126	0.0146
江西		0.0152	0.0153			0.0127		0.0071	0.0064	0.0063
山东		0.0843	0.1018			0.1020		0.1147	0.1166	0.1209
河南		0.0341	0.0354			0.0397		0.0386	0.0353	0.0330
湖北		0.0300	0.0312			0.0384		0.0271	0.0332	0.0252
湖南		0.0308	0.0296			0.0235		0.0141	0.0126	0.0122
广东		0.0459	0.0478			0.0492		0.0633	0.0626	0.0586
广西		0.0264	0.0252			0.0162		0.0168	0.0158	0.0168
海南		0.0004	0.0003			0.0001		0.0001	0.0001	0.0002
四川		0.0602	0.0559			0.0327		0.0274	0.0243	0.0211
贵州		0.0078	0.0061			0.0035		0.0020	0.0020	0.0018
云南		0.0065	0.0059			0.0051		0.0042	0.0043	0.0043
西藏		0.0000	0.0000			0.0000		0.0000	0.0000	0.0000
陕西		0.0140	0.0119			0.0110		0.0108	0.0101	0.0118
甘肃		0.0057	0.0053			0.0049		0.0048	0.0045	0.0044
青海		0.0039	0.0034			0.0025		0.0016	0.0005	0.0005
宁夏		0.0051	0.0049			0.0050		0.0044	0.0040	0.0036
新疆		0.0024	0.0020			0.0020		0.0013	0.0010	0.0008
重庆						0.0140		0.0115	0.0138	0.0101

续表

年份 地区	2002	2003	2004	2005	2006	2007	2008	2009	2010	2011
北京	0.0168	0.0194	0.0219	0.0223	0.0213	0.0189	0.0166	0.0138	0.0156	0.0146
天津	0.0240	0.0228	0.0251	0.0219	0.0204	0.0230	0.0246	0.0232	0.0207	0.0209
河北	0.0255	0.0235	0.0252	0.0266	0.0265	0.0277	0.0277	0.0299	0.0338	0.0392
山西	0.0084	0.0102	0.0121	0.0120	0.0065	0.0068	0.0054	0.0052	0.0065	0.0068
内蒙古	0.0017	0.0014	0.0016	0.0017	0.0024	0.0028	0.0034	0.0056	0.0047	0.0057
辽宁	0.0628	0.0647	0.0539	0.0617	0.0730	0.0777	0.0899	0.1014	0.1029	0.1037
吉林	0.0054	0.0036	0.0038	0.0040	0.0035	0.0039	0.0064	0.0067	0.0078	0.0083
黑龙江	0.0117	0.0124	0.0214	0.0220	0.0197	0.0171	0.0170	0.0143	0.0129	0.0108
上海	0.1068	0.1211	0.1207	0.1159	0.1114	0.1027	0.0898	0.0794	0.0682	0.0634
江苏	0.2236	0.2067	0.1954	0.1824	0.1809	0.1800	0.1847	0.1739	0.1760	0.1584
浙江	0.1448	0.1494	0.1599	0.1535	0.1457	0.1403	0.1205	0.1036	0.1075	0.0956
安徽	0.0151	0.0145	0.0151	0.0144	0.0152	0.0166	0.0186	0.0200	0.0255	0.0310
福建	0.0149	0.0151	0.0165	0.0153	0.0151	0.0166	0.0174	0.0175	0.0177	0.0194
江西	0.0057	0.0048	0.0048	0.0041	0.0047	0.0050	0.0055	0.0062	0.0071	0.0097
山东	0.1244	0.1388	0.1356	0.1499	0.1589	0.1594	0.1620	0.1815	0.1680	0.1702
河南	0.0303	0.0299	0.0264	0.0334	0.0341	0.0385	0.0435	0.0447	0.0466	0.0539
湖北	0.0273	0.0294	0.0198	0.0212	0.0198	0.0206	0.0189	0.0206	0.0227	0.0247
湖南	0.0121	0.0124	0.0136	0.0128	0.0144	0.0158	0.0184	0.0206	0.0240	0.0294
广东	0.0555	0.0584	0.0644	0.0620	0.0604	0.0598	0.0620	0.0569	0.0543	0.0522
广西	0.0230	0.0062	0.0045	0.0036	0.0038	0.0038	0.0051	0.0051	0.0053	0.0060
海南	0.0001	0.0001	0.0001	0.0001	0.0000	0.0000	0.0001	0.0002	0.0002	0.0000
四川	0.0230	0.0236	0.0250	0.0293	0.0345	0.0352	0.0352	0.0420	0.0428	0.0457
贵州	0.0015	0.0012	0.0014	0.0013	0.0012	0.0012	0.0010	0.0009	0.0009	0.0012
云南	0.0045	0.0018	0.0020	0.0021	0.0024	0.0026	0.0023	0.0018	0.0021	0.0022
西藏	0.0000	0.0000	0.0000	0.0000	0.0000	0.0000	0.0000	0.0000	0.0000	0.0000
陕西	0.0118	0.0105	0.0130	0.0111	0.0099	0.0099	0.0092	0.0090	0.0099	0.0107
甘肃	0.0038	0.0030	0.0025	0.0020	0.0019	0.0019	0.0019	0.0017	0.0017	0.0014
青海	0.0013	0.0010	0.0009	0.0009	0.0006	0.0006	0.0007	0.0008	0.0006	0.0005
宁夏	0.0029	0.0025	0.0021	0.0018	0.0020	0.0017	0.0014	0.0011	0.0012	0.0011
新疆	0.0006	0.0011	0.0009	0.0006	0.0005	0.0005	0.0004	0.0004	0.0004	0.0003
重庆	0.0104	0.0103	0.0102	0.0101	0.0090	0.0095	0.0106	0.0119	0.0125	0.0130

附表 22　　　　　　　　　　地区产业份额——专用设备制造业

年份 地区	1992	1993	1994	1995	1996	1997	1998	1999	2000	2001
北京		0.0229	0.0342			0.0242		0.0462	0.0508	0.0371
天津		0.0385	0.0169			0.0184		0.0161	0.0174	0.0207
河北		0.0425	0.0395			0.0460		0.0418	0.0383	0.0379
山西		0.0201	0.0186			0.0152		0.0142	0.0153	0.0135
内蒙古		0.0035	0.0034			0.0028		0.0019	0.0013	0.0012
辽宁		0.0706	0.0654			0.0497		0.0410	0.0417	0.0409
吉林		0.0152	0.0134			0.0114		0.0060	0.0054	0.0061
黑龙江		0.0228	0.0216			0.0245		0.0159	0.0138	0.0118
上海		0.0869	0.0772			0.0687		0.0736	0.0695	0.0783
江苏		0.1608	0.1823			0.1599		0.1627	0.1646	0.1732
浙江		0.0650	0.0609			0.0540		0.0689	0.0818	0.0934
安徽		0.0225	0.0223			0.0362		0.0249	0.0222	0.0177
福建		0.0171	0.0229			0.0167		0.0160	0.0191	0.0203
江西		0.0144	0.0144			0.0145		0.0091	0.0069	0.0061
山东		0.1042	0.1340			0.1662		0.2045	0.2049	0.1889
河南		0.0658	0.0676			0.0917		0.0796	0.0739	0.0743
湖北		0.0295	0.0297			0.0419		0.0412	0.0359	0.0349
湖南		0.0287	0.0235			0.0191		0.0173	0.0178	0.0190
广东		0.0567	0.0469			0.0502		0.0463	0.0484	0.0492
广西		0.0159	0.0181			0.0115		0.0079	0.0074	0.0073
海南		0.0008	0.0005			0.0003		0.0003	0.0004	0.0004
四川		0.0374	0.0330			0.0260		0.0209	0.0202	0.0250
贵州		0.0051	0.0039			0.0035		0.0026	0.0021	0.0021
云南		0.0111	0.0111			0.0085		0.0068	0.0062	0.0060
西藏		0.0000	0.0000			0.0000		0.0001	0.0001	0.0001
陕西		0.0244	0.0217			0.0192		0.0175	0.0206	0.0195
甘肃		0.0093	0.0096			0.0071		0.0067	0.0065	0.0074
青海		0.0013	0.0010			0.0007		0.0004	0.0003	0.0006
宁夏		0.0028	0.0027			0.0030		0.0021	0.0016	0.0018
新疆		0.0043	0.0039			0.0063		0.0062	0.0035	0.0032
重庆						0.0028		0.0015	0.0019	0.0021

续表

年份 地区	2002	2003	2004	2005	2006	2007	2008	2009	2010	2011
北京	0.0405	0.0338	0.0375	0.0381	0.0378	0.0313	0.0299	0.0252	0.0233	0.0216
天津	0.0200	0.0179	0.0203	0.0199	0.0183	0.0193	0.0293	0.0283	0.0234	0.0228
河北	0.0345	0.0299	0.0374	0.0342	0.0358	0.0355	0.0308	0.0298	0.0346	0.0344
山西	0.0155	0.0201	0.0169	0.0218	0.0262	0.0244	0.0195	0.0180	0.0171	0.0187
内蒙古	0.0013	0.0151	0.0139	0.0145	0.0122	0.0117	0.0150	0.0155	0.0103	0.0098
辽宁	0.0385	0.0425	0.0477	0.0519	0.0569	0.0642	0.0708	0.0781	0.0729	0.0682
吉林	0.0050	0.0058	0.0073	0.0059	0.0077	0.0089	0.0103	0.0122	0.0130	0.0148
黑龙江	0.0106	0.0156	0.0137	0.0167	0.0174	0.0166	0.0161	0.0151	0.0150	0.0134
上海	0.0710	0.0664	0.0753	0.0649	0.0575	0.0567	0.0588	0.0510	0.0500	0.0480
江苏	0.1604	0.1390	0.1453	0.1415	0.1413	0.1346	0.1446	0.1441	0.1541	0.1503
浙江	0.1054	0.0957	0.0818	0.0829	0.0836	0.0826	0.0649	0.0592	0.0618	0.0506
安徽	0.0248	0.0222	0.0164	0.0137	0.0161	0.0164	0.0187	0.0215	0.0244	0.0279
福建	0.0247	0.0286	0.0286	0.0271	0.0243	0.0240	0.0219	0.0222	0.0223	0.0214
江西	0.0061	0.0047	0.0048	0.0046	0.0048	0.0053	0.0066	0.0078	0.0081	0.0088
山东	0.1917	0.1903	0.1711	0.1720	0.1706	0.1640	0.1546	0.1552	0.1455	0.1404
河南	0.0707	0.0659	0.0675	0.0734	0.0722	0.0753	0.0736	0.0783	0.0751	0.0815
湖北	0.0305	0.0178	0.0129	0.0125	0.0119	0.0120	0.0133	0.0151	0.0166	0.0203
湖南	0.0244	0.0344	0.0293	0.0310	0.0349	0.0402	0.0507	0.0610	0.0738	0.0953
广东	0.0495	0.0570	0.0902	0.0885	0.0856	0.0872	0.0793	0.0713	0.0681	0.0622
广西	0.0070	0.0138	0.0147	0.0151	0.0147	0.0166	0.0143	0.0144	0.0157	0.0158
海南	0.0004	0.0004	0.0003	0.0003	0.0002	0.0002	0.0001	0.0001	0.0001	0.0001
四川	0.0271	0.0266	0.0250	0.0250	0.0283	0.0344	0.0394	0.0384	0.0361	0.0384
贵州	0.0019	0.0026	0.0018	0.0026	0.0028	0.0027	0.0016	0.0019	0.0017	0.0014
云南	0.0064	0.0073	0.0054	0.0047	0.0035	0.0035	0.0031	0.0033	0.0031	0.0026
西藏	0.0000	0.0000	0.0000	0.0000	0.0000	0.0000	0.0000	0.0000	0.0000	0.0000
陕西	0.0198	0.0207	0.0159	0.0185	0.0177	0.0171	0.0165	0.0177	0.0185	0.0185
甘肃	0.0060	0.0088	0.0049	0.0046	0.0051	0.0049	0.0045	0.0035	0.0031	0.0026
青海	0.0004	0.0002	0.0001	0.0000	0.0003	0.0001	0.0001	0.0001	0.0001	0.0001
宁夏	0.0016	0.0015	0.0017	0.0020	0.0018	0.0015	0.0018	0.0015	0.0015	0.0013
新疆	0.0022	0.0009	0.0010	0.0008	0.0007	0.0007	0.0009	0.0009	0.0010	0.0011
重庆	0.0022	0.0145	0.0111	0.0111	0.0098	0.0080	0.0089	0.0094	0.0102	0.0075

附表 23　　　　　地区产业份额——交通运输设备制造业

年份 地区	1992	1993	1994	1995	1996	1997	1998	1999	2000	2001
北京	0.0653	0.0487	0.0501			0.0363		0.0239	0.0185	0.0249
天津	0.0373	0.0476	0.0451			0.0422		0.0413	0.0305	0.0236
河北	0.0284	0.0226	0.0221			0.0258		0.0228	0.0216	0.0196
山西	0.0086	0.0070	0.0065			0.0061		0.0037	0.0053	0.0058
内蒙古	0.0028	0.0022	0.0019			0.0023		0.0024	0.0019	0.0017
辽宁	0.0710	0.0560	0.0477			0.0526		0.0486	0.0504	0.0478
吉林	0.0880	0.0792	0.0847			0.0830		0.0935	0.1034	0.1150
黑龙江	0.0178	0.0157	0.0171			0.0194		0.0189	0.0214	0.0184
上海	0.1104	0.1060	0.1188			0.1461		0.1534	0.1407	0.1360
江苏	0.0847	0.0975	0.1053			0.1018		0.1001	0.0948	0.0892
浙江	0.0307	0.0383	0.0405			0.0363		0.0522	0.0604	0.0606
安徽	0.0158	0.0176	0.0210			0.0185		0.0184	0.0196	0.0252
福建	0.0128	0.0152	0.0088			0.0150		0.0152	0.0197	0.0239
江西	0.0229	0.0234	0.0226			0.0209		0.0203	0.0195	0.0184
山东	0.0498	0.0522	0.0598			0.0626		0.0568	0.0531	0.0523
河南	0.0181	0.0186	0.0209			0.0185		0.0192	0.0189	0.0183
湖北	0.0926	0.0970	0.0937			0.0849		0.0899	0.0795	0.0801
湖南	0.0329	0.0299	0.0274			0.0241		0.0181	0.0200	0.0196
广东	0.0615	0.0781	0.0724			0.0799		0.0807	0.0865	0.0841
广西	0.0184	0.0233	0.0234			0.0171		0.0177	0.0175	0.0165
海南	0.0013	0.0041	0.0058			0.0068		0.0063	0.0035	0.0049
四川	0.0665	0.0650	0.0553			0.0248		0.0205	0.0197	0.0197
贵州	0.0165	0.0128	0.0113			0.0107		0.0092	0.0094	0.0081
云南	0.0081	0.0101	0.0096			0.0040		0.0037	0.0035	0.0035
西藏	0.0002	0.0001	0.0001			0.0001		0.0001	0.0001	0.0000
陕西	0.0266	0.0243	0.0231			0.0211		0.0185	0.0198	0.0208
甘肃	0.0038	0.0028	0.0025			0.0016		0.0011	0.0010	0.0009
青海	0.0012	0.0009	0.0005			0.0004		0.0004	0.0003	0.0001
宁夏	0.0004	0.0002	0.0001			0.0001		0.0000	0.0000	0.0000
新疆	0.0055	0.0035	0.0020			0.0015		0.0013	0.0013	0.0014
重庆						0.0354		0.0414	0.0582	0.0597

年份 地区	2002	2003	2004	2005	2006	2007	2008	2009	2010	2011
北京	0.0282	0.0407	0.0543	0.0520	0.0492	0.0389	0.0345	0.0399	0.0393	0.0395
天津	0.0225	0.0281	0.0316	0.0373	0.0393	0.0384	0.0397	0.0359	0.0347	0.0337
河北	0.0191	0.0204	0.0204	0.0214	0.0207	0.0199	0.0194	0.0218	0.0237	0.0257
山西	0.0055	0.0040	0.0036	0.0030	0.0032	0.0033	0.0031	0.0024	0.0041	0.0032
内蒙古	0.0016	0.0014	0.0026	0.0029	0.0030	0.0037	0.0037	0.0040	0.0051	0.0049
辽宁	0.0450	0.0436	0.0494	0.0479	0.0532	0.0562	0.0560	0.0532	0.0519	0.0523
吉林	0.1168	0.1140	0.0963	0.0832	0.0784	0.0822	0.0697	0.0746	0.0750	0.0773
黑龙江	0.0181	0.0159	0.0153	0.0147	0.0132	0.0107	0.0098	0.0090	0.0069	0.0056
上海	0.1336	0.1412	0.1091	0.0886	0.0930	0.0869	0.0770	0.0778	0.0807	0.0794
江苏	0.0896	0.0871	0.0871	0.0894	0.0865	0.0904	0.1083	0.1167	0.1164	0.1208
浙江	0.0623	0.0656	0.0671	0.0788	0.0814	0.0790	0.0786	0.0690	0.0651	0.0612
安徽	0.0253	0.0253	0.0222	0.0245	0.0270	0.0268	0.0252	0.0294	0.0318	0.0339
福建	0.0221	0.0248	0.0185	0.0191	0.0185	0.0193	0.0194	0.0175	0.0187	0.0193
江西	0.0185	0.0147	0.0138	0.0141	0.0142	0.0134	0.0127	0.0126	0.0130	0.0136
山东	0.0650	0.0621	0.0740	0.0824	0.0818	0.0879	0.0928	0.0964	0.0970	0.0914
河南	0.0184	0.0165	0.0197	0.0202	0.0201	0.0235	0.0259	0.0237	0.0251	0.0303
湖北	0.0851	0.0641	0.0737	0.0685	0.0651	0.0612	0.0726	0.0625	0.0695	0.0708
湖南	0.0188	0.0173	0.0154	0.0154	0.0136	0.0140	0.0161	0.0180	0.0181	0.0181
广东	0.0771	0.0819	0.0908	0.1013	0.1047	0.1084	0.1034	0.0996	0.0934	0.0869
广西	0.0159	0.0203	0.0223	0.0214	0.0210	0.0204	0.0203	0.0243	0.0242	0.0236
海南	0.0061	0.0082	0.0070	0.0060	0.0050	0.0043	0.0022	0.0017	0.0020	0.0022
四川	0.0189	0.0190	0.0210	0.0254	0.0240	0.0230	0.0247	0.0237	0.0227	0.0237
贵州	0.0068	0.0048	0.0040	0.0043	0.0038	0.0035	0.0033	0.0034	0.0026	0.0026
云南	0.0030	0.0034	0.0036	0.0038	0.0031	0.0030	0.0031	0.0035	0.0027	0.0025
西藏	0.0000	0.0000	0.0000	0.0000	0.0000	0.0000	0.0000	0.0000	0.0000	0.0000
陕西	0.0195	0.0177	0.0184	0.0187	0.0202	0.0221	0.0217	0.0227	0.0231	0.0216
甘肃	0.0010	0.0006	0.0008	0.0007	0.0006	0.0007	0.0008	0.0008	0.0005	0.0005
青海	0.0001	0.0002	0.0002	0.0001	0.0002	0.0001	0.0001	0.0001	0.0001	0.0001
宁夏	0.0000	0.0000	0.0000	0.0000	0.0000	0.0000	0.0000	0.0000	0.0000	0.0001
新疆	0.0016	0.0006	0.0006	0.0004	0.0002	0.0004	0.0003	0.0002	0.0002	0.0001
重庆	0.0546	0.0567	0.0572	0.0543	0.0559	0.0583	0.0557	0.0557	0.0524	0.0551

附表 24　　　　　地区产业份额——电气机械及器材制造业

年份 地区	1992	1993	1994	1995	1996	1997	1998	1999	2000	2001
北京	0.0246	0.0221	0.0226			0.0146		0.0191	0.0182	0.0181
天津	0.0241	0.0222	0.0182			0.0201		0.0267	0.0270	0.0287
河北	0.0265	0.0294	0.0280			0.0321		0.0236	0.0234	0.0216
山西	0.0109	0.0103	0.0082			0.0062		0.0038	0.0039	0.0034
内蒙古	0.0050	0.0039	0.0033			0.0019		0.0012	0.0010	0.0008
辽宁	0.0630	0.0539	0.0547			0.0448		0.0310	0.0312	0.0278
吉林	0.0121	0.0099	0.0084			0.0042		0.0033	0.0042	0.0029
黑龙江	0.0204	0.0128	0.0133			0.0124		0.0086	0.0079	0.0073
上海	0.0817	0.0940	0.0985			0.0976		0.0933	0.0883	0.0865
江苏	0.1390	0.1519	0.1615			0.1604		0.1428	0.1470	0.1518
浙江	0.0804	0.0871	0.0905			0.0883		0.0984	0.1144	0.1204
安徽	0.0253	0.0289	0.0306			0.0384		0.0253	0.0265	0.0261
福建	0.0221	0.0232	0.0224			0.0236		0.0225	0.0224	0.0232
江西	0.0117	0.0119	0.0117			0.0090		0.0064	0.0064	0.0057
山东	0.0585	0.0657	0.0823			0.1038		0.1189	0.1208	0.1194
河南	0.0318	0.0294	0.0312			0.0286		0.0259	0.0249	0.0244
湖北	0.0245	0.0243	0.0211			0.0220		0.0182	0.0184	0.0193
湖南	0.0285	0.0263	0.0246			0.0204		0.0126	0.0116	0.0116
广东	0.1936	0.2037	0.1931			0.2086		0.2272	0.2508	0.2529
广西	0.0105	0.0113	0.0101			0.0075		0.0044	0.0058	0.0050
海南	0.0008	0.0011	0.0007			0.0010		0.0007	0.0007	0.0008
四川	0.0396	0.0353	0.0294			0.0185		0.0157	0.0159	0.0126
贵州	0.0068	0.0050	0.0041			0.0024		0.0021	0.0033	0.0032
云南	0.0074	0.0068	0.0057			0.0046		0.0032	0.0031	0.0030
西藏	0.0000	0.0000	0.0000			0.0000		0.0000	0.0000	0.0000
陕西	0.0166	0.0174	0.0159			0.0153		0.0111	0.0106	0.0108
甘肃	0.0093	0.0090	0.0073			0.0046		0.0036	0.0038	0.0039
青海	0.0006	0.0004	0.0003			0.0002		0.0001	0.0001	0.0001
宁夏	0.0007	0.0008	0.0006			0.0005		0.0004	0.0008	0.0005
新疆	0.0021	0.0019	0.0017			0.0022		0.0022	0.0026	0.0027
重庆						0.0060		0.0049	0.0050	0.0054

年份 地区	2002	2003	2004	2005	2006	2007	2008	2009	2010	2011
北京	0.0170	0.0185	0.0176	0.0160	0.0143	0.0139	0.0127	0.0177	0.0161	0.0151
天津	0.0271	0.0248	0.0278	0.0240	0.0251	0.0226	0.0223	0.0185	0.0153	0.0159
河北	0.0211	0.0201	0.0181	0.0191	0.0222	0.0233	0.0276	0.0284	0.0289	0.0288
山西	0.0027	0.0021	0.0028	0.0014	0.0015	0.0016	0.0019	0.0017	0.0021	0.0024
内蒙古	0.0007	0.0007	0.0007	0.0006	0.0009	0.0011	0.0014	0.0032	0.0043	0.0049
辽宁	0.0249	0.0245	0.0255	0.0281	0.0302	0.0315	0.0342	0.0390	0.0412	0.0351
吉林	0.0028	0.0019	0.0018	0.0018	0.0016	0.0027	0.0029	0.0037	0.0038	0.0045
黑龙江	0.0071	0.0059	0.0062	0.0059	0.0060	0.0057	0.0058	0.0052	0.0040	0.0036
上海	0.0787	0.0760	0.0817	0.0720	0.0702	0.0655	0.0572	0.0476	0.0453	0.0421
江苏	0.1511	0.1410	0.1567	0.1506	0.1623	0.1675	0.1895	0.1936	0.2019	0.2266
浙江	0.1369	0.1403	0.1333	0.1291	0.1284	0.1280	0.1205	0.1104	0.1084	0.0992
安徽	0.0253	0.0272	0.0296	0.0304	0.0317	0.0352	0.0364	0.0429	0.0460	0.0602
福建	0.0246	0.0251	0.0283	0.0253	0.0250	0.0237	0.0232	0.0211	0.0222	0.0232
江西	0.0055	0.0054	0.0059	0.0074	0.0086	0.0127	0.0181	0.0199	0.0211	0.0241
山东	0.1225	0.1210	0.1176	0.1255	0.1152	0.1076	0.1050	0.1133	0.0986	0.0892
河南	0.0242	0.0213	0.0175	0.0199	0.0197	0.0219	0.0258	0.0255	0.0266	0.0300
湖北	0.0171	0.0171	0.0096	0.0115	0.0110	0.0129	0.0144	0.0154	0.0185	0.0186
湖南	0.0118	0.0100	0.0096	0.0110	0.0111	0.0115	0.0128	0.0148	0.0175	0.0181
广东	0.2518	0.2702	0.2654	0.2725	0.2662	0.2599	0.2348	0.2182	0.2158	0.1949
广西	0.0051	0.0044	0.0035	0.0038	0.0040	0.0048	0.0053	0.0059	0.0064	0.0081
海南	0.0008	0.0007	0.0007	0.0007	0.0008	0.0006	0.0007	0.0006	0.0007	0.0010
四川	0.0133	0.0143	0.0142	0.0151	0.0168	0.0179	0.0184	0.0191	0.0180	0.0192
贵州	0.0028	0.0026	0.0030	0.0029	0.0022	0.0021	0.0019	0.0019	0.0017	0.0018
云南	0.0029	0.0023	0.0023	0.0025	0.0027	0.0023	0.0022	0.0022	0.0018	0.0015
西藏	0.0000	0.0000	0.0000	0.0000	0.0000	0.0000	0.0000	0.0000	0.0000	0.0000
陕西	0.0097	0.0098	0.0086	0.0091	0.0088	0.0091	0.0091	0.0103	0.0094	0.0080
甘肃	0.0034	0.0031	0.0027	0.0024	0.0019	0.0017	0.0016	0.0029	0.0053	0.0049
青海	0.0001	0.0001	0.0001	0.0001	0.0002	0.0003	0.0003	0.0003	0.0002	0.0003
宁夏	0.0005	0.0006	0.0004	0.0004	0.0005	0.0005	0.0007	0.0010	0.0012	0.0010
新疆	0.0026	0.0027	0.0021	0.0019	0.0023	0.0030	0.0038	0.0056	0.0060	0.0041
重庆	0.0060	0.0063	0.0067	0.0084	0.0086	0.0089	0.0094	0.0104	0.0116	0.0136

附表 25　　地区产业份额——通信设备、计算机及其他电子设备制造业

地区 ＼ 年份	1992	1993	1994	1995	1996	1997	1998	1999	2000	2001
北京	0.0515	0.0550	0.0593			0.0724		0.0961	0.1116	0.1055
天津	0.0364	0.0411	0.0487			0.0777		0.0730	0.0785	0.0742
河北	0.0096	0.0081	0.0096			0.0062		0.0050	0.0050	0.0047
山西	0.0036	0.0035	0.0015			0.0010		0.0006	0.0006	0.0009
内蒙古	0.0057	0.0046	0.0040			0.0008		0.0009	0.0014	0.0018
辽宁	0.0332	0.0246	0.0367			0.0337		0.0309	0.0322	0.0280
吉林	0.0064	0.0048	0.0036			0.0035		0.0050	0.0036	0.0029
黑龙江	0.0034	0.0038	0.0044			0.0066		0.0046	0.0039	0.0019
上海	0.0987	0.0935	0.1094			0.0848		0.1005	0.1034	0.1094
江苏	0.1773	0.1503	0.1229			0.1171		0.1195	0.1253	0.1191
浙江	0.0465	0.0553	0.0528			0.0484		0.0333	0.0377	0.0366
安徽	0.0128	0.0101	0.0086			0.0041		0.0054	0.0063	0.0056
福建	0.0479	0.0653	0.0533			0.0532		0.0603	0.0541	0.0512
江西	0.0138	0.0127	0.0105			0.0041		0.0029	0.0026	0.0025
山东	0.0293	0.0328	0.0325			0.0343		0.0313	0.0320	0.0369
河南	0.0145	0.0144	0.0133			0.0089		0.0082	0.0077	0.0056
湖北	0.0149	0.0123	0.0115			0.0123		0.0133	0.0120	0.0147
湖南	0.0104	0.0094	0.0070			0.0069		0.0070	0.0066	0.0059
广东	0.2556	0.2806	0.3031			0.3268		0.3345	0.3203	0.3459
广西	0.0064	0.0066	0.0052			0.0035		0.0022	0.0019	0.0017
海南	0.0022	0.0021	0.0008			0.0002		0.0003	0.0002	0.0001
四川	0.0527	0.0519	0.0523			0.0557		0.0367	0.0294	0.0260
贵州	0.0048	0.0038	0.0034			0.0023		0.0016	0.0015	0.0013
云南	0.0047	0.0035	0.0022			0.0010		0.0008	0.0005	0.0008
西藏	0.0000	0.0000	0.0000			0.0000		0.0000	0.0000	0.0000
陕西	0.0499	0.0446	0.0392			0.0289		0.0228	0.0160	0.0130
甘肃	0.0066	0.0044	0.0036			0.0018		0.0012	0.0031	0.0018
青海	0.0003	0.0002	0.0001			0.0001		0.0000	0.0000	0.0000
宁夏	0.0002	0.0002	0.0002			0.0001		0.0001	0.0000	0.0001
新疆	0.0008	0.0006	0.0003			0.0001		0.0001	0.0000	0.0000
重庆						0.0035		0.0021	0.0022	0.0018

续表

年份地区	2002	2003	2004	2005	2006	2007	2008	2009	2010	2011
北京	0.0791	0.0595	0.0555	0.0658	0.0675	0.0679	0.0543	0.0470	0.0406	0.0318
天津	0.0735	0.0559	0.0615	0.0599	0.0618	0.0505	0.0384	0.0333	0.0313	0.0321
河北	0.0043	0.0032	0.0026	0.0021	0.0022	0.0024	0.0035	0.0041	0.0050	0.0049
山西	0.0010	0.0006	0.0005	0.0006	0.0013	0.0019	0.0023	0.0023	0.0023	0.0028
内蒙古	0.0030	0.0026	0.0022	0.0024	0.0024	0.0024	0.0021	0.0023	0.0010	0.0008
辽宁	0.0272	0.0221	0.0178	0.0130	0.0131	0.0147	0.0140	0.0143	0.0159	0.0146
吉林	0.0020	0.0011	0.0010	0.0007	0.0006	0.0008	0.0012	0.0013	0.0013	0.0012
黑龙江	0.0015	0.0012	0.0007	0.0006	0.0005	0.0004	0.0004	0.0005	0.0003	0.0003
上海	0.1022	0.1221	0.1278	0.1272	0.1185	0.1271	0.1200	0.1087	0.1096	0.0954
江苏	0.1257	0.1639	0.1958	0.1956	0.1932	0.2090	0.2261	0.2347	0.2353	0.2330
浙江	0.0393	0.0397	0.0408	0.0387	0.0479	0.0463	0.0388	0.0336	0.0357	0.0342
安徽	0.0052	0.0040	0.0035	0.0031	0.0034	0.0034	0.0037	0.0044	0.0054	0.0092
福建	0.0612	0.0569	0.0529	0.0478	0.0445	0.0403	0.0391	0.0384	0.0420	0.0421
江西	0.0019	0.0020	0.0014	0.0021	0.0024	0.0029	0.0038	0.0058	0.0069	0.0090
山东	0.0393	0.0387	0.0360	0.0407	0.0452	0.0497	0.0572	0.0623	0.0563	0.0566
河南	0.0054	0.0045	0.0037	0.0032	0.0027	0.0027	0.0032	0.0030	0.0036	0.0110
湖北	0.0112	0.0087	0.0064	0.0085	0.0100	0.0097	0.0112	0.0140	0.0142	0.0162
湖南	0.0058	0.0047	0.0038	0.0032	0.0027	0.0027	0.0034	0.0045	0.0058	0.0113
广东	0.3689	0.3778	0.3639	0.3642	0.3595	0.3411	0.3502	0.3528	0.3498	0.3370
广西	0.0010	0.0009	0.0009	0.0012	0.0015	0.0017	0.0027	0.0026	0.0041	0.0055
海南	0.0001	0.0001	0.0001	0.0001	0.0002	0.0002	0.0002	0.0001	0.0004	0.0002
四川	0.0247	0.0170	0.0109	0.0117	0.0118	0.0152	0.0165	0.0218	0.0233	0.0318
贵州	0.0017	0.0017	0.0013	0.0010	0.0007	0.0007	0.0007	0.0009	0.0008	0.0007
云南	0.0006	0.0003	0.0004	0.0003	0.0003	0.0003	0.0003	0.0003	0.0002	0.0002
西藏	0.0000	0.0000	0.0000	0.0000	0.0000	0.0000	0.0000	0.0000	0.0000	0.0000
陕西	0.0116	0.0083	0.0062	0.0047	0.0043	0.0042	0.0044	0.0038	0.0041	0.0047
甘肃	0.0014	0.0011	0.0004	0.0003	0.0004	0.0004	0.0003	0.0003	0.0004	0.0004
青海	0.0000	0.0000	0.0000	0.0000	0.0000	0.0000	0.0000	0.0000	0.0000	0.0000
宁夏	0.0001	0.0000	0.0000	0.0000	0.0000	0.0000	0.0000	0.0000	0.0000	0.0001
新疆	0.0000	0.0000	0.0003	0.0002	0.0003	0.0003	0.0003	0.0003	0.0003	0.0003
重庆	0.0011	0.0012	0.0017	0.0011	0.0011	0.0014	0.0018	0.0024	0.0041	0.0128

附表 26　地区产业份额——仪器仪表及文化、办公用机械制造业

年份 地区	1992	1993	1994	1995	1996	1997	1998	1999	2000	2001
北京	0.0407	0.0335	0.0357			0.0481		0.0480	0.0441	0.0471
天津	0.0270	0.0354	0.0229			0.0309		0.0269	0.0271	0.0275
河北	0.0199	0.0216	0.0149			0.0139		0.0061	0.0063	0.0099
山西	0.0048	0.0048	0.0040			0.0029		0.0023	0.0020	0.0021
内蒙古	0.0015	0.0010	0.0006			0.0004		0.0002	0.0000	0.0000
辽宁	0.0528	0.0477	0.0584			0.0302		0.0200	0.0188	0.0187
吉林	0.0145	0.0108	0.0081			0.0074		0.0041	0.0039	0.0036
黑龙江	0.0222	0.0169	0.0147			0.0137		0.0091	0.0080	0.0079
上海	0.1405	0.1438	0.1404			0.1421		0.1210	0.1143	0.1055
江苏	0.1958	0.1680	0.1971			0.1254		0.1426	0.1532	0.1466
浙江	0.0965	0.0793	0.0806			0.0730		0.0869	0.1005	0.0946
安徽	0.0236	0.0143	0.0145			0.0190		0.0072	0.0066	0.0058
福建	0.0164	0.0232	0.0202			0.0305		0.0216	0.0194	0.0207
江西	0.0146	0.0089	0.0119			0.0105		0.0098	0.0079	0.0065
山东	0.0453	0.0456	0.0537			0.0497		0.0356	0.0315	0.0415
河南	0.0204	0.0195	0.0163			0.0120		0.0119	0.0110	0.0105
湖北	0.0328	0.0209	0.0193			0.0183		0.0241	0.0190	0.0210
湖南	0.0212	0.0127	0.0104			0.0087		0.0107	0.0131	0.0140
广东	0.0398	0.1797	0.1719			0.2873		0.3473	0.3543	0.3533
广西	0.0135	0.0114	0.0100			0.0069		0.0034	0.0034	0.0029
海南	0.0001	0.0001	0.0001			0.0001		0.0001	0.0004	0.0006
四川	0.0710	0.0443	0.0420			0.0063		0.0090	0.0047	0.0071
贵州	0.0073	0.0045	0.0033			0.0021		0.0012	0.0012	0.0019
云南	0.0128	0.0074	0.0103			0.0106		0.0060	0.0066	0.0052
西藏	0.0000	0.0000	0.0000			0.0000		0.0000	0.0000	0.0000
陕西	0.0498	0.0327	0.0298			0.0212		0.0186	0.0135	0.0143
甘肃	0.0072	0.0072	0.0046			0.0029		0.0025	0.0023	0.0023
青海	0.0019	0.0011	0.0011			0.0007		0.0006	0.0004	0.0005
宁夏	0.0060	0.0034	0.0028			0.0024		0.0036	0.0034	0.0037
新疆	0.0002	0.0002	0.0002			0.0003		0.0001	0.0002	0.0003
重庆						0.0225		0.0210	0.0228	0.0243

续表

年份 地区	2002	2003	2004	2005	2006	2007	2008	2009	2010	2011
北京	0.0602	0.0516	0.0567	0.0569	0.0520	0.0501	0.0424	0.0404	0.0356	0.0317
天津	0.0258	0.0244	0.0252	0.0184	0.0292	0.0229	0.0273	0.0234	0.0236	0.0170
河北	0.0084	0.0069	0.0064	0.0072	0.0075	0.0085	0.0098	0.0111	0.0115	0.0110
山西	0.0018	0.0022	0.0022	0.0035	0.0032	0.0033	0.0028	0.0027	0.0029	0.0029
内蒙古	0.0000	0.0000	0.0000	0.0000	0.0000	0.0000	0.0001	0.0005	0.0005	0.0002
辽宁	0.0203	0.0208	0.0191	0.0185	0.0176	0.0236	0.0266	0.0318	0.0291	0.0250
吉林	0.0044	0.0037	0.0035	0.0012	0.0011	0.0012	0.0031	0.0038	0.0047	0.0044
黑龙江	0.0066	0.0026	0.0046	0.0044	0.0042	0.0049	0.0044	0.0043	0.0040	0.0032
上海	0.1080	0.1071	0.1144	0.1006	0.0848	0.0727	0.0706	0.0554	0.0554	0.0473
江苏	0.1330	0.1301	0.1527	0.1647	0.1820	0.1895	0.2297	0.2549	0.2693	0.3216
浙江	0.0830	0.1086	0.0946	0.1089	0.1144	0.1155	0.1030	0.1095	0.1145	0.0953
安徽	0.0100	0.0085	0.0079	0.0081	0.0078	0.0091	0.0107	0.0132	0.0144	0.0158
福建	0.0252	0.0471	0.0403	0.0377	0.0309	0.0293	0.0293	0.0275	0.0337	0.0307
江西	0.0069	0.0060	0.0059	0.0054	0.0061	0.0077	0.0075	0.0080	0.0088	0.0099
山东	0.0425	0.0329	0.0378	0.0527	0.0632	0.0630	0.0520	0.0612	0.0545	0.0574
河南	0.0097	0.0060	0.0133	0.0133	0.0195	0.0243	0.0257	0.0311	0.0285	0.0317
湖北	0.0170	0.0123	0.0085	0.0145	0.0140	0.0121	0.0118	0.0119	0.0102	0.0092
湖南	0.0136	0.0065	0.0075	0.0084	0.0080	0.0086	0.0224	0.0233	0.0295	0.0355
广东	0.3590	0.3682	0.3520	0.3346	0.3111	0.3100	0.2712	0.2321	0.2189	0.2009
广西	0.0041	0.0038	0.0023	0.0022	0.0019	0.0019	0.0022	0.0029	0.0042	0.0034
海南	0.0005	0.0002	0.0001	0.0000	0.0000	0.0000	0.0000	0.0001	0.0001	0.0013
四川	0.0078	0.0107	0.0057	0.0062	0.0084	0.0099	0.0135	0.0151	0.0099	0.0104
贵州	0.0022	0.0015	0.0016	0.0014	0.0013	0.0016	0.0012	0.0017	0.0014	0.0013
云南	0.0053	0.0035	0.0027	0.0023	0.0027	0.0024	0.0027	0.0028	0.0025	0.0017
西藏	0.0000	0.0000	0.0000	0.0000	0.0000	0.0000	0.0000	0.0000	0.0000	0.0000
陕西	0.0150	0.0097	0.0139	0.0101	0.0129	0.0116	0.0140	0.0146	0.0123	0.0144
甘肃	0.0019	0.0026	0.0011	0.0010	0.0006	0.0005	0.0003	0.0005	0.0004	0.0003
青海	0.0003	0.0004	0.0004	0.0004	0.0002	0.0003	0.0003	0.0002	0.0002	0.0002
宁夏	0.0043	0.0027	0.0025	0.0020	0.0005	0.0015	0.0013	0.0017	0.0015	0.0013
新疆	0.0002	0.0002	0.0002	0.0003	0.0002	0.0003	0.0002	0.0002	0.0002	0.0001
重庆	0.0227	0.0191	0.0169	0.0152	0.0146	0.0140	0.0140	0.0140	0.0177	0.0150

附表 27　　　　　地区产业份额——电力、热力的生产和供应业

年份 地区	1992	1993	1994	1995	1996	1997	1998	1999	2000	2001
北京	0.0221	0.0200	0.0194			0.0215		0.0172	0.0163	0.0147
天津	0.0189	0.0167	0.0140			0.0088		0.0137	0.0138	0.0144
河北	0.0657	0.0587	0.0557			0.0581		0.0577	0.0576	0.0588
山西	0.0423	0.0385	0.0360			0.0341		0.0296	0.0280	0.0296
内蒙古	0.0287	0.0278	0.0233			0.0204		0.0209	0.0219	0.0224
辽宁	0.0701	0.0683	0.0581			0.0471		0.0510	0.0555	0.0513
吉林	0.0299	0.0321	0.0281			0.0223		0.0209	0.0198	0.0185
黑龙江	0.0447	0.0458	0.0398			0.0279		0.0250	0.0337	0.0300
上海	0.0494	0.0383	0.0489			0.0435		0.0427	0.0417	0.0381
江苏	0.0700	0.0749	0.0753			0.0774		0.0793	0.0792	0.0791
浙江	0.0373	0.0356	0.0381			0.0520		0.0533	0.0581	0.0599
安徽	0.0293	0.0352	0.0256			0.0272		0.0256	0.0207	0.0256
福建	0.0193	0.0309	0.0269			0.0376		0.0368	0.0364	0.0365
江西	0.0187	0.0182	0.0164			0.0193		0.0215	0.0149	0.0149
山东	0.0796	0.0712	0.0727			0.0657		0.0776	0.0778	0.0830
河南	0.0511	0.0543	0.0493			0.0861		0.0759	0.0701	0.0687
湖北	0.0377	0.0350	0.0374			0.0391		0.0333	0.0352	0.0313
湖南	0.0313	0.0313	0.0265			0.0261		0.0231	0.0203	0.0236
广东	0.0920	0.1092	0.1592			0.1394		0.1416	0.1463	0.1393
广西	0.0193	0.0165	0.0159			0.0147		0.0147	0.0149	0.0154
海南	0.0042	0.0042	0.0046			0.0034		0.0037	0.0033	0.0032
四川	0.0481	0.0471	0.0380			0.0301		0.0292	0.0279	0.0323
贵州	0.0141	0.0125	0.0126			0.0143		0.0173	0.0186	0.0211
云南	0.0165	0.0166	0.0155			0.0159		0.0185	0.0190	0.0199
西藏	0.0005	0.0004	0.0005			0.0005		0.0005	0.0005	0.0005
陕西	0.0204	0.0251	0.0217			0.0198		0.0178	0.0157	0.0163
甘肃	0.0186	0.0153	0.0214			0.0168		0.0207	0.0210	0.0202
青海	0.0039	0.0042	0.0039			0.0050		0.0060	0.0065	0.0062
宁夏	0.0069	0.0080	0.0074			0.0067		0.0061	0.0061	0.0062
新疆	0.0096	0.0082	0.0078			0.0082		0.0084	0.0082	0.0087
重庆						0.0109		0.0106	0.0107	0.0102

续表

年份 地区	2002	2003	2004	2005	2006	2007	2008	2009	2010	2011
北京	0.0149	0.0149	0.0335	0.0337	0.0393	0.0404	0.0416	0.0429	0.0523	0.0482
天津	0.0142	0.0145	0.0162	0.0162	0.0149	0.0141	0.0141	0.0139	0.0147	0.0141
河北	0.0571	0.0536	0.0564	0.0577	0.0564	0.0522	0.0506	0.0527	0.0526	0.0529
山西	0.0297	0.0306	0.0255	0.0284	0.0277	0.0279	0.0272	0.0268	0.0264	0.0257
内蒙古	0.0218	0.0240	0.0206	0.0227	0.0256	0.0286	0.0318	0.0334	0.0339	0.0436
辽宁	0.0501	0.0421	0.0459	0.0466	0.0427	0.0409	0.0414	0.0368	0.0355	0.0312
吉林	0.0149	0.0133	0.0185	0.0154	0.0155	0.0149	0.0174	0.0145	0.0142	0.0151
黑龙江	0.0378	0.0412	0.0265	0.0263	0.0252	0.0248	0.0205	0.0251	0.0219	0.0209
上海	0.0370	0.0351	0.0326	0.0322	0.0296	0.0274	0.0403	0.0383	0.0359	0.0325
江苏	0.0755	0.0758	0.0785	0.0860	0.0838	0.0798	0.0826	0.0814	0.0783	0.0753
浙江	0.0598	0.0623	0.0910	0.0926	0.0931	0.0872	0.0857	0.0839	0.0817	0.0796
安徽	0.0259	0.0258	0.0207	0.0227	0.0218	0.0205	0.0350	0.0370	0.0357	0.0387
福建	0.0377	0.0394	0.0350	0.0344	0.0326	0.0316	0.0315	0.0320	0.0308	0.0324
江西	0.0217	0.0180	0.0166	0.0165	0.0168	0.0165	0.0157	0.0165	0.0169	0.0172
山东	0.0878	0.0831	0.0756	0.0740	0.0739	0.0702	0.0709	0.0732	0.0778	0.0829
河南	0.0742	0.0749	0.0560	0.0568	0.0582	0.0842	0.0561	0.0542	0.0555	0.0587
湖北	0.0292	0.0334	0.0412	0.0338	0.0355	0.0349	0.0378	0.0373	0.0361	0.0331
湖南	0.0216	0.0233	0.0221	0.0210	0.0223	0.0230	0.0212	0.0236	0.0234	0.0243
广东	0.1322	0.1284	0.1378	0.1339	0.1344	0.1267	0.1222	0.1157	0.1102	0.1037
广西	0.0151	0.0149	0.0158	0.0172	0.0174	0.0187	0.0224	0.0223	0.0217	0.0208
海南	0.0037	0.0033	0.0033	0.0034	0.0031	0.0028	0.0028	0.0029	0.0029	0.0029
四川	0.0326	0.0330	0.0298	0.0304	0.0303	0.0334	0.0294	0.0315	0.0337	0.0346
贵州	0.0210	0.0217	0.0224	0.0227	0.0249	0.0236	0.0230	0.0249	0.0225	0.0207
云南	0.0197	0.0266	0.0164	0.0170	0.0179	0.0180	0.0181	0.0188	0.0198	0.0193
西藏	0.0005	0.0005	0.0003	0.0003	0.0003	0.0002	0.0002	0.0002	0.0002	0.0002
陕西	0.0155	0.0182	0.0180	0.0160	0.0162	0.0158	0.0177	0.0184	0.0201	0.0211
甘肃	0.0190	0.0172	0.0137	0.0139	0.0125	0.0130	0.0126	0.0116	0.0126	0.0132
青海	0.0054	0.0046	0.0057	0.0045	0.0042	0.0040	0.0041	0.0044	0.0057	0.0050
宁夏	0.0058	0.0072	0.0074	0.0073	0.0073	0.0072	0.0070	0.0064	0.0075	0.0110
新疆	0.0087	0.0094	0.0067	0.0066	0.0066	0.0068	0.0081	0.0084	0.0083	0.0097
重庆	0.0099	0.0096	0.0101	0.0099	0.0101	0.0106	0.0110	0.0111	0.0111	0.0115

附表 28　　　　　省级层面产业空间基尼系数（1992—2001 年）

年份 行业	1992	1993	1994	1995	1996	1997	1998	1999	2000	2001
B06	0.6069	0.5961	0.5948	0.6167	0.6202	0.6167	0.6272	0.6323	0.6221	0.6361
B07	0.7974	0.7585	0.7637	0.7487	0.7487	0.7487	0.7375	0.7303	0.7446	0.7406
B08	0.6140	0.6039	0.6141	0.6387	0.6387	0.6387	0.6683	0.6662	0.6704	0.6735
B09	0.5620	0.5509	0.5731	0.6035	0.6035	0.6035	0.6503	0.6470	0.6535	0.6334
B10	0.5036	0.5030	0.5537	0.5467	0.5467	0.5467	0.5572	0.5435	0.5786	0.5742
C13	0.4730	0.4734	0.4726	0.5017	0.5017	0.5017	0.5482	0.5367	0.5597	0.5687
C14	0.4380	0.5035	0.5136	0.5146	0.5146	0.5146	0.5494	0.5510	0.5478	0.5515
C15	0.4637	0.4757	0.7235	0.4891	0.4891	0.4891	0.5035	0.5028	0.5042	0.5066
C16	0.5390	0.5581	0.6148	0.6096	0.6096	0.6096	0.6010	0.6012	0.6007	0.5853
C17	0.6237	0.6537	0.6547	0.6524	0.6524	0.6524	0.6966	0.6975	0.6956	0.7128
C18	0.6359	0.6876	0.6936	0.7136	0.7136	0.7136	0.7216	0.7387	0.7325	0.7497
C22	0.4690	0.4912	0.5037	0.5397	0.5397	0.5397	0.6180	0.6080	0.6279	0.6339
C25	0.6296	0.5707	0.5763	0.5647	0.5647	0.5647	0.5664	0.5613	0.5714	0.5716
C26	0.4835	0.4829	0.4986	0.4787	0.4787	0.4787	0.5272	0.5235	0.5309	0.5544
C27	0.4891	0.4825	0.4981	0.4645	0.4645	0.4645	0.4482	0.4456	0.4507	0.4564
C28	0.6610	0.6979	0.6923	0.6902	0.6902	0.6902	0.7180	0.7109	0.7251	0.7320
C30	0.4755	0.4927	0.5126	0.5009	0.5009	0.5009	0.5392	0.5394	0.5389	0.5432
C31	0.5370	0.5358	0.5395	0.5182	0.5182	0.5182	0.5202	0.5179	0.5225	0.5197
C32	0.4364	0.4411	0.4316	0.4061	0.4061	0.4061	0.4213	0.4218	0.4207	0.4256
C33	0.5578	0.5597	0.5735	0.5939	0.5939	0.5939	0.6891	0.6866	0.6915	0.6936
C34	0.5505	0.5421	0.5589	0.5855	0.5855	0.5855	0.6549	0.6510	0.6588	0.6625
C35	0.5408	0.5287	0.5529	0.5836	0.5836	0.5836	0.6315	0.6271	0.6358	0.6371
C36	0.5119	0.5141	0.5276	0.5426	0.5426	0.5426	0.5590	0.5616	0.5564	0.5564
C38	0.5847	0.6082	0.6261	0.6630	0.6630	0.6630	0.6977	0.6949	0.7005	0.7086
C39	0.6726	0.6876	0.6995	0.7333	0.7333	0.7333	0.7554	0.7536	0.7572	0.7696
C40	0.5817	0.6315	0.6561	0.6914	0.6914	0.6914	0.7455	0.7385	0.7524	0.7442
D44	0.3882	0.3933	0.4298	0.4456	0.4456	0.4456	0.4455	0.4409	0.4500	0.4439

续表

年份 行业	2002	2003	2004	2005	2006	2007	2008	2009	2010	2011
B06	0.6494	0.6644	0.6702	0.6725	0.6776	0.6694	0.6460	0.6373	0.5766	0.6418
B07	0.7352	0.7127	0.7278	0.7241	0.7156	0.7101	0.7065	0.6790	0.5633	0.6965
B08	0.6668	0.6859	0.6063	0.6094	0.6383	0.6290	0.6434	0.6721	0.6450	0.6493
B09	0.6329	0.6605	0.6588	0.6538	0.6174	0.6360	0.6376	0.6599	0.6561	0.6718
B10	0.5721	0.5863	0.5879	0.6008	0.5822	0.5879	0.5729	0.5689	0.5545	0.5520
C13	0.5782	0.5729	0.5802	0.5905	0.5902	0.5860	0.5722	0.5665	0.5508	0.5411
C14	0.5373	0.5436	0.5334	0.5526	0.5521	0.5515	0.5345	0.5329	0.5097	0.4967
C15	0.5047	0.5070	0.4925	0.5039	0.4915	0.4833	0.4773	0.4852	0.4871	0.4946
C16	0.5689	0.5636	0.5686	0.5597	0.5589	0.5577	0.5485	0.5413	0.5462	0.5432
C17	0.7256	0.7310	0.7518	0.7533	0.7566	0.7543	0.7544	0.7469	0.7383	0.7283
C18	0.7531	0.7692	0.7786	0.7748	0.7762	0.7698	0.7600	0.7467	0.7330	0.7094
C22	0.6512	0.6700	0.6822	0.6763	0.6789	0.6798	0.6707	0.6562	0.6418	0.6312
C25	0.5630	0.5561	0.5503	0.5407	0.5357	0.5217	0.5190	0.5073	0.4958	0.4953
C26	0.5612	0.5670	0.5734	0.5862	0.5936	0.5902	0.5842	0.5963	0.5840	0.5742
C27	0.4571	0.4630	0.4699	0.4780	0.4807	0.4877	0.4929	0.4934	0.4928	0.4970
C28	0.7429	0.7823	0.7930	0.8033	0.8229	0.8152	0.8237	0.8255	0.8323	0.8376
C30	0.5425	0.5552	0.5707	0.5852	0.5890	0.5895	0.5808	0.5639	0.5450	0.5338
C31	0.5237	0.5390	0.5457	0.5532	0.5546	0.5479	0.5454	0.5511	0.5106	0.5381
C32	0.4219	0.4394	0.4658	0.4855	0.4976	0.5059	0.5216	0.5326	0.5189	0.5124
C33	0.7053	0.7222	0.7190	0.7160	0.7179	0.7132	0.6934	0.6761	0.6671	0.6474
C34	0.6667	0.6834	0.6747	0.6751	0.6808	0.6753	0.6679	0.6651	0.6543	0.6380
C35	0.6326	0.5878	0.6047	0.6014	0.5985	0.5948	0.5847	0.5822	0.5834	0.5867
C36	0.5600	0.5621	0.5463	0.5385	0.5435	0.5479	0.5536	0.5529	0.5499	0.5467
C38	0.7148	0.7236	0.7308	0.7285	0.7261	0.7172	0.7045	0.6871	0.6809	0.6777
C39	0.7784	0.8014	0.8140	0.8164	0.8110	0.8083	0.8094	0.8066	0.8004	0.7754
C40	0.7394	0.7632	0.7661	0.7656	0.7597	0.7544	0.7360	0.7242	0.7252	0.7374
D44	0.4441	0.4357	0.4486	0.4514	0.4517	0.4499	0.4305	0.4223	0.4166	0.4106

附表 29　　　　　　　1992—2011 年各省区产业平均集中度

年份 地区	1992	1993	1994	1995	1996	1997	1998	1999	2000	2001
北京	0.0279	0.0273	0.0252	0.0228	0.0236	0.0216	0.0246	0.0239	0.0251	0.0245
天津	0.0225	0.0228	0.0218	0.0235	0.0237	0.0216	0.0247	0.0254	0.0242	0.0248
河北	0.0474	0.0463	0.0442	0.0524	0.0523	0.0514	0.0525	0.0534	0.0520	0.0528
山西	0.0235	0.0222	0.0205	0.0200	0.0198	0.0201	0.0201	0.0199	0.0193	0.0202
内蒙古	0.0111	0.0117	0.0106	0.0110	0.0108	0.0119	0.0103	0.0101	0.0104	0.0102
辽宁	0.0641	0.0627	0.0621	0.0496	0.0487	0.0520	0.0461	0.0471	0.0470	0.0460
吉林	0.0240	0.0209	0.0187	0.0175	0.0179	0.0174	0.0182	0.0177	0.0186	0.0187
黑龙江	0.0444	0.0347	0.0331	0.0339	0.0329	0.0370	0.0298	0.0308	0.0310	0.0292
上海	0.0674	0.0635	0.0634	0.0637	0.0642	0.0609	0.0627	0.0665	0.0652	0.0611
江苏	0.1078	0.1088	0.1105	0.1049	0.1062	0.1026	0.1103	0.1073	0.1088	0.1115
浙江	0.0543	0.0564	0.0553	0.0572	0.0607	0.0519	0.0702	0.0626	0.0678	0.0729
安徽	0.0283	0.0279	0.0308	0.0326	0.0293	0.0410	0.0225	0.0242	0.0227	0.0214
福建	0.0221	0.0236	0.0223	0.0242	0.0243	0.0245	0.0250	0.0239	0.0246	0.0251
江西	0.0168	0.0204	0.0204	0.0158	0.0146	0.0188	0.0123	0.0128	0.0122	0.0121
山东	0.0829	0.0883	0.1150	0.0982	0.1011	0.0923	0.1090	0.1042	0.1067	0.1098
河南	0.0377	0.0395	0.0399	0.0511	0.0513	0.0493	0.0520	0.0529	0.0516	0.0526
湖北	0.0388	0.0349	0.0358	0.0417	0.0404	0.0442	0.0365	0.0391	0.0378	0.0355
湖南	0.0313	0.0305	0.0288	0.0318	0.0288	0.0401	0.0231	0.0234	0.0230	0.0228
广东	0.0986	0.1059	0.0989	0.1092	0.1124	0.0998	0.1176	0.1187	0.1188	0.1170
广西	0.0167	0.0214	0.0211	0.0181	0.0177	0.0185	0.0156	0.0176	0.0171	0.0150
海南	0.0045	0.0046	0.0038	0.0038	0.0038	0.0038	0.0035	0.0039	0.0036	0.0033
四川	0.0522	0.0463	0.0409	0.0288	0.0280	0.0305	0.0269	0.0271	0.0265	0.0264
贵州	0.0107	0.0089	0.0082	0.0090	0.0090	0.0092	0.0087	0.0088	0.0089	0.0086
云南	0.0188	0.0226	0.0237	0.0213	0.0212	0.0215	0.0205	0.0210	0.0210	0.0202
西藏	0.0004	0.0002	0.0003	0.0008	0.0008	0.0011	0.0006	0.0006	0.0006	0.0006
陕西	0.0190	0.0180	0.0167	0.0164	0.0165	0.0157	0.0172	0.0171	0.0165	0.0174
甘肃	0.0107	0.0131	0.0126	0.0117	0.0115	0.0126	0.0114	0.0108	0.0111	0.0119
青海	0.0020	0.0027	0.0028	0.0029	0.0029	0.0028	0.0030	0.0031	0.0029	0.0031
宁夏	0.0025	0.0029	0.0027	0.0031	0.0031	0.0028	0.0032	0.0033	0.0033	0.0034
新疆	0.0106	0.0111	0.0101	0.0109	0.0108	0.0114	0.0106	0.0105	0.0107	0.0107
重庆	0.0100	0.0100	0.0100	0.0103	0.0105	0.0100	0.0110	0.0105	0.0111	0.0113

续表

年份 地区	2002	2003	2004	2005	2006	2007	2008	2009	2010	2011
北京	0.0247	0.0227	0.0238	0.0226	0.0209	0.0193	0.0174	0.0171	0.0174	0.0155
天津	0.0245	0.0242	0.0240	0.0224	0.0220	0.0199	0.0208	0.0215	0.0231	0.0239
河北	0.0520	0.0508	0.0484	0.0472	0.0466	0.0447	0.0451	0.0437	0.0445	0.0464
山西	0.0209	0.0232	0.0220	0.0219	0.0212	0.0212	0.0196	0.0168	0.0175	0.0180
内蒙古	0.0107	0.0129	0.0141	0.0163	0.0186	0.0204	0.0219	0.0247	0.0245	0.0253
辽宁	0.0444	0.0445	0.0405	0.0418	0.0440	0.0431	0.0494	0.0540	0.0526	0.0503
吉林	0.0179	0.0165	0.0149	0.0146	0.0149	0.0165	0.0177	0.0186	0.0185	0.0195
黑龙江	0.0282	0.0267	0.0227	0.0223	0.0205	0.0190	0.0186	0.0171	0.0174	0.0172
上海	0.0580	0.0578	0.0559	0.0496	0.0460	0.0431	0.0394	0.0348	0.0344	0.0316
江苏	0.1135	0.1127	0.1179	0.1159	0.1177	0.1171	0.1214	0.1216	0.1211	0.1197
浙江	0.0777	0.0839	0.0920	0.0908	0.0901	0.0869	0.0811	0.0754	0.0743	0.0689
安徽	0.0217	0.0203	0.0191	0.0190	0.0194	0.0200	0.0216	0.0229	0.0253	0.0284
福建	0.0265	0.0282	0.0303	0.0302	0.0299	0.0299	0.0296	0.0298	0.0310	0.0326
江西	0.0120	0.0120	0.0140	0.0148	0.0166	0.0183	0.0190	0.0196	0.0210	0.0219
山东	0.1152	0.1221	0.1260	0.1327	0.1310	0.1292	0.1254	0.1268	0.1171	0.1120
河南	0.0509	0.0502	0.0495	0.0549	0.0573	0.0638	0.0630	0.0617	0.0606	0.0644
湖北	0.0334	0.0289	0.0249	0.0249	0.0251	0.0253	0.0272	0.0289	0.0313	0.0343
湖南	0.0232	0.0231	0.0237	0.0252	0.0253	0.0263	0.0285	0.0304	0.0330	0.0374
广东	0.1157	0.1156	0.1163	0.1132	0.1114	0.1100	0.1064	0.1025	0.1016	0.0944
广西	0.0125	0.0117	0.0106	0.0108	0.0110	0.0121	0.0125	0.0126	0.0138	0.0153
海南	0.0031	0.0030	0.0029	0.0029	0.0027	0.0029	0.0027	0.0023	0.0023	0.0022
四川	0.0275	0.0273	0.0266	0.0275	0.0286	0.0308	0.0340	0.0384	0.0385	0.0421
贵州	0.0086	0.0084	0.0098	0.0077	0.0081	0.0072	0.0074	0.0072	0.0072	0.0078
云南	0.0198	0.0183	0.0177	0.0177	0.0188	0.0181	0.0172	0.0162	0.0155	0.0151
西藏	0.0004	0.0003	0.0002	0.0002	0.0002	0.0003	0.0003	0.0002	0.0002	0.0002
陕西	0.0176	0.0176	0.0178	0.0183	0.0178	0.0175	0.0180	0.0200	0.0198	0.0202
甘肃	0.0119	0.0104	0.0089	0.0087	0.0085	0.0086	0.0078	0.0078	0.0077	0.0078
青海	0.0030	0.0028	0.0027	0.0032	0.0033	0.0034	0.0033	0.0030	0.0033	0.0027
宁夏	0.0030	0.0031	0.0028	0.0027	0.0026	0.0025	0.0025	0.0026	0.0026	0.0026
新疆	0.0105	0.0100	0.0098	0.0102	0.0107	0.0111	0.0108	0.0105	0.0109	0.0109
重庆	0.0109	0.0108	0.0101	0.0096	0.0093	0.0095	0.0106	0.0112	0.0118	0.0114

参考文献

［1］郭庆旺、贾俊雪：《中国全要素生产率的估算：1979—2004》，《经济研究》2005 年第 6 期。

［2］许召元、李善同：《近年来中国地区差距的变化趋势》，《经济研究》2006 年第 7 期。

［3］干春晖、郑若谷、余典范：《中国产业结构变迁对经济增长和波动的影响》，《经济研究》2011 年第 5 期。

［4］干春晖、郑若谷：《改革开放以来产业结构演进与生产率增长研究——对中国 1978—2007 年"结构红利假说"的检验》，《中国工业经济》2009 年第 2 期。

［5］蔡昉、王德文、曲玥：《中国产业升级的大国雁阵模型分析》，《经济研究》2009 年第 9 期。

［6］金碚、吕铁、邓洲：《中国工业结构转型升级：进展、问题与趋势》，《中国工业经济》2011 年第 2 期。

［7］孙久文、胡安俊、陈林：《中西部承接产业转移的现状、问题与策略》，《甘肃社会科学》2012 年第 3 期。

［8］冯根福：《我国东中西部地区间工业产业转移的趋势、特征及形成原因分析》，《当代经济科学》2010 年第 2 期。

［9］云伟宏：《有关产业转移的两个伪命题》，《国际经济》2010 年第 8 期。

［10］刘世锦：《产业集聚及其对经济发展的意义》，《产业经济研究》2003 年第 3 期。

［11］聂华林：《我国区际产业转移对西部产业发展的影响》，《兰州大学学报》（社会科学版）2000 年第 5 期。

［12］魏后凯：《中国制造业集中状况及其国际比较》，《中国工业经济》2002 年第 1 期。

［13］陈建军：《中国现阶段产业区域转移的实证研究》，《管理世界》2002 年第 6 期。

［14］文枚：《中国工业在区域上的重新定位及聚集》，《经济研究》2004 年第 2 期。

［15］梁琦：《中国工业的区位基尼系数——兼论外商直接投资对制造业集聚的影响》，《统计研究》2003 年第 9 期。

［16］徐康宁：《中国制造业地区性集中程度的实证研究》，《东南大学学报》（哲学社会科学版）2003 年第 1 期。

［17］［英］亚当·斯密：《国富论》，华夏出版社 2005 年版。

［18］［英］阿尔弗雷德·马歇尔：《经济学原理》，华夏出版社 2005 年版。

［19］［美］N. 格里高利·曼昆：《宏观经济学》，中国人民大学出版社 2000 年版。

［20］李国璋：《软投入及产出数量分析》，甘肃科学技术出版社 1995 年版。

［21］李国璋：《软投入与经济增长》，兰州大学出版社 1995 年版。

［22］梁琦：《关于空间经济研究的若干认识》，《广东社会科学》2010 年第 4 期。

［23］梁琦：《空间经济学：过去、现在与未来》，《经济学》（季刊）2005 年第 7 期。

［24］李国璋、魏梅：《国外产业结构转型理论述评》，《科技管理研究》2008 年第 11 期。

［25］Pender, M., Structural Change and Aggregate Growth ［WIFO Working Paper］. Vienna：Austrian Institute of Economic Research, 2002.

［26］Timmer, M. and A. Szirmai, Productivity Growth in Asian Manufacturing：The Structural Bonus Hypothesis Examined ［J］. *Structural Change and Economic Dynamica*, 2000 (1), pp. 371 – 392.

［27］Singh, L., Technological Progress, Structural Change and Productivity Growth in Manufacturing Sector of South Korea ［PhD］. Seoul：Seoul National University, 2004.

［28］魏梅：《区域经济增长中生产率与产业结构变动研究》，博士学位论文，兰州大学，2008 年。

[29] Nelson, R. R., Pack, H., The Asian Miraclel and Mordern Growth Theory [J]. *Econ. J.* 1999, 109: 416 – 436.

[30] 贺菊煌:《产业结构变动的因素分析》,《数量经济技术经济研究》1991 年第 10 期。

[31] 姜彦福:《我国产业结构及其变动因素分析》,《清华大学学报》1998 年第 3 期。

[32] 潘文卿:《一个基于可持续发展的产业结构优化模型》,《系统工程理论与实践》2002 年第 7 期。

[33] 周冯琦:《转型期中国产业结构变动及其体制特征》,《上海经济研究》2000 年第 12 期。

[34] 陈晓涛:《产业结构软化的演进分析》,《科学学与科学技术管理》2006 年第 1 期。

[35] 齐建国:《评价产业结构的指标体系初探》,《数量经济技术经济研究》1987 年第 11 期。

[36] 李宝瑜:《产业结构变化的评价方法探析》,《统计研究》2005 年第 12 期。

[37] 宋锦剑:《论产业结构优化升级的测度问题》,《当代经济科学》2000 年第 5 期。

[38] 马涛、李鹏燕、马文东:《新型工业化的区域产业结构优化升级测度指标体系研究》,《燕山大学学报》2004 年第 5 期。

[39] 邬义钧:《我国产业结构优化升级的目标和效益评价方法》,《中南财经政法大学学报》2006 年第 6 期。

[40] 刘淑茹:《产业结构合理化评价指标体系构建研究》,《科技管理研究》2011 年第 5 期。

[41] Ramond Vernon, International Investment and International Trade in the Product Cycle [J]. *Quarterly Journal of Economics*, 1966 (5): 216 – 220.

[42] Aythur A. Thompson, *Strategic Management: Concepts and Cases* [M]. Boston, Mass: Irwin McGraw Hill 1999.

[43] [德] 阿尔弗雷德·韦伯:《工业区位论》,商务印书馆 1997 年版。

[44] Paul Krugman, *Geography and Trade* [M]. Cambridge. Mass: MIT Press, 1991.

[45] Fujita, M. and Thisse, Economics of Agglomeration [J]. *Journal of*

Japanese and International Economics, 1996（10）：339 - 379.

［46］ Fujita, M., Krugman P. and A. J. Venables, *The Spatial Economy：Cities, Regions and International Trade* ［M］. Cambridge MA：MIT Press, 1999.

［47］ Paul Krugman, First Nature, Sceond Nature, and Metropolitian Location ［J］. 1993, 34：129 - 144.

［48］ A. J. Vanables, Locaiton of Industry and Trade Performance ［J］. *Qxford Reviews of Economic Policy*, 1996, 12（3）：52 - 60.

［49］ ［瑞典］贝蒂尔·奥林：《地区间贸易与国际贸易》，首都经济贸易大学出版社 2001 年版。

［50］ Davids, D. R., Weinstein, D. E., Economic Geograghy and Regional Production Structure：An Empirical Investigation ［J］. *European Economic Review*, 1999, 43：379 - 407.

［51］ Paul Krugman, Increasing Returnings and Economic Geography ［J］. *Journal of Political Economy*, 1991, 99：483 - 499.

［52］ G. Wesolowsky, The Weber Problem：History and Procedure ［J］. *Location Science*, 1993（1）：355 - 386.

［53］ Kaname Akamatsu, A Historical Pattern of Economic Growth in Developing Countries ［J］. *The Developing Economies*, 1962, 8：3 - 25.

［54］ K. Kojima, Reorganization of North - South Trade：Japan's Foreign Economic Policy for the 1970's ［J］. *Hitotsubashi Jorunal of Economics*, 1973, 13：2 - 34.

［55］ William, Arthur, Lewis, The Evoluation of the International Economic Order ［J］. Discussion Paper No. 74, in Woodrow Wilson School, Princeton Unversity, 1977.

［56］ 马子红：《中国区际产业转移的主要模式探究》，《生产力研究》2009 年第 13 期。

［57］ 何龙斌：《我国区际产业转移的特点、问题与对策》，《经济纵横》2009 年第 9 期。

［58］ 丁建军：《产业转移的新经济地理学解释》，《财经科学》2011 年第 1 期。

［59］ 张公嵬：《我国产业集聚的变迁与产业转移的可行性研究》，《经济

地理》2010 年第 10 期。

[60] 江霈：《中国区域产业转移动力机制及影响因素分析》，博士学位论文，南开大学，2009 年。

[61] Dunning, J. H., The Paradigm of International Production [J]. *Journal of International Business Studies*, 1988：1 - 31.

[62] Dunning, J. H., *Multinational Enterprises and the Global Economy* [M]. Wokingham：Addison Wesley, 1993.

[63] Schmenner, Roger W., *Making Business Location Decisions* [M]. Englewood Cliffs, N. J.：Prentice - Hall, 1982.

[64] 王菲暗、王钰、范剑勇：《制造业扩散的时刻是否已经到来》，《浙江社会科学》2010 年第 9 期。

[65] 范剑勇：《对中国制造业区域集聚水平的判断——兼论地区间产业是否存在同构化倾向》，《江海学刊》2011 年第 5 期。

[66] 何奕：《产业转移与产业集聚的动态与路径选择》，《宏观经济研究》2008 年第 7 期。

[67] 罗勇：《中国制造业集聚程度变动趋势实证研究》，《经济研究》2005 年第 8 期。

[68] 潘悦：《国际产业转移的四次浪潮及其影响》，《现代国际关系》2006 年第 4 期。

[69] [美] 迈克尔·波特：《国家竞争优势》，华夏出版社 2002 年版。

[70] 袁静：《西部承接产业转移与产业结构优化升级研究——以四川为例》，博士学位论文，西南财经大学，2012 年。

[71] 石奇、张继良：《区际产业转移与欠发达地区工业化的协调性》，《产业经济研究》2007 年第 1 期。

[72] 郭连成、徐雅雯、王鑫：《国际产业转移与美国和欧盟产业结构调整》，《财经问题研究》2012 年第 10 期。

[73] 戴宏伟、王云平：《产业转移与区域产业结构调整的关系分析》，《当代财经》2008 年第 2 期。

[74] 杨秀云、袁晓燕：《产业结构升级和产业转移中的产业空洞化问题》，《西安交通大学学报》2012 年第 3 期。

[75] 卢根鑫：《国际产业转移论》，上海人民出版社 1997 年版。

[76] 张弛：《论跨国公司的海外生产与母国的"产业空心化"》，《世界

经济文汇》1993 年第 5 期。

[77] 潘未名:《跨国公司的海外生产对母国"产业空心化"的影响》,《经贸论坛》1994 年第 12 期。

[78] 陈建军:《要素流动、产业转移和区域经济一体化》,浙江大学出版社 2009 年版。

[79] 陈建军:《中国现阶段的产业区域转移及其动力机制》,《中国工业经济》2002 年第 8 期。

[80] 梁琦、张公嵬:《产业转移与资源的空间配置效应研究》,《产业经济评论》2010 年第 9 期。

[81] 杨秀云、袁晓燕:《产业结构升级和产业转移中的产业空洞化问题》,《西安交通大学学报》2012 年第 3 期。

[82] P. Krugman, History versus Expectations [J]. *Quarterly Journal of Economics*, 1991 (d): 651 – 667.

[83] P. Krugman, Scale Economies, Product Differentiation, and the Pattern of Trade [J]. *American Economic Review*, 1980 (70): 950 – 959.

[84] 梁琦:《产业集聚论》,商务印书馆 2004 年版。

[85] P. Krugman, The Locaiton of the World Economy [J]. *New Perspectives Quarterly Winter*, 1995: 34 – 38.

[86] P. Krugman, Complex Landscapes in Economic Geography [J]. *Complexity in Economic Theory*, 2001, 84 (2).

[87] Bela A. Balassa, *The Theory of Economic Intergration* [M]. London: George Allen and Unwin LTD. 1965.

[88] Limao, N. and Venables, A. J., Infrustructure, Geography Disadvantage and Transport Costs [J]. *World Bank Economic Review*, 2001.

[89] McCann, P., Arita, T. and Goedon, I. R., Industrial Cluster, Transactions Costs and the Institutial Determinants of MNE Location Behaviour [J]. *International Business Review*, 2002 (11): 647 – 663.

[90] P. Martin, Ottaviano, G., Growing Locations: Industry Location in a Model of Endogenous Growth [J]. *European Economic Review*, 1999, 43: 281 – 302.

[91] Venables, A. J., Equilibrium Locations of Vertically Linked Industries [J]. *International Economic Reviews*, 1996, 37: 341 – 359.

[92] Visser, E., A Comparison of Clustered and Dispersed Firms in the Small – Scale Clothing Industry of Lima [J]. *World Development*, 1999, 27: 1553 – 1570.

[93] 张同升、梁进社、宋金平:《中国制造业省区间分布的集中与分散研究》,《经济地理》2005 年第 5 期。

[94] 路江涌、陶志刚:《中国制造业区域集聚及国际比较》,《经济研究》2006 年第 3 期。

[95] 贺灿飞、谢秀珍:《中国制造业地理集中与省区专业化》,《地理学报》2006 年第 2 期。

[96] 贺灿飞:《中国制造业的地理集聚与形成机制》,《地理学报》2007 年第 12 期。

[97] 詹宇波:《修正的 E—G 指数与中国制造业区域集聚度量》,《东岳论丛》2010 年第 2 期。

[98] 刘红光、刘卫东、刘志高:《区域间产业转移定量测度研究——基于区域间投入产出表的分析》,《中国工业经济》2011 年第 6 期。

[99] 臧新:《产业集聚与分散决定因素的比较研究》,《宏观经济研究》2011 年第 6 期。

[100] 范剑勇、李方文:《中国制造业空间集聚的影响:一个综述》,《南方经济》2011 年第 6 期。

[101] 刘春霞:《产业地理集中度测度方法研究》,《经济地理》2006 年第 9 期。

[102] Amiti, M., New Trade Theories and Industrial Location in the EU: A Survey of Evidence [J]. *Oxford Review of Economic Policy*, 1998, 14: 45 – 53.

[103] 郭克莎:《我国技术密集型产业发展的趋势、作用和战略》,《产业经济研究》2005 年第 5 期。

[104] 李耀新:《产业结构调整中的生产要素配置原理》,《经济学家》1994 年第 5 期。

[105] 臧新:《产业集聚的行业特性研究——基于中国行业的实证分析》,经济科学出版社 2011 年版。

[106] Ellision G. Glaser, The Geography Concentration of Industry: Does Natural Advantage Explain Agglomeration? [J]. *AER*, 1999, 89: 311 – 316.

[107] 梁琦:《空间经济学在中国》,《经济学》(季刊)2012 年第 4 期。

[108] Victor Curson, *The Essentials of Economic Intergration* [M]. New York St. Martin's Press, 1974.

[109] P. Krugman, On the Number and Location of Cities [J]. *European Economic Review*, 1980, 37: 293 – 308.

[110] 金煜:《中国的地区工业集聚:经济地理、新经济地理与经济政策》,《经济研究》2006 年第 4 期。

[111] Krugman, A., J. Venables, Globalization and Inequality of Nations [J]. *Quarterly Journal of Economics*, 1995, 110 (4): 857 – 880.

[112] Redding, S., A. J. Venables, Economic Geography and International Inequality [J]. *London School of Economics and CEFR*, 2001 (5).

[113] 周振华:《论产业结构分析的基本理论框架》,《中国经济问题》1989 年第 3 期。

[114] 苏东水:《产业经济学》,高等教育出版社 2000 年版。

[115] [美] 库滋涅茨:《各国经济的增长》,商务印书馆 1985 年版。

[116] 郭克莎:《改革中的经济增长与结构变动》,生活·读书·新知三联书店 1993 年版。

[117] 林春燕:《区域产业结构优化的模型构建与评价方法研究综述》,《经济学动态》2011 年第 8 期。

[118] 陈树良、杨金霞、袁国敏:《区域产业结构优化模型的设计》2008 年第 8 期。

[119] 李博:《中国产业结构优化升级的测度和比较分析》,《管理科学》2008 年第 4 期。

[120] 贺灿飞:《中国地区产业结构转换比较研究》,《经济地理》1996 年第 9 期。

[121] 周昌林:《产业结构水平测度模型与实证分析》,《上海经济研究》2007 年第 6 期。

[122] 傅德印:《应用多元统计分析》,高等教育出版社 2013 年版。

[123] 苏为华:《我国多指标综合评价技术与应用研究的回顾与认识》,《统计研究》2012 年第 8 期。

[124] 黄继忠:《对产业结构优化理论中一个新命题的论证》,《经济管理》2004 年第 2 期。

[125] 李京文、郑友敬:《技术进步与产业结构概论》,经济科学出版社 1988 年版。

[126] 张立柱:《区域产业结构动态性评价与应用研究》,博士学位论文,山东科技大学,2007 年。

[127] 龚唯平:《协调指数:产业结构优化效果的测度》,《暨南大学学报》(哲学社会科学版)2010 年第 2 期。

[128] 熊映梧、吴国华:《论产业结构优化的适度经济增长》,《经济研究》1990 年第 3 期。

[129] [英] 凯恩斯:《就业、利息与货币通论》,商务印书馆 1999 年版。

[130] 郭晔、赖章福:《政策调控下的区域产业结构调整》,《中国工业经济》2011 年第 4 期。

[131] [美] 钱纳里:《结构变化与发展政策》,经济科学出版社 1991 年版。

[132] 简新华:《改革开放以来中国产业结构演进和优化的实证分析》,《当代财经》2011 年第 1 期。

[133] 陈瑾玫:《中国产业政策效应研究》,北京师范大学出版社 2011 年版。

[134] 简新华:《论中国的重新重工业化》,《中国经济问题》2005 年第 5 期。

[135] 李春梅:《我国城乡居民交通通讯消费与收入关系的比较——基于 1994—2010 年数据的实证分析》,《甘肃社会科学》2014 年第 1 期。

[136] 李江帆:《产业结构高级化与第三产业现代化》,《中山大学学报》(社会科学版)2005 年第 4 期。

[137] 高觉民:《结构转换与流通产业结构高级化》,《产业经济研究》2003 年第 1 期。

[138] 程立:《论产业结构高级化的动因》,《贵州社会科学》2005 年第 11 期。

[139] 汤斌:《产业结构演进的理论与实证分析——以安徽省为例》,博士学位论文,西南财经大学,2005 年。

[140] 江小涓:《产业结构优化升级:新阶段和新任务》,《财贸经济》2005 年第 4 期。

[141] 刘立峰：《基础产业与加工工业投资比例关系研究》，《中国工业经济》1995 年第 6 期。

[142] 刘立峰：《投资结构评析——基础产业与加工工业投资比例关系研究》，《财经问题研究》1996 年第 3 期。

[143] 李江帆、曾国军：《中国第三产业内部结构升级趋势分析》，《中国工业经济》2003 年第 3 期。

[144] 陈安平：《地区差距与产业结构：中国的实证研究》，《统计研究》2003 年第 12 期。

[145] 韩小威：《经济全球化背景下产业政策有效性研究》，中国经济出版社 2008 年版。

[146] 高铁梅：《计量经济分析方法与建模》，清华大学出版社 2005 年版。

[147] 范剑勇、杨丙见：《美国早期制造业集中的转变及其对中国西部开发的启示》，《经济研究》2002 年第 8 期。

[148] 张培刚、张建华、罗勇、李博：《新型工业化道路的工业结构优化升级研究》，《华中科技大学学报》（社会科学版）2007 年第 2 期。

[149] Peneder, M., Structural Change and Aggregate Growth (WIFO Working Paper). Vienna：Austrian Institute of Economic Research, 2002.

[150] 刘瑞明：《所有制结构、增长差异与地区差距：历史因素影响了增长轨迹吗?》，《经济研究》2011 年第 2 期。

[151] 刘瑞明：《国有企业如何拖累了经济增长：理论与中国的经验证据》，博士学位论文，复旦大学，2011 年。

后　记

终于完成了最后一次书稿校对，已是凌晨，窗外鲜有灯光，非常寂静，女儿早已进入梦乡，只有丈夫熟睡的微鼾陪伴着电脑风扇的嗡嗡声。看着满屋子的书、资料和打印的文稿，不觉已热泪盈眶……

眼睛很困，大脑却异常清醒，闭上眼睛，眼前不断地浮现着一个又一个影子，课题的研究得益于太多人的帮助，平时的忙碌，总是让我无暇表达对他们的感激之情，此时此刻，这种情绪却是那么自然地溢出了我的心怀。

首先，要感谢我的导师李国璋教授。有幸师从李国璋教授，一直以来，恩师对我的学习和研究工作非常关心，百忙之中时常与我交流，鼓励我戒骄戒躁，规范做学问，潜心观察和思考经济现实问题；在我困惑时，恩师总能指点迷津。课题在选题和立意方面承蒙恩师点拨。师恩浩荡，学生永生难忘！

在课题研究过程中，还得到了众多同事、同学和朋友在学术和生活上的帮助。在此，特别感谢兰州理工大学的马成业老师和侯玉君老师，两位老师在 MATLAB 软件编程和使用中给予我无私的帮助，他们的工作和奉献，大大提高了课题研究中数据处理的效率！感谢冯等田师兄、孟樊俊师兄、张唯实师兄、赵桂婷博士、冯丹博士、陈南旭博士，他们在课题研究思路、模型构建、研究方法选用等方面多次与我交流，使我受益匪浅！还要感谢毛颖硕士、刘宁硕士、宋立义硕士、郝建亚硕士等，他们在课题研究的数据处理中做了很多基础性工作，没有他们对海量基础数据的细致耐心处理，课题的完成可能尚待时日！

感谢我年迈的父亲和母亲，感谢你们的养育之恩！女儿的勤劳、坚持和善良，得益于你们的言传身教！每每遇到困难或感到心力交瘁，总会接到你们从远方打来的电话，亲切、慈祥的话语和安慰让我禁不住热泪盈眶、唏嘘不止，羞愧于自己的脆弱，更惊叹于冥冥中二老与女儿心灵的相通，感激之情无法言传！你们是天底下最伟大的父母！你们的理解是女儿持续努力的源泉和动力！

感谢我的哥哥、姐姐！一直起来，你们对我的学业和工作给予了极大的理解和支持，替我向父母尽了许多孝心！每当我遇到困难，你们总会从各个方面开导和帮助，你们是天底下最好的姐姐和哥哥！有了你们，我感觉到自己是那么强大！

感谢我的丈夫苏勇！多年来，你包容了我的任性和各种缺点，承担了大部分照顾和教育女儿的责任；在我学习、工作最为迷茫、备感煎熬的时候，是你默默安慰我、支持我；没有你无私的爱、支持与鼓励，我是不可能战胜各种困难、顺利完成课题研究的。你是我非常优秀的丈夫、女儿非常优秀的父亲！我将努力做一个贤惠体贴的妻子，与你携手并肩、风雨人生路！

感谢我的女儿——美丽、聪慧、健康活泼、善解人意的颖喆！你是上帝赐予我的礼物，你用你独特的方式默默地支持着妈妈，而妈妈为了事业牺牲了许多陪伴你成长的时光，让你的童年缺少了些许色彩，亏欠你太多！你是我一生永远乐观向上的力量源泉！

在课题研究中，参阅和引用了大量国内外文献，我们站在巨人的肩膀上开始了研究工作，在此一并谢忱！

感谢国家社会科学基金委员会对本研究的资助！

感谢中国社会科学出版社卢小生主任的细致工作和耐心帮助！

感谢所有支持、帮助和关心我的人们！

每一个研究过程都是不断发现新问题和努力纠错的过程，课题和书稿的完成，仅仅是一个新的开始！

天边已经有了一丝丝黎明的微光，新一天的太阳就要升起了，这一定是一个艳阳天……

李春梅

2015 年 3 月于兰州